高等职业教育道路桥梁工程系列创新教材

道路工程识图与绘图

主　编　高恒聚
副主编　马立杰　方建
　　　　邹梦琳　王

北京邮电大学出版社
www.buptpress.com

内 容 简 介

本书内容精练、图文并茂，理论结合实际，例题丰富，注重识图训练，旨在全面提高学生的应用能力。全书主要内容包括道路工程基本制图标准，绘图工具及用品，几何作图，投影的基本知识，点、直线、平面的投影，形体的投影，轴测投影图，剖面图和断面图，钢筋混凝土结构图，道路路线工程图，桥梁工程图，涵洞工程图，隧道工程图。本书配套有《道路工程识图与绘图习题集》。

本书可作为高职高专院校道路桥梁工程技术专业及相关专业的教材，也可供相关技术人员参考使用。

图书在版编目(CIP)数据

道路工程识图与绘图/高恒聚主编. —北京：北京邮电大学出版社，2014.12(2021.7 重印)

ISBN 978-7-5635-4124-9

Ⅰ.①道… Ⅱ.①高… Ⅲ.①道路工程—工程制图—高等职业教育—教材 Ⅳ.①U412.5

中国版本图书馆 CIP 数据核字(2014)第 197500 号

书　　名：道路工程识图与绘图
主　　编：高恒聚
责任编辑：邹　莹
出版发行：北京邮电大学出版社
社　　址：北京市海淀区西土城路 10 号(邮编：100876)
E-mail：publish@bupt.edu.cn
经　　销：各地新华书店
印　　刷：大厂回族自治县聚鑫印刷有限责任公司
开　　本：787 mm×1 092 mm　1/16
印　　张：25.75
字　　数：627 千字
版　　次：2014 年 12 月第 1 版　2021 年 7 月第 5 次印刷

ISBN 978-7-5635-4124-9　　　　定　价：72.00 元(含习题集)

· 如有印装质量问题，请与北京邮电大学出版社发行部联系 ·

服务电话：400-615-1233

出版说明

高等职业教育以培养生产、建设、管理、服务第一线的高素质技能型专门人才为根本任务，在建设人力资源强国和高等教育强国的伟大进程中发挥着不可替代的作用。

近年来，我国高职高专教育蓬勃发展，积极推进校企合作、工学结合人才培养模式改革，办学水平不断提高，为现代化建设培养了一批高素质技能型专门人才，对高等教育大众化作出了重要贡献。尽管如此，我国高职高专教育的质量、结构、规模还不能很好地适应当前经济社会发展的需要，部分高职高专院校毕业生还不能很好地满足社会工作岗位对相关技术和能力的需求。

要加快高职高专教育改革和发展的步伐、全面提高人才培养质量，就必须对课程体系等问题进行深入探索。教育部在《关于全面提高高等职业教育教学质量的若干意见》中指出，“课程建设与改革是提高教学质量的核心，也是教学改革的重点和难点”，“建立突出职业能力培养的课程标准，规范课程教学的基本要求，提高课程教学质量”，这为高职高专教育课程体系建设指明了方向。在课程体系建设过程中，教材无疑起着至关重要的基础性作用，高质量的教材是培养高素质人才的重要保证。

目前，我国高等职业教育教学改革正在深入进行，高职教材建设取得了显著的成效。但从整体上看，教材建设仍不能很好地适应高职高专教育的发展需要，主要表现在：缺乏科学理论的支持，缺乏行业支持，缺少对生产实际的调查研究和深入了解，缺乏对职业岗位所需的专业知识和专项能力的科学分析，出现体系不明、内容交叉或重复、脱离实际、针对性不强等问题；与专业课程相配套的实践性教材严重不足；同类教材建设缺乏统一标准，相关课程的教材内容自成体系，缺乏沟通衔接；版本偏老或内容陈旧，不能及时将新法规、新知识、新技术、新工艺、新装备、新案例反映到教材中来；与劳动部门颁发的职业资格证书或技能鉴定标准缺乏有效衔接。教材的相对落后成为制约高职高专教育发展的瓶颈之一。

在此背景下，为了更好地贯彻《国家中长期教育改革和发展规划纲要(2010—2020年)》相关精神，更好地推进高职高专教育的发展，我们组织了一批具有丰富理论知识和实践经验的专家、一线教师，成立了高职高专规划教材编审委员会，着力规划出版一批符合高职高专教育特点和需求的优质教材。

依据教育部制定的《高职高专教育基础课程教学基本要求》和《高职高专教育专业人才培养目标及规格》，我们调研了数百所具有代表性的高等职业技术学院和高等专科学校，广泛而深入地了解了高职高专教育的专业和课程设置，系统地研究了课程的体系结构；同时充分汲取各院校在探索培养应用型人才方面取得的成功经验，并在教材出版的各个环节设置专业的审定人员进行严格审查，从而确保了整套教材“突出行业需求，突出职业的核心能力”的特色。

本系列教材除了满足内容充实、完整，结构、体例合理，语言得体、流畅等基本要求外，还力求克服以往高职高专教材的缺陷和不足，在以下方面打造自己的优势和特色。

(1)本系列教材的定位更加强调“以就业为导向”。紧密依托行业或企业优势，建立产、学、研密切结合的运行机制，是高职高专教育健康发展的关键。我们通过对生产实际的调查研究和深入了解，对职业岗位(群)所需专业知识和专项能力的科学分析，以科学的课程理论为支持，力求使本系列教材定位与就业市场相结合，充分体现出“以就业为向导，以能力为本位，以学生为中心”的风格，从而更具实用性和前瞻性。

(2)本系列教材打破传统的教材编写模式，力求在编写风格和表达形式方面有所突破，充分体现“项目导向、任务驱动”的教学理念，通过构建具体的工作任务作为学生学习的切入点，这就促使学生能够主动学习，从而达到“教中做、做中学、学中练”的目的，全面提升学生解决问题的实战经验和能力。

(3)本系列教材编写思路清晰，体系结构安排合理，注重知识体系的有序衔接，力避知识的断层和重复。同时，教材也遵循教育部对高职高专教育提出的“以应用为目的，以必需、够用为度”原则，从实际应用的需要出发，减少枯燥、实用性不强的理论灌输。

(4)本系列教材的编写及时跟进社会及行业的最新发展动态，将最新、最权威、最具代表性的成果运用于教材当中，从而避免所讲知识与社会脱节。

为保证教材的总体质量和前瞻性，我们着重加强与示范性高等职业院校的合作，在全国范围遴选了具有丰富教学经验和实践经验、具有较高专业水平的双师型教师参加编写。

为支持“立体化”教学，我们为本系列教材精心策划了精品教学资料包和教学资源网，向教师用户提供教学课件、教学案例、教学参考、教学检测、教学资源推荐、课后习题答案等教学资源，以支持网络化及多媒体等现代化教学方式，有效提升教学质量。

希望各高职院校在使用本系列教材的过程中提出宝贵的意见和建议，我们将认真听取，不断完善。

编审委员会

Preface 前言

我国高等职业教育改革的目标是培养具有适应职业岗位能力的技能型人才，而在这个过程中，工学结合是一个重要的方向，它推动了高等职业教育以职业岗位核心技能为导向的课程体系构建，因此，建设与之相适应的教材、配套教学资源便成为新的要求。

本书体现了当前高等职业教育改革的精神，结合道路桥梁工程技术专业的特点，在教材内容选取上，根据高职高专院校学生的特点和现状，以“必需、够用”为原则，强调应用性和实用性，强化对学生动手能力的训练。

本书内容及学时安排见下表。

内　容	学　时
道路工程基本制图标准	2
绘图工具及用品	2
几何作图	4
投影的基本知识	4
点、直线、平面的投影	6
形体的投影	6
轴测投影图	8
剖面图和断面图	8
钢筋混凝土结构图	8
道路路线工程图	10
桥梁工程图	10
涵洞工程图	6
隧道工程图	6
总计	80

本书特色如下。

(1)本书把职业能力的培养作为目标，由浅入深，循序渐进，以提高学生的学习兴趣为突破口。编者精心整合课程内容，所选图样绝大部分来自施工一线，将教学内容的可行性与前瞻性有机结合，进而增强学生的学习兴趣。

(2)本书强调学生的专业实践能力，注重加强学生绘制专业图能力的培养，旨在提高学生技术应用能力和综合运用所学理论知识解决实际问题的能力。为方便教学，每模块后均设置了"工程实训"内容。

(3)本书的编写人员都有着多年从事制图教学与实践的经验，能够准确地把握学生的学习心理和绘制工程图的实际需要，并把多年的教学经验与体会融入到该书中。

在编写本书的过程中，编者始终抱着求实的作风、严谨的态度和探索的精神，对书中的每一个实例、细节进行精心设计，力争做到准确、通俗和实用，以方便读者学习和阅读。

本书配套有《道路工程识图与绘图习题集》，供学生练习使用。

本书由石家庄铁道大学四方学院高恒聚任主编，河北联合大学马立杰、石家庄技师学院方建京、濮阳职业技术学院邹梦琳、呼和浩特职业学院王斌任副主编，河北外国语学院张洁、谢恩，石家庄工程职业学院韩江立参与了编写工作。具体人员分工如下：绪论和模块1由高恒聚编写，模块2、模块7、模块12由方建京编写，模块3由张洁、韩江立、谢恩编写，模块4和模块13由邹梦琳编写，模块5、模块6、模块8、模块9由马立杰编写，模块10和模块11由王斌编写。每个模块后的"趣味知识"由石家庄铁道大学四方学院张超、张聚昆、王霞、王云编写，桥涵和隧道工程图例由中铁二十二局集团第五工程有限公司杨伟华和中国铁建电气化局第二工程有限公司霍晓东、莫青提供，道路工程图例由石家庄市第二建筑设计院刘银龙提供，书中大量图片的整理工作由高航、杨静飞完成。

由于编者水平有限，书中不当之处恳请广大读者和同行批评指正。

编　者

Contents 目录

模块 12 涵洞工程图 ……………… 163

模块 13 隧道工程图 ……………… 178

绪　论

在土木建筑工程中，由于结构物的形状、尺寸大小和施工要求都无法仅用普通语言和文字表达清楚，因此无论是修路架桥、建造房屋，还是其他建筑工程，都要先画出工程图样，经审核后才能按图生产或施工。

道路工程是一项综合性的工程，它包括道路土建施工和桥梁与隧道施工，道路工程中常用的构造物很多，主要有桥梁、隧道、涵洞、防护工程及排水设施等。其中，高速公路及桥梁、隧道，高速公路立交桥和边坡防护工程，斜拉桥分别如图 0-1、图 0-2 和图 0-3 所示。对于这些构造物，我们很难用语言和文字去准确描述。因此，在工程技术上需要一种特殊的语言（工程图样）来准确表达构造物的大小、形状及全部的设施要求。

图 0-1　高速公路及桥梁、隧道

图 0-2　高速公路立交桥及边坡防护工程

图 0-3　斜拉桥

工程施工图一般采用正投影原理作图，并按照国家制图标准规定绘制。工程图样是表达设计意图和交流设计思想的工具，是指导施工和生产的技术文件，是沟通设计者意图与建造者施工的桥梁。所以，人们把工程图样比喻为工程界的语言。用于道路施工的图叫作道路工程图样。它可以准确表达道路工程构造物的形状、大小及全部的设施要求。作为生产一线的技术人员，必须掌握这种语言，即具有画图和读图的能力。

图 0-4 和图 0-5 所示分别为钢筋混凝土空心板桥梁示意图和钢筋混凝土空心板梁桥型

布置图(工程施工图)。通过图 0-4,可以明确与桥梁相关的结构的位置、形状,以及不同结构间的关系等内容。在图 0-5 中,工程图的下方有标题栏,标题栏内填写设计单位名称、工程图、图名等,说明了有关图纸的基本信息。桥梁的结构形状主要由立面图、平面图和剖面图来表示。图中构造物结构的尺寸大小按国家标准的规定在图上做出了标注,方便识图者进行识读。

图 0-4　钢筋混凝土空心板桥梁示意图

在投影图中如何表示各种构造物的形状和大小,如何掌握各种图形的绘制要点,如何进行道路工程图样的识读等,这些都是在本课程中将要重点学习的内容。下面介绍本课程的教学目的、主要任务,以及学习的主要内容与要求。

1.本课程的教学目的

本课程的教学目的是教会学生根据国家标准的规定,运用所学的基本理论、基本知识和基本技能,绘制和识读较为复杂的道路工程施工图。

2.本课程的主要任务

"道路工程识图与绘图"是高职高专院校道路桥梁工程技术专业最重要的一门技术基础课,其主要任务就是培养学生掌握绘制和识读道路工程图样的能力,以培养识图能力为主,绘图能力为辅,并在潜移默化中培养学生认真负责的工作态度和一丝不苟的工作作风,使他们养成良好的职业道德和敬业精神。

3.本课程的内容与要求

(1)制图基础知识部分。本部分介绍道路工程制图国家标准及有关规定、绘图工具的使用及几何作图方法。

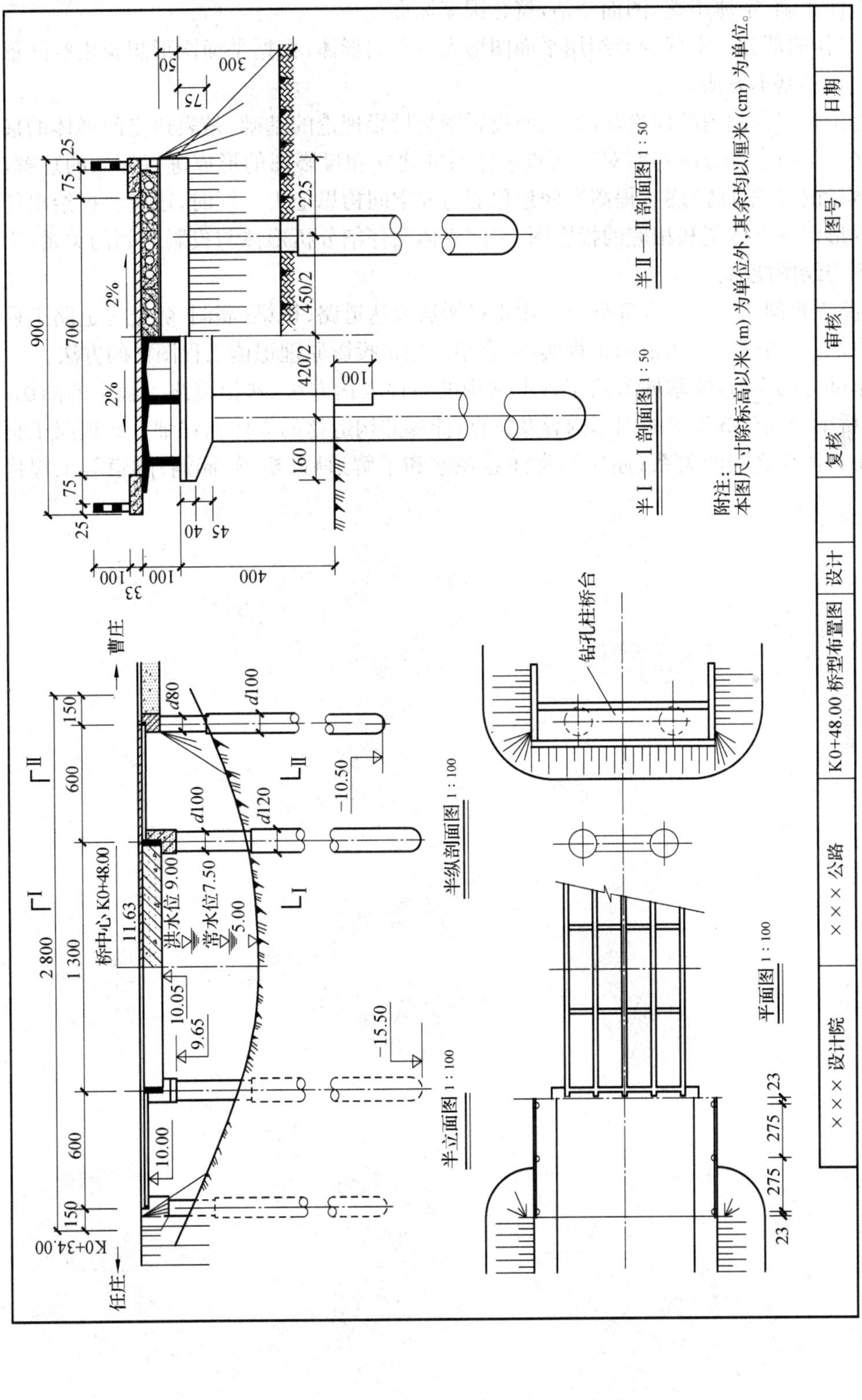

图 0-5 钢筋混凝土空心板梁桥型布置图

在学习本部分的过程中要逐渐养成自觉遵守道路工程制图国家标准及有关规定的习惯，会正确使用绘图仪器和工具，掌握绘图技巧，具备绘制简单平面图形的能力。绘图时，应做到尺寸标注正确，字体工整，图面整洁，符合国家标准。

(2)投影作图部分。本部分介绍用平面图形表达空间形体，根据平面图形想象出空间形体的基本原理和基本方法。

投影理论是工程制图的理论基础，三面投影图是投影理论的基础，是表达空间形体的最基本的方法。学习本部分内容要对三面投影体系的建立和投影图的形成进行深入的理解，通过一定数量的习题训练，逐步提高空间想象能力和空间构思能力。同时，还应根据给出的相当数量的形体的立体图和相应的投影图，参照立体图仔细分析形体与投影之间的关系，不断提高识图与绘图能力。

(3)道路工程制图部分。本部分介绍用正投影法表达道路、桥梁、涵洞、隧道等道路工程构造物的方法，并通过一定数量的工程实例，介绍运用正投影原理识读工程图样的方法。

通过本部分的学习，应掌握道路工程上常用的各种表达方法，熟记道路工程中的图例；了解道路、桥梁、涵洞、隧道等的图示内容及特点；能参照构造物的立体图仔细分析道路工程构造物与工程图样之间的关系；还应经常注意观察和了解道路、桥梁、涵洞、隧道等工程构造物。

模块1　道路工程基本制图标准

学习目标

知识目标

(1)了解国家制图标准的主要内容。

(2)了解图纸幅面、标题栏的规定,理解图线的线型要求和用途。

(3)理解比例的概念和规定,掌握尺寸标注的组成、规则和方法。

能力目标

(1)通过本模块的学习,学生应掌握《道路工程制图标准》(GB 50162—1992)的有关规定。

(2)初学者从开始学习制图课程就要具备制图有标准、有规范、要认真的意识。

1.1 道路工程基本制图标准概述

工程图样是工程界的技术语言,是用来指导生产和进行技术交流的共同语言,是产品制造或工程施工的依据,是组织和管理生产的重要技术文件。为了方便技术信息交流,必须对工程图样做出统一的规定。

由国家指定专门机关负责组织制定的全国范围内执行的标准,称为国家标准,简称国标,代号为 GB;由国际标准化组织制定的世界范围内使用的标准,代号为 ISO。为统一我国道路工程的制图方法,保证图面质量,提高工作效率,便于技术交流,我国制定了《道路工程制图标准》(GB 50162—1992)(以下简称《标准》),此标准于 1993 年 5 月 1 日起施行。该标准也是我国道路工程图样绘制唯一的行业标准。制图标准是绘图、读图的"行为准则",是工程技术人员判断图样中相应要素的依据。高标准、高质量的图纸又是设计人员、设计单位对外展示形象的窗口。

本模块将分别就《标准》中规定的基本内容包括图纸的图幅、字体、图线、尺寸标注等进行择要介绍。

1.2 图幅

1.2.1 图幅及图框

图幅是指图纸的幅面大小,即图纸本身的大小规格;图框是图纸上表示绘图范围的边线。每项工程都会有一整套的图纸,为便于装订、保存和合理使用图纸,国家对图纸幅面进行了规定,见表 1-1。表中尺寸代号如图 1-1 所示。

表 1-1　图幅及图框尺寸　　单位:mm

尺寸代号	图幅代号				
	A0	A1	A2	A3	A4
$b\times l$	841×1 189	594×841	420×594	297×420	210×297
a	35	35	35	35	25
c	10	10	10	10	10

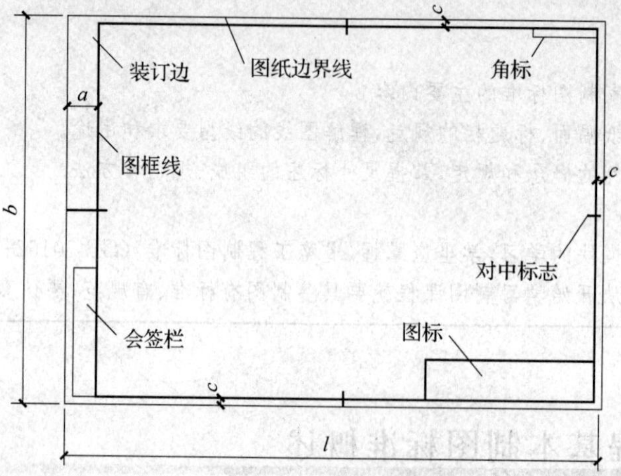

图 1-1　图幅与图框

根据需要,图纸幅面的长边可以加长,但短边不得加长。长边加长的尺寸应符合有关规定,长边加长时,图幅 A0、A2、A4 应为 150 mm 的整倍数;图幅 A1、A3 应为 210 mm 的整倍数。

1.2.2　图标及会签栏

图标应布置在图框内右下角处,如图 1-1 所示。图标的外框线线宽宜为 0.7 mm,图标内的分格线线宽宜为 0.25 mm。图标的格式如图 1-2 所示,根据设计单位的习惯或规定,可采用其中的一种。

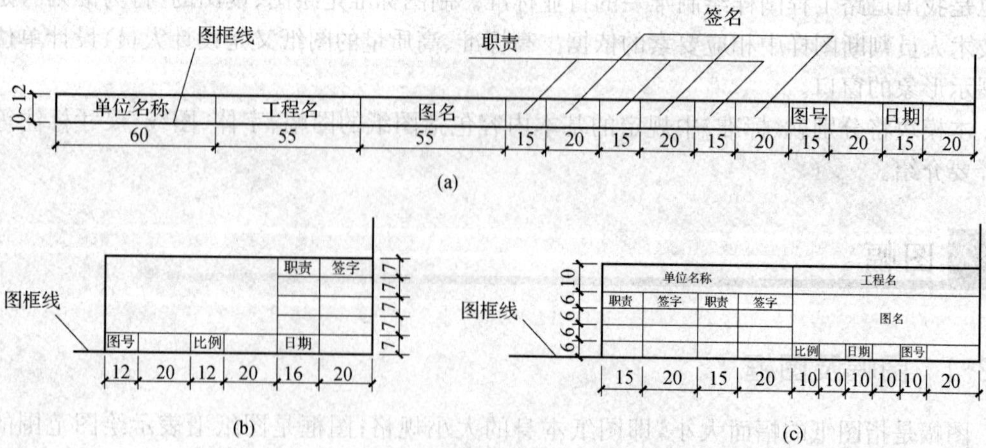

图 1-2　图标的格式(单位:mm)

会签栏宜布置在图框外左下角，如图 1-1 所示。会签栏外框线线宽宜为 0.5 mm，内分格线线宽宜为 0.25 mm，会签栏的格式如图 1-3 所示。

当图纸需要绘制角标时，应将角标布置在图框内的右上角，角标线宽宜为 0.25 mm，角标的格式如图 1-4 所示。

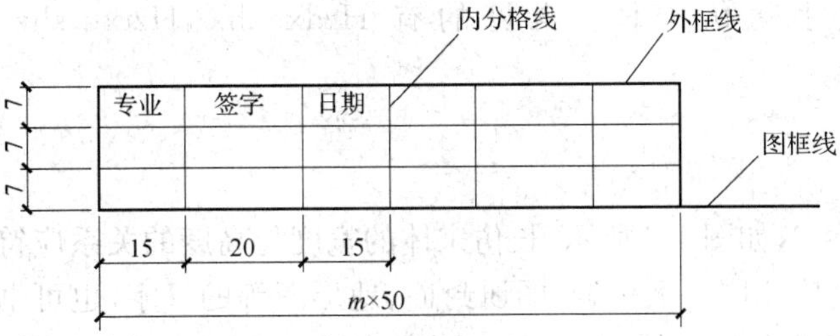

图 1-3　会签栏的格式(单位：mm)

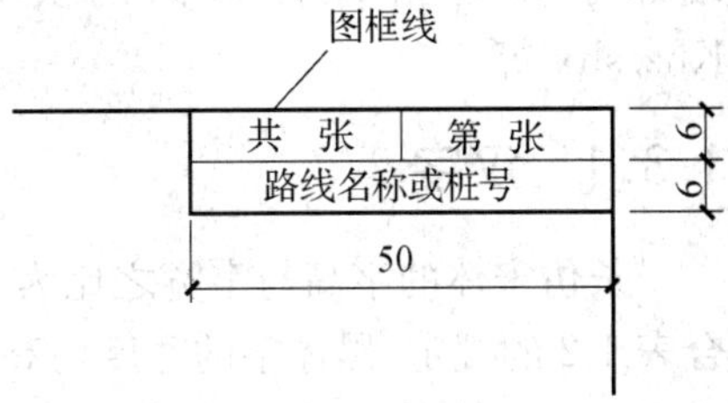

图 1-4　角标的格式(单位：mm)

在道路工程中，一般采用 A3 或 A3 加长的图纸幅面，并且横向装订成册。一般采用的标题栏如图1-2(a)所示，画在图纸的右下角。图 1-5 所示为某道路工程图中的路线平面图，其中图框、图标、角标、图线等均已标示在图中。

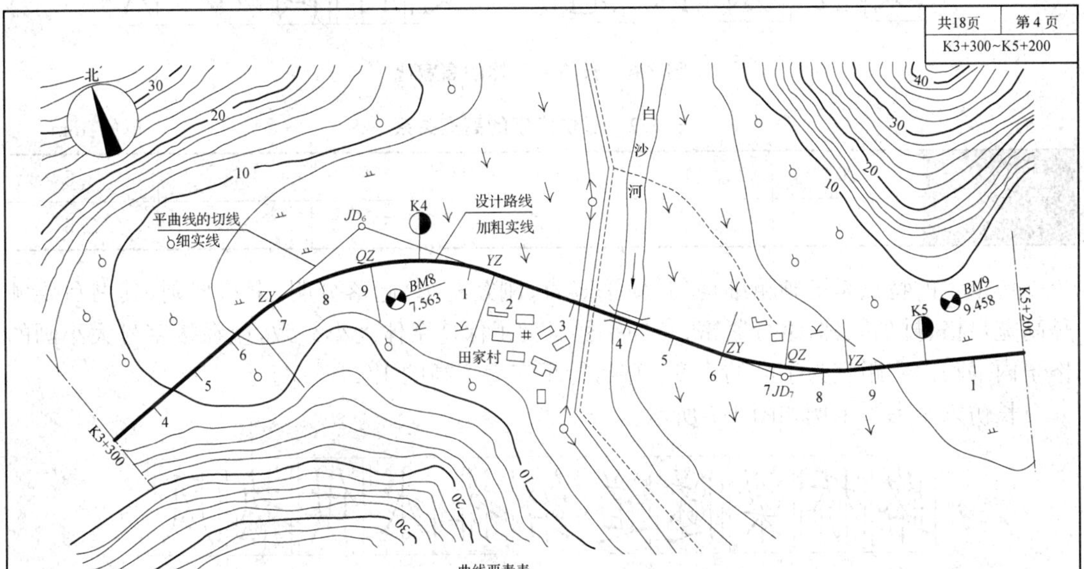

曲线要素表

No.	α Z	α Y	R	T	L	E
JD_6		58°25′10″	500	279.55	590.81	72.84
JD_7	23°41′05″		600	125.81	248.03	13.05

××高速公路开发总公司	××至××段	公路路线平面图	设计	×××	复核	×××	审核	×××	图号	×××	日期	×××

图 1-5　某道路工程图中的路线平面图

1.3 字体

文字、数字、字母和符号是工程图的重要组成部分。《标准》中规定图中汉字应采用长仿宋字(又称工程字),并采用国家正式公布的简化字,除有特殊要求外,不得采用繁体字,汉字书写要求采用从左向右、横向书写的格式。

在 AutoCAD 环境中,汉字字体通常采用 Windows 系统所带的 TrueType 字体“仿宋_GB 2312”。在有些图纸中,汉字字体也可采用符合国标的形编译字体。所谓形编译字体是指符合国标的类似手写仿宋体。常见的有 Hzdx. shx、Hztxt. shx、Khz. shx 等。

1.3.1 汉字

长仿宋体的字高与字宽之比为 3∶2,如图 1-6 所示,长仿宋体的宽度与高度的关系应符合表 1-2 的规定,黑体字的宽度与高度应相同。大标题、图册封面、地形图等的汉字,也可书写成其他字体,但应易于辨认。汉字只能写成正体,其高度 h 不宜小于 3.5 mm。同一图纸字体种类不应超过两种。

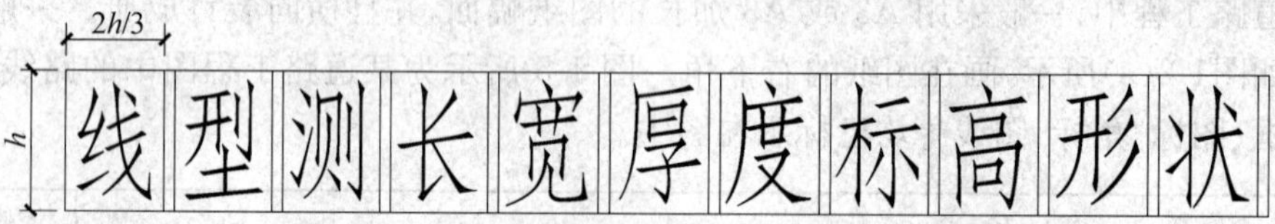

图 1-6 长仿宋字体的高宽比

表 1-2 长仿宋字的高宽关系 单位:mm

字高	20	14	10	7	5	3.5
字宽	14	10	7	5	3.5	2.5

仿宋字的特点是笔画粗细均匀、横平竖直、刚劲有力、起落分明、书写规则,其书写要领是高宽足格、排列匀称、组合紧密、布局平稳。为了保持字体大小一致,应在按字号大小画的格子内书写。字距宜为字高的 1/8~1/4,行距宜为字高的 1/4~1/3。

长仿宋字书写示例如图 1-7 所示。

图 1-7 长仿宋字书写示例

1.3.2 数字和字母

图样及说明中的拉丁字母、阿拉伯数字与罗马数字,宜采用单线简体或 ROMAN 字体。拉丁字母、阿拉伯数字与罗马数字的书写规则,应符合表 1-3 的规定。

表 1-3　拉丁字母、阿拉伯数字与罗马数字的书写规则

书写格式	字　体	窄 字 体
大写字母高度	h	h
小写字母高度(上下均无延伸)	$7/10h$	$10/14h$
小写字母伸出的头部或尾部	$3/10h$	$4/14h$
笔画宽度	$1/10h$	$1/14h$
字母间距	$2/10h$	$2/14h$
上下行基准线的最小间距	$15/10h$	$21/14h$
词间距	$6/10h$	$6/14h$

数字与字母的书写要求如下。

(1)拉丁字母、阿拉伯数字与罗马数字,如需写成斜体字,其斜度应是从字的底线逆时针向上倾斜 75°。斜体字的高度和宽度应与相应的正体字相等。拉丁字母、阿拉伯数字与罗马数字的字高,不应小于 2.5 mm。

(2)数量的数值注写,应采用正体阿拉伯数字。各种计量单位凡前面有量值的,均应采用国家颁布的单位符号注写。单位符号应采用正体字母。

(3)分数、百分数和比例数的注写,应采用阿拉伯数字和数学符号,如 1/6、60%、1∶200。

(4)当注写的数字小于 1 时,应写出个位的"0",小数点应采用圆点,齐基准线书写,如 0.05。

拉丁字母、阿拉伯数字与罗马数字,分别如图 1-8～图 1-10 所示。

(a)斜体

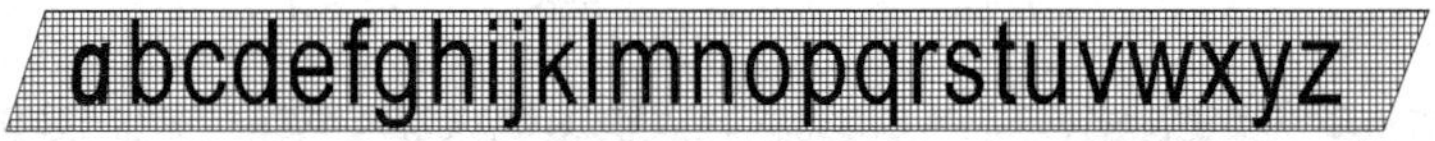

(b)正体

图 1-8　拉丁字母示例

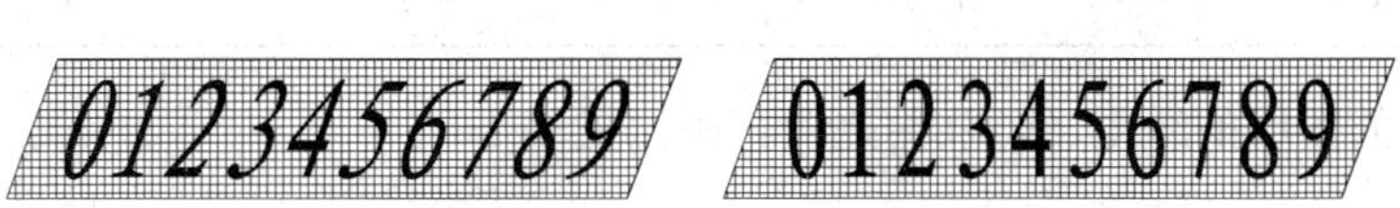

图 1-9　阿拉伯数字示例

图 1-10　罗马数字示例

1.4 图线

1.4.1 线型及用途

工程图中的信息都是由线条表示的。为了反映图中不同的内容，将主次关系分清，绘图必须采用不同的线型和线宽来表示。图纸上的实线、虚线、点画线、双点画线、折断线、波浪线等线型适用于不同的场合，使用时应符合国家标准的有关规定。图线的宽度应根据图的复杂程度及比例大小，从《标准》中规定的线宽系列，即 0.13 mm、0.18 mm、0.25 mm、0.35 mm、0.5 mm、0.7 mm、1.0 mm、1.4 mm、2.0 mm 中选取。基本线宽(b)应根据图样比例和复杂程度来确定。

图线有粗、中、细之分。在同一张图纸内，相同比例的图样应采用相同的线宽。在绘图过程中，每张图上的图线线宽不宜超过 3 种，通常根据所表达的对象的复杂程度、比例的大小来确定基本线宽。线宽组合宜符合表 1-4 的规定。粗线的宽度若为 b，则中线的宽度为 $0.5b$，细线的宽度为 $0.25b$，合理的线型比例应当与打印比例保持对应关系。当打印输出比例为 1∶n 时，线型比例应当设置为 n。

表 1-4　线宽组合

线宽类别	线宽系列/mm				
b	1.4	1.0	0.7	0.5	0.35
$0.5b$	0.7	0.5	0.35	0.25	0.25
$0.25b$	0.35	0.25	0.18(0.2)	0.13(0.15)	0.13(0.15)

注：表中括号内的数字为代用的线宽。

在同一张图纸内相同比例的各图形，应采用相同的线宽组合，图纸图框和标题栏的线宽见表 1-5。

表 1-5　图纸图框和标题栏的线宽　　单位：mm

图纸幅面	图 框 线	标题栏外框线	标题栏分割线
A0、A1	1.4	0.7	0.35
A2、A3、A4	1.0	0.7	0.35

工程图中的图线的线型、线宽、用途及其画法见表 1-6。

表 1-6　图线的线型、线宽、用途及其画法

名　　称	线　　型	线　　宽	一般用途
标准实线		b	可见轮廓线、钢筋线
中实线		$0.5b$	较细的可见轮廓线、钢筋线
细实线		$0.25b$	尺寸线、剖面线、引出线、图例线等
加粗实线		$1.4b$～$2.0b$	图框线、路线设计线、地平线等

续表

名称	线型	线宽	一般用途
粗虚线	- - - - - -	b	地下管线或建筑物
中虚线	- - - - - -	$0.5b$	不可见轮廓线
细虚线	- - - - - -	$0.25b$	道路纵断面图中竖曲线的切线
细点画线	—·—·—	$0.25b$	中心线、对称线、轴线等
细双点画线	—··—··—	$0.25b$	假想轮廓线
粗双点画线	—··—··—	b	规划红线
波浪线	～～～	$0.25b$	断开界线
折断线	—\/—	$0.25b$	断开界线

各种线型在桥墩投影图中的应用实例，如图1-11所示。

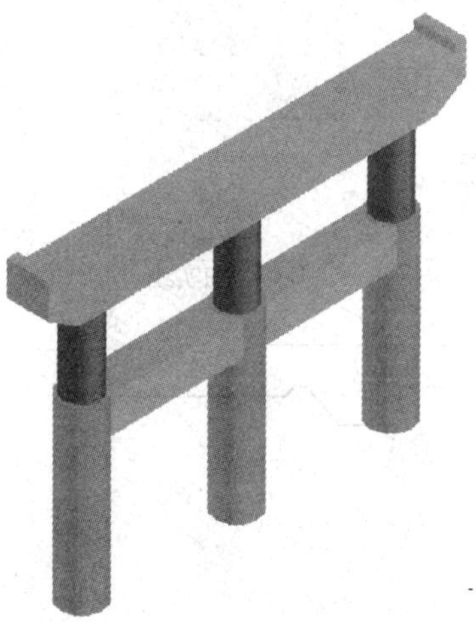

(a)立体图

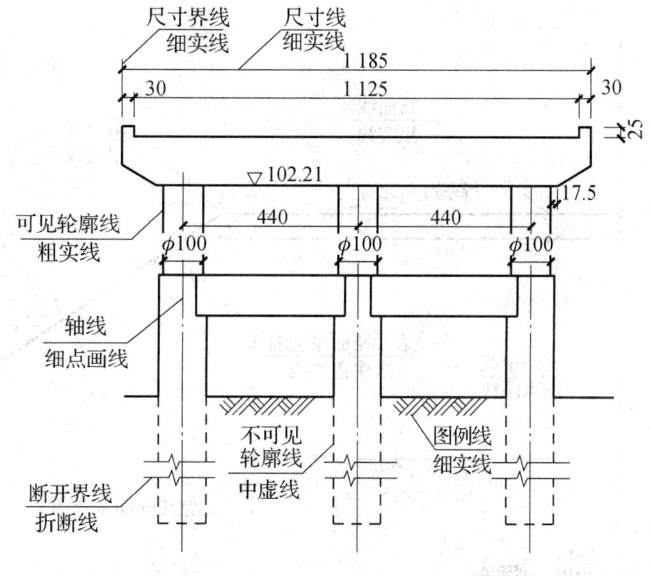

(b)投影图

图1-11 各种线型在桥墩投影图中的应用实例

道路路线工程图中的图线应符合如下规定。

(1)在路线平面图中，设计路线应采用粗实线；平曲线的切线采用细实线；原有道路边线用细实线，如图1-5所示。

(2)在路线纵断面图中，道路设计线应采用粗实线；原地面线应采用细实线；地下水位线应采用细双点画线及水位符号表示；当路线坡度发生变化时，变坡点应用直径为2 mm的中粗线圆圈表示；切线应采用细虚线；竖曲线应采用粗实线，如图1-12所示。

(3)在路线横断面图中，路面线、路肩线、边坡线、护坡线均应采用粗实线；表示路面厚度的线应采用中实线；原地面线应采用细实线，设计或原有道路中线应采用细点画线，如图1-13所示。当道路分期修建、改建时，在同一张图纸中画出规划、设计、原有道路横断面，规划道路中线应采用细双点画线；规划红线（规划道路用地界线）应采用粗双点画线表示。

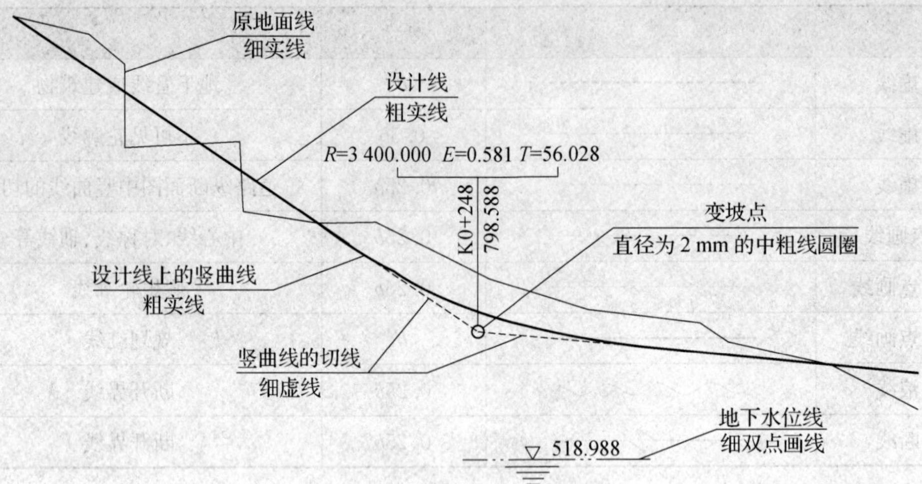

图 1-12　路线纵断面图中的图线

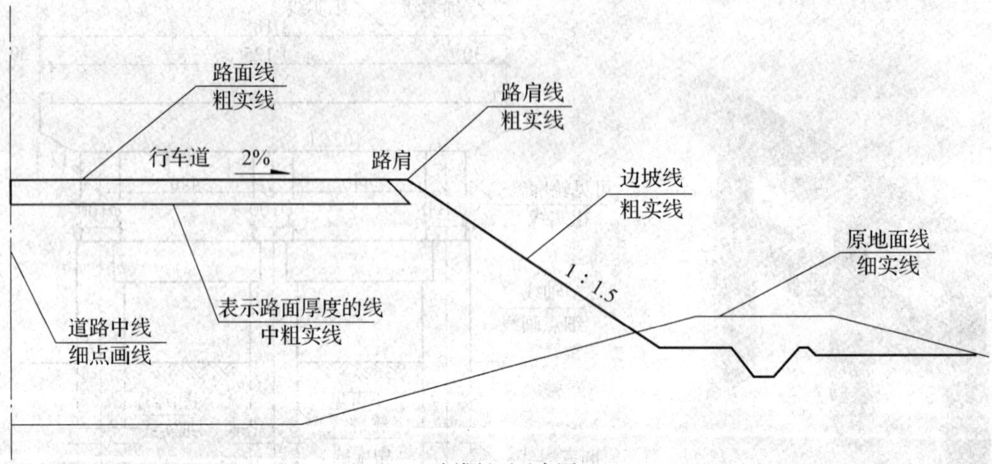

(a)路线断面示意图

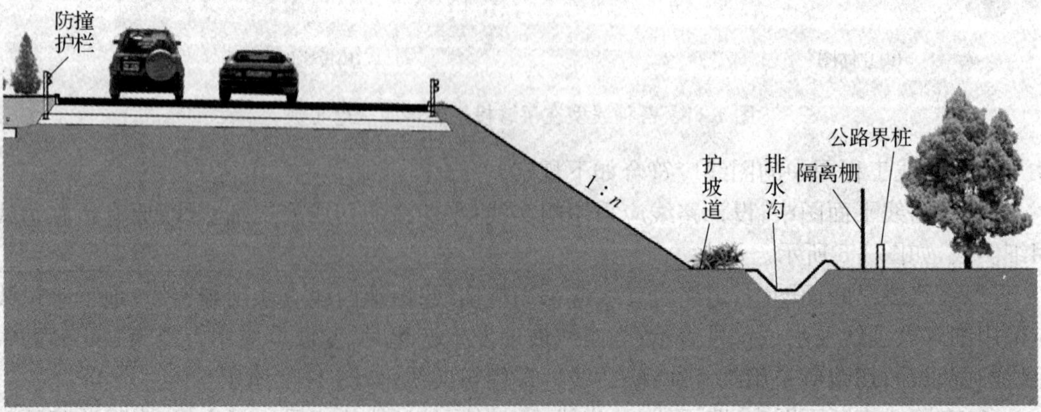

(b)路线断面效果图

图 1-13　路线横断面图中的图线

1.4.2　各种线型的画法及要求

各种线型的画法及要求如下。

(1)画图线时,用力应一致,速度应均匀。

(2)虚线、点画线、双点画线的线段长度和间隔,对于同类线应保持一致,起止两端应为线段,如图 1-14(a)所示。

(3)点画线或双点画线,当在较小的图形中绘制有困难时,可以用细实线代替;当作为对称线或中心线时,应适当超出图形的轮廓线,如图 1-14(b)所示。

(4)虚线及点画线,当各自本身交接或与其他图形交接时,均应为线段相交。但应注意当虚线为实线的延长线时,应留有间隔,如图 1-14(c)所示。

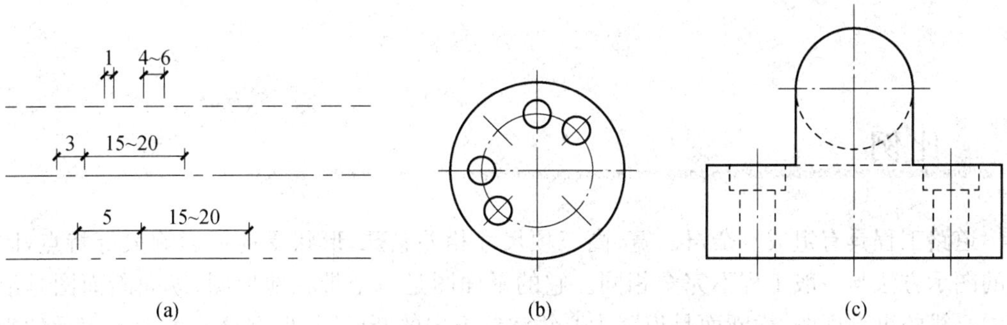

图 1-14　图线及其交接画图

(5)相互平行的图线,其间隔不得小于其中的粗线宽度,且不得小于 0.70 mm。

1.5 坐标

坐标网格应采用细实线绘制,南北方向为 X 轴,东西方向为 Y 轴。坐标网络也可采用十字线代替,如图 1-15 所示。坐标值的标注应靠近被标注点,书写方向应平行于网络或在网络延长线上,数值前应标注坐标轴代号(X 或 Y);当无坐标轴代号时,图上应绘制指北标志。

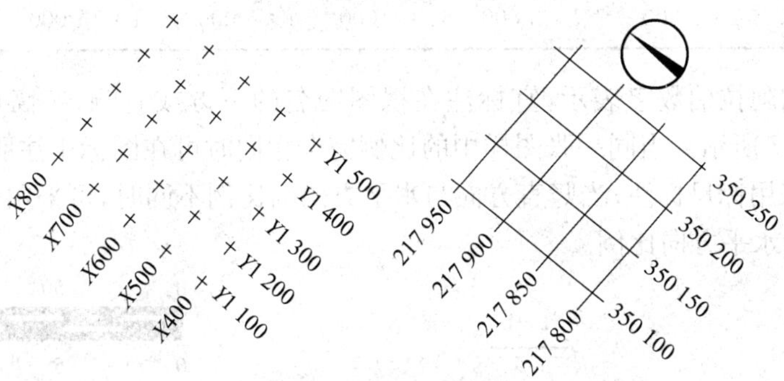

图 1-15　坐标网格及标线

当需要标注的控制坐标点不多时，宜采用引出线的形式标注，水平线上、下应分别标注 X 轴、Y 轴的代号及数值，如图 1-16 所示。当需要标注的控制坐标点较多时，图纸上可仅标注点的代号，坐标数值可在适当位置以表格的形式表示，坐标数值的计量单位应采用米(m)，并精确至小数点后三位。

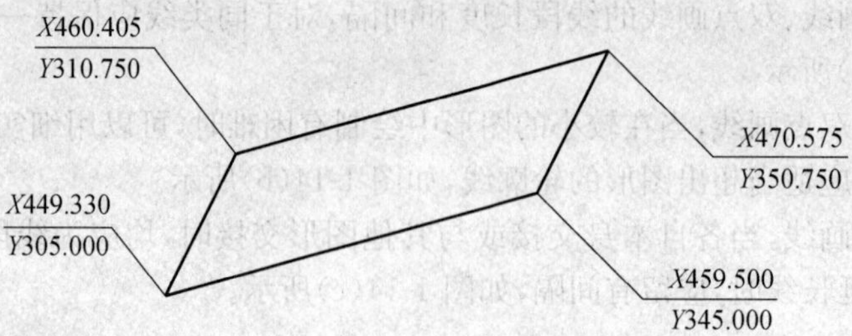

图 1-16　控制点坐标标注

1.6 比例

道路工程具有组成复杂，长、宽、高三项尺寸相差悬殊，形状受地形影响大等特点，因此它的图示方法与一般工程不完全相同。它的平面图是一个带状地形图，纵向断面图是沿公路中心线的纵剖面图，横断面是道路中心线法线方向的断面图，根据这三种图所表示的内容的差异，通常采用的绘图比例各不相同。

图样中图形与实物相应线性尺寸之比，称为比例。绘图比例的选择，应遵循图面布置合理、均匀、美观的原则，按图形大小及图面复杂程度确定，一般优先选用表 1-7 中的比例。

表 1-7　绘图所用的比例

常用比例	1∶1	1∶2	1∶5	1∶10	1∶20	1∶50
	1∶100	1∶200	1∶500	1∶1 000	1∶2 000	1∶5 000
	1∶10 000	1∶20 000	1∶50 000	1∶100 000	1∶200 000	
可用比例	1∶3	1∶15	1∶25	1∶30	1∶40	1∶60
	1∶150	1∶250	1∶300	1∶400	1∶600	1∶1 500
	1∶2 500	1∶3 000	1∶4 000	1∶6 000	1∶15 000	1∶30 000

比例应采用阿拉伯数字表示，宜标注在视图图名的下方或右侧，字高可为图名字高的 0.7 倍，如图 1-17 所示。当同一张图样中的比例完全相同时可在图标中注明，也可以在图样中的适当位置采用标尺标注；当竖直方向与水平方向的比例不同时，可采用 V 表示竖直方向比例，用 H 表示水平方向比例。

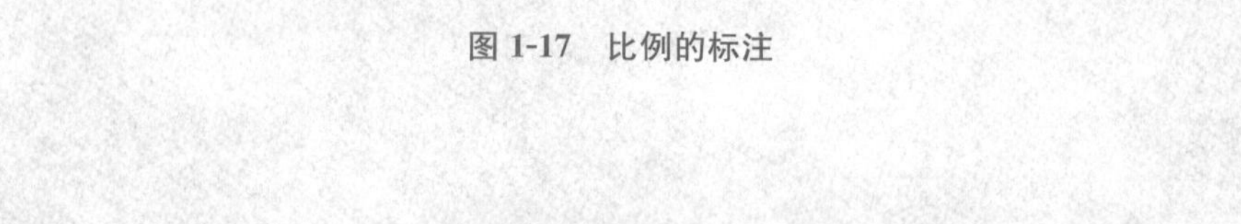

图 1-17　比例的标注

1.7 尺寸标注

图形只能表示物体的形状，其大小及各组成部分的相对位置是通过尺寸标注来确定的。因此，尺寸标注是工程图中重要的组成部分。

1.7.1 尺寸标注的基本规定及基本要求

1. 尺寸标注的基本规定

尺寸标注的基本规定如下。

(1)工程图样上所有尺寸数字都是表示物体实际大小的数值，与图形的比例及绘图的准确度无关。

(2)在道路工程图中，线路的里程桩号以千米(km)为单位；标高、坡长和曲线要素均以米(m)为单位；一般砖、石、混凝土等工程结构物及钢筋和钢材的长度以厘米(cm)为单位；钢筋和钢材断面以毫米(mm)为单位。图样上尺寸数字之后不必注写单位，但在注解及技术要求中要注明尺寸单位。

2. 尺寸标注的基本要求

尺寸标注的基本要求如下。

(1)正确：注写尺寸要正确无误，尺寸注法要遵守国家标准。

(2)完整：尺寸必须齐全，能完整确定出工程物体各部分形状的大小和位置。

(3)清晰：尺寸布局要求条理、整齐，便于看图。

(4)合理：所注尺寸符合设计、施工和检验等要求。

1.7.2 尺寸标注的组成及标注方法

道路工程图样上标注的尺寸，由尺寸线、尺寸界线、尺寸起止符号和尺寸数字四部分组成，如图 1-18 所示。

1. 尺寸标注的组成

1)尺寸线

尺寸线用细实线绘制，应与被标注长度平行，且不应超出尺寸界线。任何其他图线都不能作为尺寸线。相互平行的尺寸线应从被标注的轮廓线由近向远排列，并且小尺寸在内，大尺寸在外。所有平行尺寸线间的间距一般在 5～15 mm。同一张图样上这种间距应当保持一致，如图 1-18 所示。

2)尺寸界线

尺寸界线用细实线绘制，由一对垂直于被标注长度的平行线组成，其间距等于被标注线段的长度，尺寸界线一端应靠近所标注图形的轮廓线，另一端应超出尺寸线 1～3 mm，如图 1-18 所示。图形轮廓线、中心线也可作为尺寸界线。

3)尺寸起止符号

尺寸线与尺寸界线的交点为尺寸的起止点，在起止点上应画尺寸起止符号。尺寸起止符号宜采用单边箭头表示，箭头在尺寸界线的右边时，应标注在尺寸线之上；反之，应标注在尺寸线之下。箭头的大小可按绘图比例选取。尺寸起止符也可采用顺时针方向转 45°的斜短线表示，长度为 2～3 mm。同一张图样上应该采用同一种尺寸起止符号，道路工程制图中一般采用单边箭头。在连续表示的小尺寸中，也可在尺寸界线同一水平位置用黑圆点表示中间部分的尺寸起止符。桥墩的立面图尺寸标注如图 1-18 所示。

4)尺寸数字

尺寸数字应按规定的字体书写，字高一般是 3.5 mm 或 2.5 mm。尺寸数字一般标注在尺寸线上方中部，距离尺寸线应不大于 1 mm。当没有足够的注写位置时，可采用反向箭头，最外边的尺寸数字可注写在尺寸界线外侧箭头的上方，中间相邻的尺寸数字可错开注写，也可引出注写，如图 1-18 所示。尺寸均应标注在图样轮廓线以外，任何图线不得穿过尺寸数字；当不可避免时，应将尺寸数字处的图线断开。

尺寸数字及文字的标注如图 1-18 所示，即水平尺寸字头朝上，垂直尺寸字头朝左，倾斜尺寸的尺寸数字都应保持字头仍有朝上的趋势。同一张图样上，尺寸数字的大小应相同。

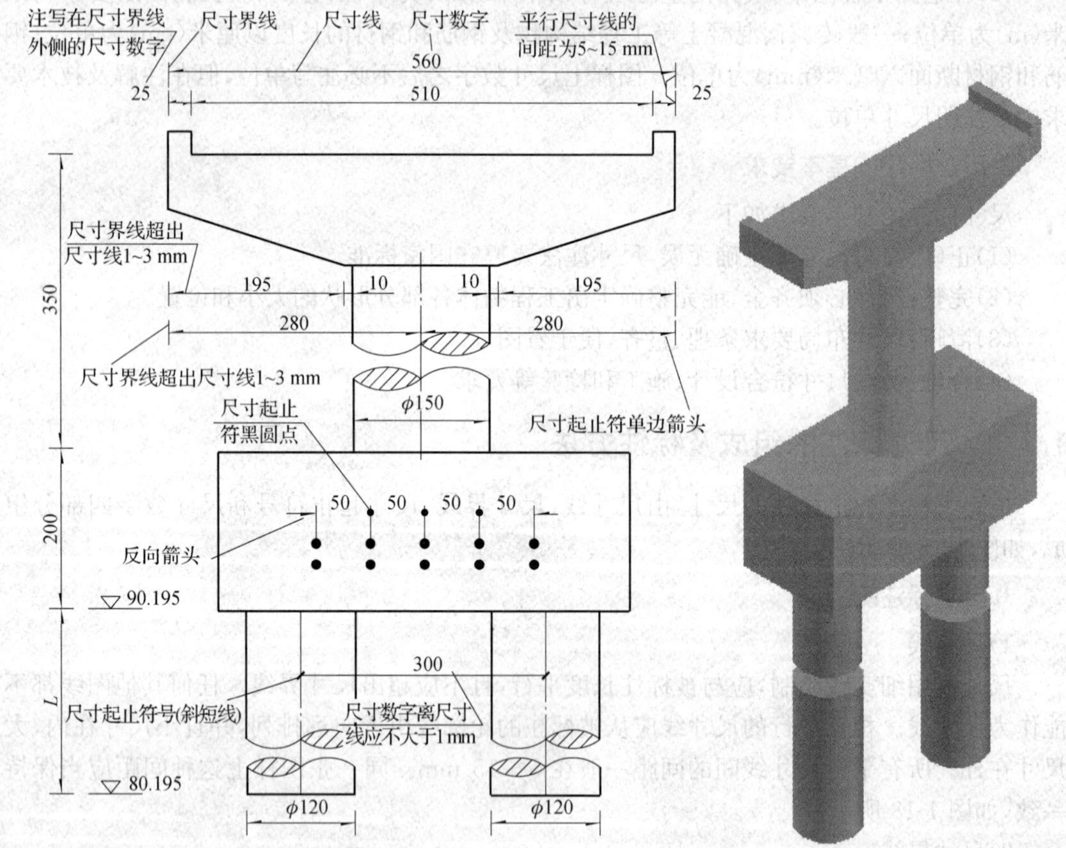

(a)投影图　　(b)立体示意图

图 1-18　桥墩的立面图尺寸标注

2.标注方法

1)引出线的标注

引出线的斜线与水平线应采用细实线绘制，其交角 α 可按 90°、120°、135°、150°绘制。当图形需要文字说明时，可将文字说明标注在引出线的水平线上。当斜线在一条以上时，各斜线宜平行或交于一点，如图 1-19 所示。

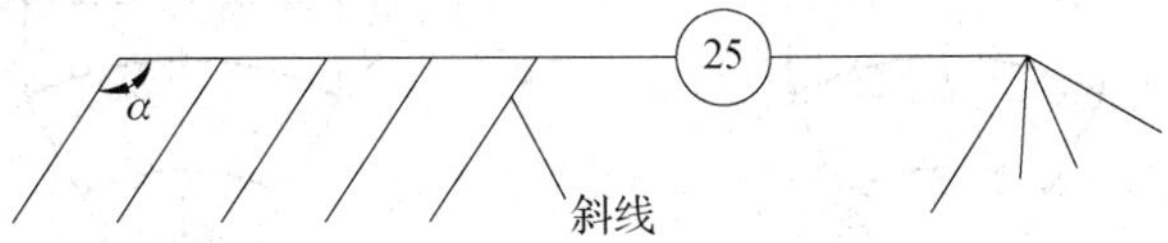

图 1-19　引出线的标注

2）半径与直径的标注

在标注圆的直径尺寸数字前面，加注符号“ϕ”或“$d(D)$”；在半径尺寸数字前面，加注符号“$r(R)$”，如图 1-20 和图 1-21 所示。

（1）当圆的直径较大时，半径尺寸的起点可不从圆心开始，如图 1-20 中的 $R80$ 标注方法。

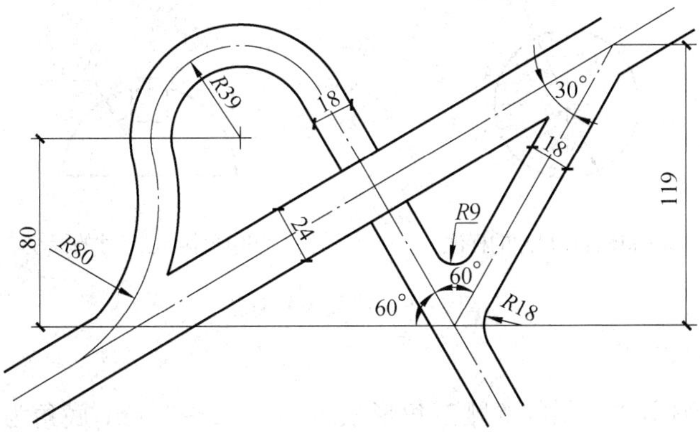

图 1-20　公路立体交叉平面图

（2）当圆的直径较小时，半径与直径可按图 1-21 和图 1-22 进行标注。

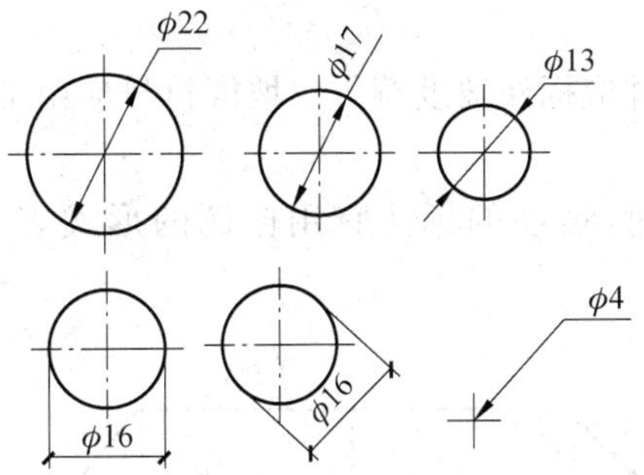

图 1-21　小直径尺寸的标注

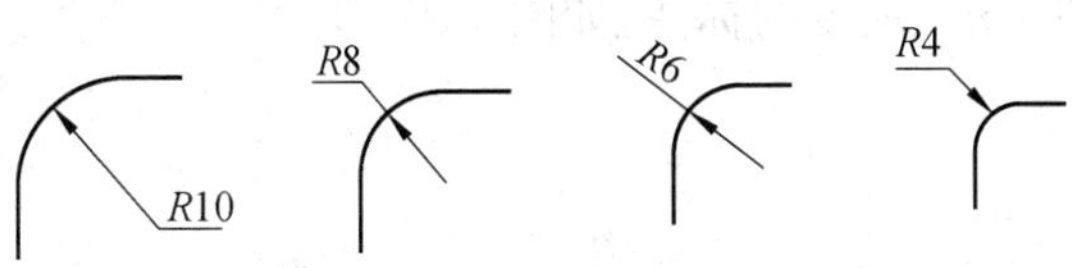

图 1-22　半径尺寸的标注

3）角度的标注

角度的尺寸线应以圆弧来表示，角的两边为尺寸界线。角度数值宜写在尺寸线上方中部，如图 1-20 所示。当角度太小时，可将尺寸线标注在角的两条边的外侧。

4）弧长与弧长的标注

圆弧弧长尺寸的标注如图 1-23 所示，尺寸界线也可沿径向引出。弦长的尺寸界线应垂直于该圆弧的弦，如图 1-24 所示。

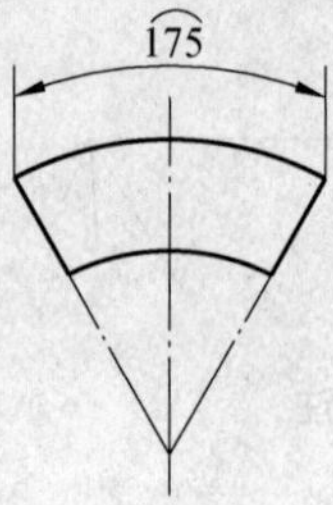

图 1-23　圆弧弧长尺寸的标注

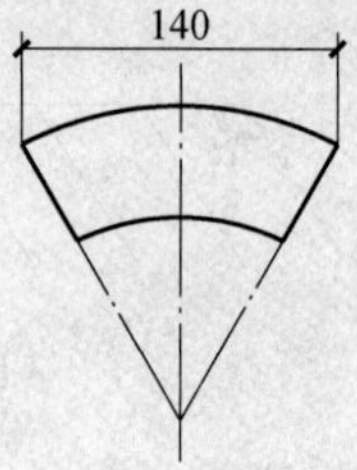

图 1-24　弦长尺寸的标注

5)球的尺寸标注

标注球体的尺寸时，应在直径和半径符号前加 S，如“$S\phi$”和“SR”，如图 1-25 所示。

(a)球体直径尺寸的标注　(b)球体半径尺寸的标注

图 1-25　球径尺寸标注

6)标高标注

标高符号采用细实线绘制的等腰三角形表示，高为 2～3 mm，底角为 45°，顶角指至被注高度，顶角向上、向下均可，标高数字标注在三角形的右边。

负标高应冠以“－”号，正标高及零标高数字前不应冠以“＋”号。当图形复杂时可采用引出线形式标注，如图 1-26 所示。

7)坡度的标注

当坡度值较小时，坡度的标注宜用百分率表示，并应标注坡度符号。坡度符号应由细实线、单边箭头，以及在其上标注的百分数组成。

坡度符号的箭头应指向下坡，当坡度值较大时，坡度的标注宜用比例的形式表示，如 1∶n。坡度的标注，如图 1-27 所示。

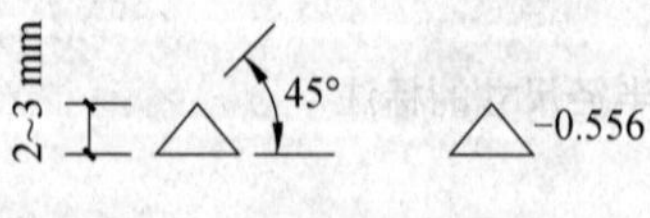

图 1-26　标高符号

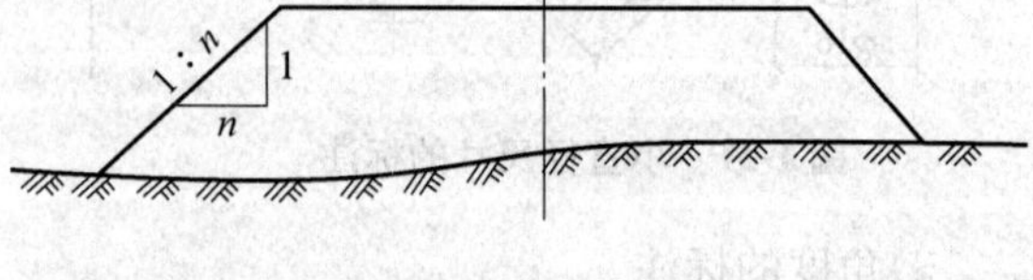

图 1-27　坡度的标注

边坡和锥坡的长短线引出端应为边坡和锥坡的高端。坡度用比例标注，其标注应符合相关规定。边坡和锥坡的标注如图 1-28 所示。

8)水位的标注

水位符号应由数条上长下短的细实线及标高符号组成,细实线间的间距宜为 1 mm,如图 1-29 所示。其标高的标注应符合图 1-26 的规定,桥梁组成示意图中的标高和水位线的标注,如图 1-30 所示。

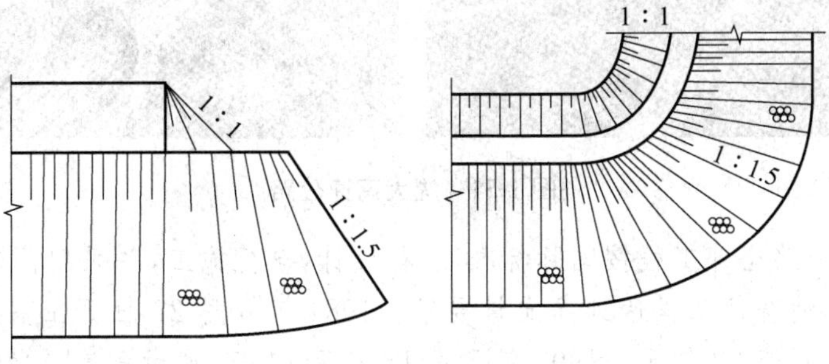

图 1-28　边坡和锥坡的标注

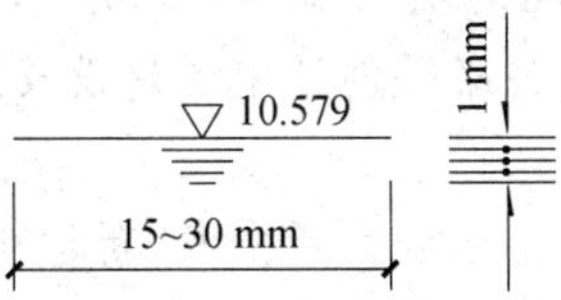

图 1-29　水位的标注

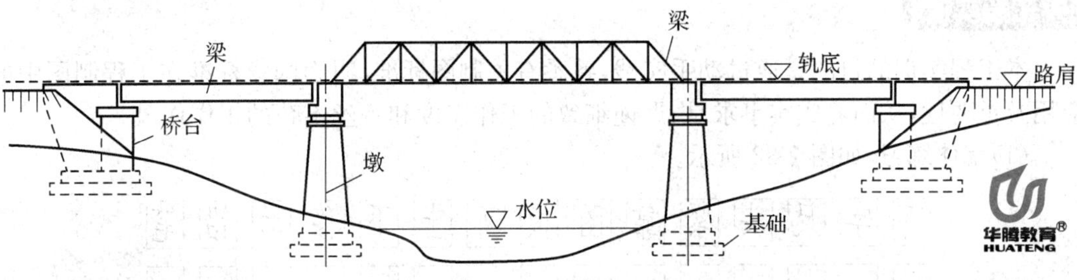

图 1-30　桥梁组成示意图中的标高和水位线的标注

趣味知识

中国第一条高速公路(沈大高速公路)

沈大高速公路(如图 1-31 所示)是我国内地建设的第一条高速公路,也是我国内地第一条八车道高速公路。公路全长为 348 km,1990 年完工时为全部四车道,全立交,全互通。2002 年开始拓宽改造,于 2004 年改造完毕,设计时速为 120 km。沈大高速公路地处辽东半岛,全线纵贯沈阳、辽阳、鞍山、营口、大连五大城市,沟通大连港、营口港、鲅鱼圈港三大港口和鞍钢、辽化、辽河油田等许多特大型企业,是东北地区一条主要公路干线,是辽东半岛经济圈的轴心。东北地区的这条运输大动脉,具有重要的政治、经济和国防意义。公路全线总长 375 km,路面宽为 26 m,年运货能力为 8×10^{7} t,客运量约 1.3 亿人次。沈大高速公路超过了 1978 年台湾省建成的长为 373.3 km 的南北高速公路,被誉为“神州第一路”。

图 1-31　沈大高速公路

沈大高速公路全部工程按国际标准，自行设计，自行施工，并采用国产材料，运用高技术和先进设备，使全部工程达到高质量要求。1984 年 6 月 27 日开工兴建，1990 年 10 月全线正式通车，耗资 22 亿元。1992 年 7 月 12 日至 14 日，通过国家验收。1993 年沈大高速公路建设荣获国家科技进步一等奖。1994 年获第六届国家优秀工程设计金奖。沈大高速公路由辽宁省高速公路管理局实行管理，下分管理处，主要业务分为路政、养护、收费、通信和经营工作。沈大高速公路开创了中国建设长距离高速公路的先河，2002 年 5 月又进行为期两年多的扩建工程。

沈大高速公路改扩建工程，充分应用新技术、新材料、新工艺，为我国高速公路改扩建积累了宝贵的经验，提供了重要的示范作用。

工程实训

本工程实训的目的是通过动手实践，熟悉有关制图标准，明确国家标准在工程制图中的应用及重要性，从而养成实事求是、严谨细致的工作态度和一丝不苟的工作作风。

(1)字体练习，如图 1-32 所示。

图 1-32　字体练习

(2)用尺规绘制图 1-33 中的线型。

(3)检查图 1-34 中尺寸标注和线型练习的错误。

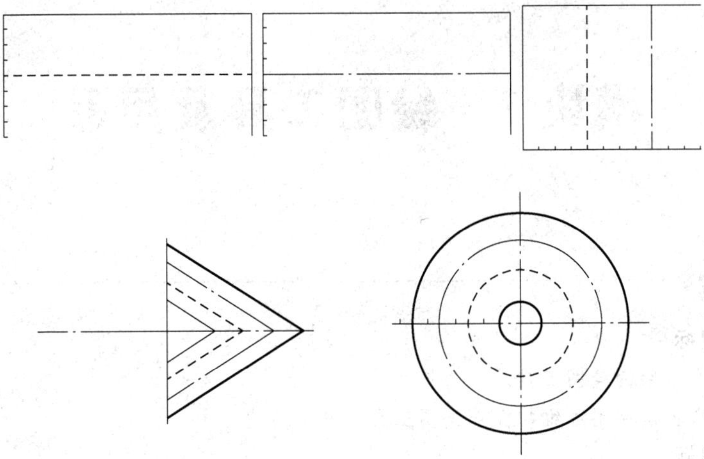

图 1-33　线型练习

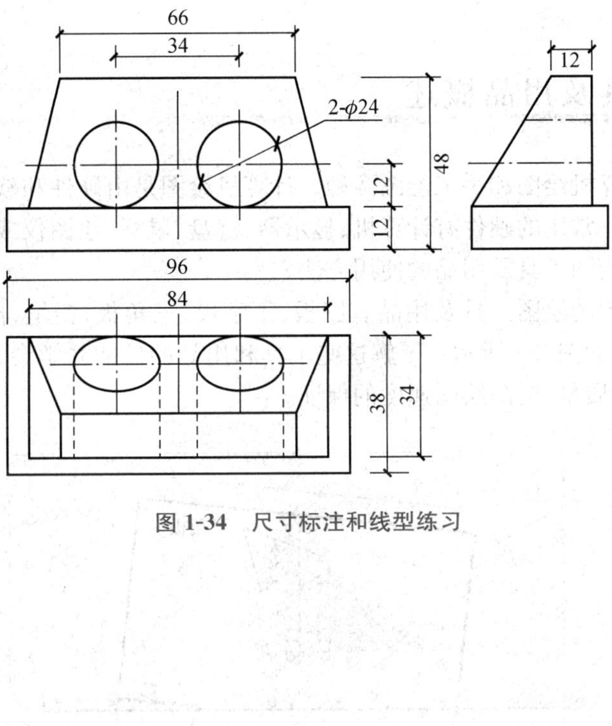

图 1-34　尺寸标注和线型练习

模块 2　绘图工具及用品

学习目标

知识目标

(1)熟悉常用的绘图工具。

(2)掌握正确使用和维护保养绘图工具的方法。

能力目标

通过本模块的学习,能够正确地使用绘图工具和用品。

2.1 绘图工具及用品概述

绘图可分为计算机绘图和手工绘图两种。计算机绘图是由硬件和软件组成的计算机辅助设计系统完成的。常用的硬件有计算机、显示器、键盘、鼠标、绘图仪或打印机等。本模块主要介绍常用手工绘图工具及用品的使用方法。

道路桥梁工程图的绘图工具及用品有图板、丁字尺、三角板、铅笔、比例尺、圆规、分规、图纸及其他用品等,如图 2-1 所示。了解这些工具和用品的性能并学会正确地使用,注意维护保养,是保证绘图质量,提高绘图速度的保证。

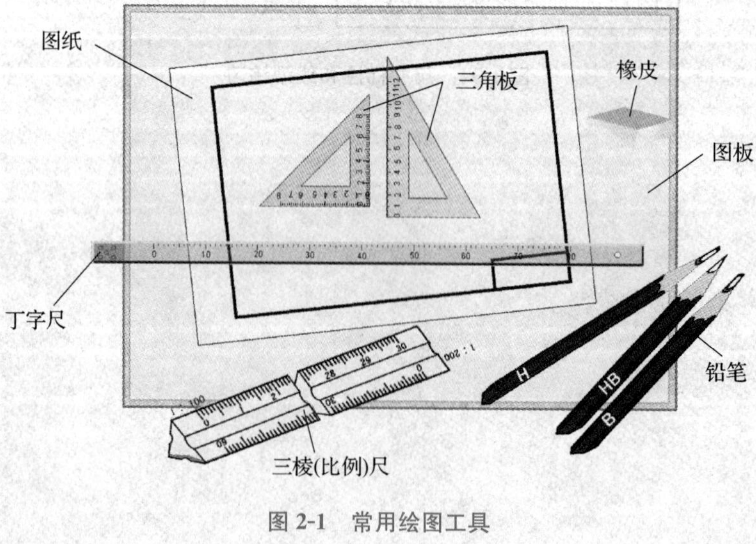

图 2-1　常用绘图工具

2.2 图板、丁字尺和三角板

2.2.1 图板

图板是用来固定图纸的，如图 2-2 所示。要求所用的图板板面平整、板边平直，尤其左边的工作边一定要垂直。用透明胶带将图纸的四角粘贴在图板上，将图纸正面向上，平整地紧贴在图板上。不能用图钉、小刀等损伤板面，要避免图纸受潮，不要暴晒或烘烤图纸，以防板面翘曲或开裂。

图 2-2　图板

图板的大小有 0 号、1 号、2 号等各种不同规格，可根据所画图幅的大小来选定图板的规格。

2.2.2 丁字尺

丁字尺一般用有机玻璃制成。尺头与尺身相互垂直构成丁字形，如图 2-3 所示。尺头与尺身牢固连接。尺头的内边缘为丁字尺导边，尺身上边缘为工作边，要求两者均平直光滑。丁字尺用完后应挂起来，防止尺身变形。

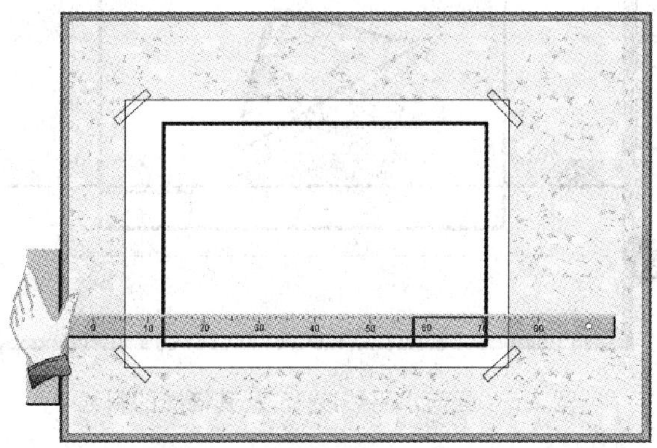

图 2-3　丁字尺

丁字尺可用来画水平方向的平行线。使用丁字尺时，需用左手握住尺头，使它始终紧靠图板的左边，上下推动到要画水平线的位置后，将左手移到画线部位，压住尺身，再从左向右画水平线。画一组水平线时，应从上到下逐条画出。

切勿把丁字尺头靠图板的右边、下边或上边来画线，也不得用丁字尺的下边缘画线。

2.2.3 三角板

一副三角板有45°角和30°、60°角的各一块，一般用有机玻璃制成，要求三角板板平边直，角度准确。三角板的规格根据45°三角板斜边或30°、60°三角板长垂边的长度来定。

用两块三角板与丁字尺配合可画铅垂线、与水平线成15°及其倍数的斜线，如图2-4和图2-5所示。

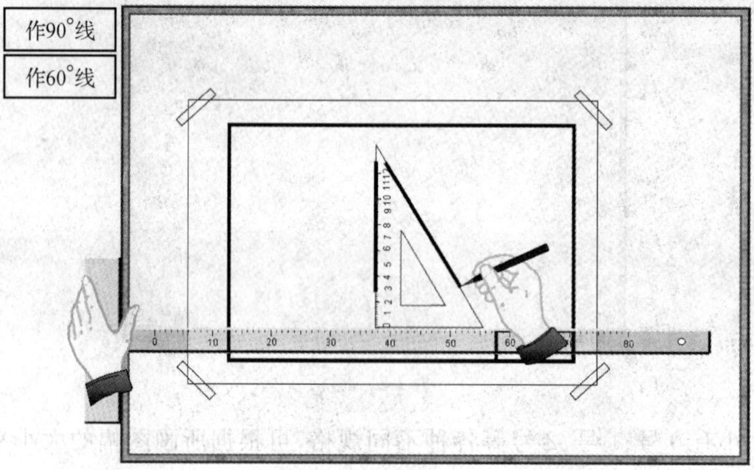

图 2-4 画铅垂线

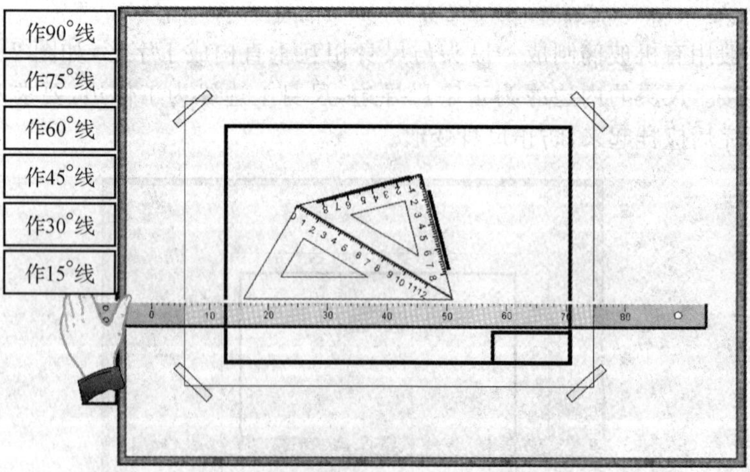

图 2-5 画与水平线成15°及其倍数的斜线

2.3 圆规与分规

2.3.1 圆规

圆规是用来画圆或圆弧的工具。圆规的附件有钢针插脚、铅芯插脚、鸭嘴插脚和延伸插脚等，如图 2-6 所示。

画圆时，圆规的钢针应使用有肩台一端，针尖插入图板后，肩台与铅芯或鸭嘴笔尖平齐，如图 2-7 所示。画图时，圆规应略向画线前进方向倾斜，画线速度必须均匀。画大圆时在圆规插脚上接延伸插脚，画线时圆规两脚均应垂直于纸面，如图 2-8 所示。

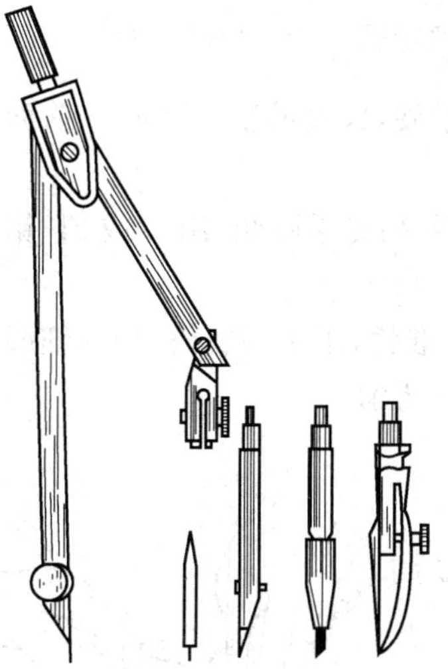

图 2-6　圆规及其附件

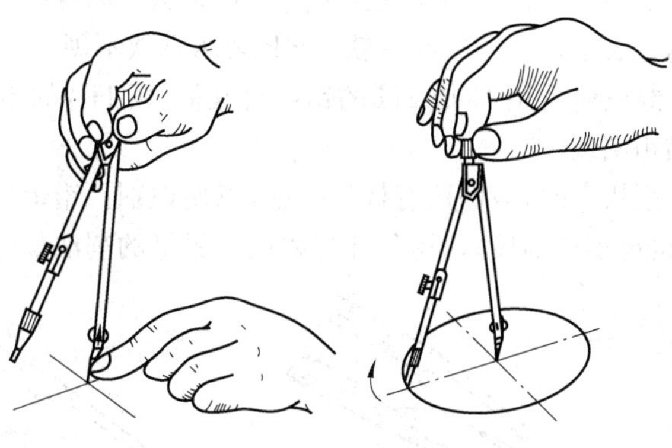

(a)　(b)

图 2-7　圆规的用法

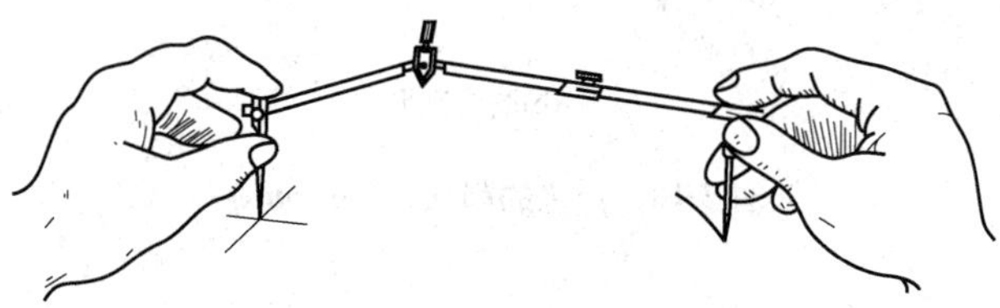

图 2-8　用圆规画大圆

圆规上的铅芯型号应比画同类直线所用铅芯软一号。打底稿时铅芯应磨成 65°斜面，加深时铅芯可磨成与线宽一致的扁状。

2.3.2 分规

分规是截量长度和等分线段的工具，分规的使用方法如图 2-9 所示。使用分规时注意，应保持清洁，防止碰坏，并使两针尖接触对齐。

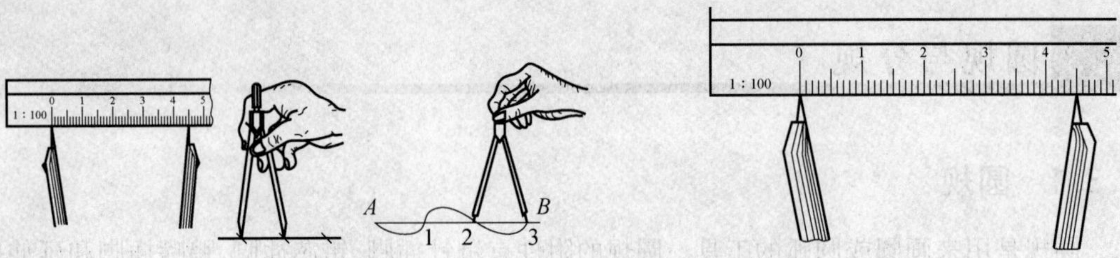

(a)量取线段　　(b)等分线段

图 2-9　分规的使用方法

2.4 铅笔

绘图铅笔铅芯的软硬程度用标号表示。标号中 H 表示硬，B 表示软。H 或 B 前面的数字越大表示铅芯越硬或越软。HB 表示不软不硬。

绘图时常用 H 或 2H 的铅笔打底稿，用 HB 的铅笔写字和徒手画图，用 B 或 2B 铅笔加深描粗图线。

削铅笔时，应保留有标号一端，以便识别。铅笔可削成锥状，用于画底稿、加深细线和写字；也可削成四棱状，用于加深粗线。铅笔的削法如图 2-10 所示。

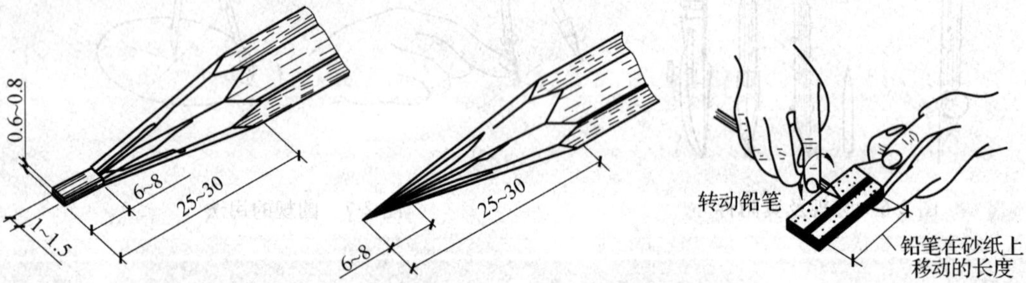

(a)磨成矩形　　(b)磨成锥形　　(c)铅笔的磨法

图 2-10　铅笔的削法(单位:mm)

2.5 曲线板、擦图片和建筑模板

2.5.1 曲线板

曲线板用来画非圆曲线。描绘曲线时，先徒手将已求出的各点按顺序轻轻地连成曲线，再根据曲线的曲率大小和弯曲方向，从曲线板上选取与所绘曲线相吻合的一段与其贴合，每次至少对准四个点，并且只描中间一段，前面一段为上次所画，后面一段留待下次连接，这样就保证了连接时的光滑流畅。曲线板的用法如图 2-11 所示。

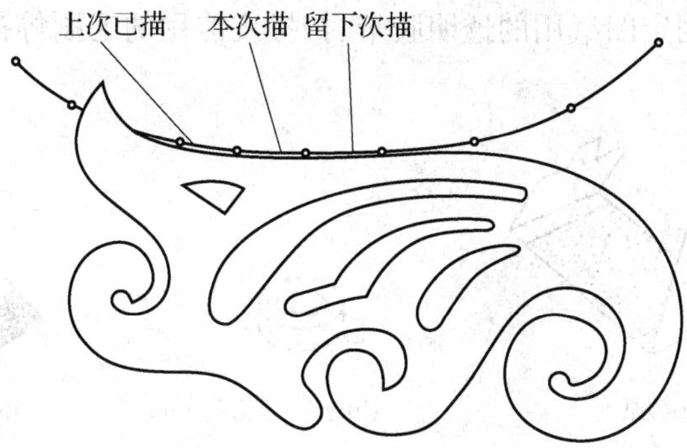

图 2-11　曲线板的用法

2.5.2　擦图片和建筑模板

1. 擦图片

擦图片是用透明胶片或金属片制成的，如图 2-12 所示，它是用来擦去画错图线的工具。使用时，选择适当形状的挖孔框住图上需要擦去的线条，左手压紧擦图片，再用橡皮擦去框住的线条，这样擦图的准确性很高，可避免误擦有用的图线。

2. 建筑模板

建筑模板是用塑料片制成的，如图 2-13 所示。在建筑模板上预先加工了不同直径的圆、用于画标高符号的 45°等腰孔等规定的形状，使用建筑模板能比较方便地画出规定的圆、标高符号等图形形状。

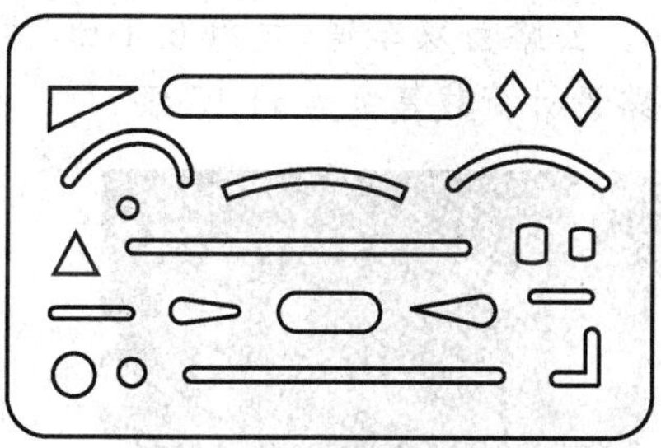

图 2-12　擦图片

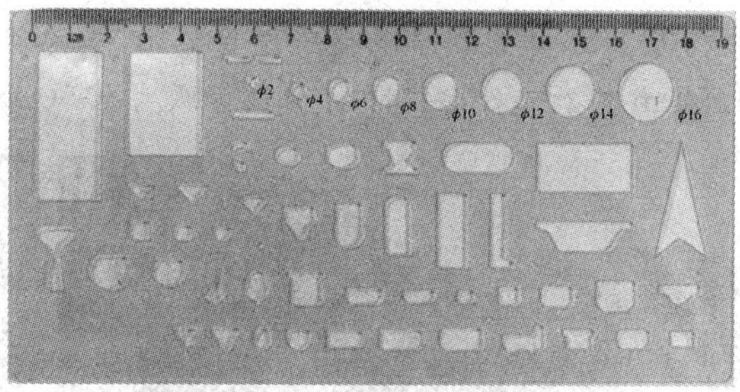

图 2-13　建筑模板

2.6　其他绘图用品

常用的绘图用品还有绘图纸、描图纸、橡皮、小刀、砂纸、透明胶带、毛刷等。

绘图纸要求纸面洁白、质地坚实，用橡皮擦拭不易起毛，画墨线时不洇透。绘图时应鉴别图纸的正反面，要使用正面。描图纸用于描绘复制蓝图的墨线图。它要求描图纸洁白、透明度好。描图纸薄而脆，使用时应避免折皱，不能受潮。为方便作图，应将图纸贴在靠图板左下角一些，并用丁字尺校正底边。

磨铅芯用的砂纸、固定图纸用的透明胶带、扫橡皮沫用的毛刷等都是绘图必不可少的用品，如图 2-14 所示。

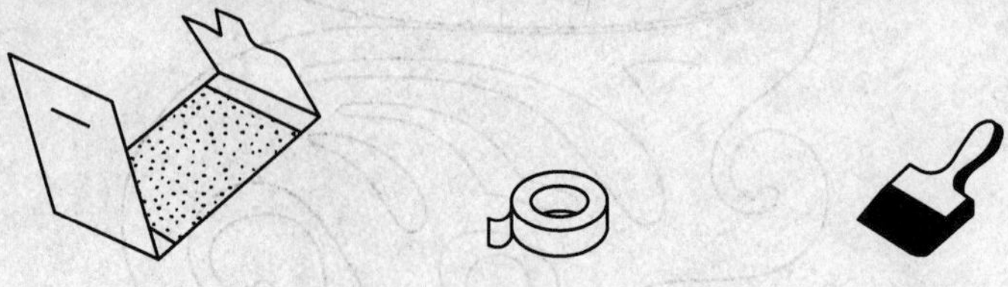

(a)砂纸　(b)透明胶带　(c)毛刷

图 2-14　绘图辅助用品

趣味知识

钱塘江大桥

钱塘江大桥（如图 2-15 所示）位于浙江省杭州市六和塔附近，横跨钱塘江，北岸在杭州二龙山东麓，南岸在滨江区浦沿街道联庄村上沙埠，是由我国自行设计和建造的第一座双层式公路、铁路两用特大桥。该桥为上下双层钢结构桁梁桥，全长为 1 453 m，宽为 9.1 m，高为 7.1 m。正桥长为 1 072 m，南、北公路引桥长分别为 93 m 和 288 m。铁路桥由 16 孔跨度为 65.84 m 的简支华伦式桁梁和两孔跨度为 14.63 m 的板梁组成。除 16 孔桁梁上层为公路外，北岸引桥由 3 孔跨度为 50 m 的桁拱及其两端长为 15 m 的平台和 5 孔跨度为 9.2 m 的钢筋混凝土框架组成；南岸引桥由 1 孔跨度为 50 m 的桁拱及其两端长为 15 m 的平台和两孔跨度为 9.2 m 的钢筋混凝土框架组成。钢桁梁桁高 10.7 m，主桁中心距为 6.1 m；单线铁路净空高为 6.7 m，宽为 4.9 m。公路为双车道，宽为 6.1 m，两侧设 1.52 m 人行道。铁路设计荷载等级为 E-50 级，公路设计荷载等级为 H-15 级。

图 2-15　钱塘江大桥

20 世纪 30 年代，正在兴建中的浙赣铁路要与沪杭铁路衔接，需在钱塘江上架设一座大桥。1934 年，时任钱塘江大桥桥工处处长的茅以升，受命开始主持这第一座由中国人自己修建的钢铁大桥工程。之前，在中国的大川大河上，虽已有一些大桥，但都是外国人造的：济南黄河大桥是德国人修的，蚌埠淮河大桥是美国人修的，哈尔滨松花江大桥是俄国人修的……可以想象，茅以升担负着一项前所未有的重任，他要用自己的智慧来证明中国人有能力建造现代化大桥。

该桥由茅以升设计，并主持施工，于 1934 年 8 月 8 日动工，历时 3 年零 1 个月，工程首次采用气压法沉箱掘泥打桩并获得成功。它打破了外国人认为此处不可能建桥的预言,为中国人民长了志气。此桥为浙赣、沪杭铁路复线的枢纽,双虹飞彩,宏伟壮观。雄伟壮丽的大桥,抒发出中华儿女自立于世界民族之林的豪情壮志,而铭刻其中的“殚精竭智千日功,通车之日却炸桥”的扼腕痛心也使国人永志难忘(1937 年 12 月钱塘江大桥因战争被下令炸毁,抗战胜利后进行了修复)。钱塘江大桥不仅是我国桥梁史上的巨大成就,也是中国铁路桥梁史上一座辉煌的里程碑。

2006 年 5 月 25 日,钱塘江大桥被国务院批准列入第六批全国重点文物保护单位名单。站在并不宽阔的桥面上可以一览六和塔全景,体会杭城依山傍水的味道。钱塘江大桥建成于抗日烽火之中,它在中华民族抗击外来侵略者的斗争中谱写了可歌可泣的一页,同时它也是我国桥梁工程师的摇篮。

工程实训

本工程实训的目的是通过动手绘图掌握绘图工具的使用方法,并熟悉几何作图的主要过程。通过这些活动,可以巩固和提升作图能力,为专业绘图打好基础。

几何作图的主要过程及方法如下。

1. 固定图纸

将平整的图纸放在图板偏左、偏下的部位,用丁字尺压住图纸往上推,稍微调整图纸,使纸的上边沿大致与尺身工作边平行,然后用透明胶带将图纸四周固定在图板上。在这个过程中,图纸要平整,胶带纸要贴牢,如图 2-16 所示。

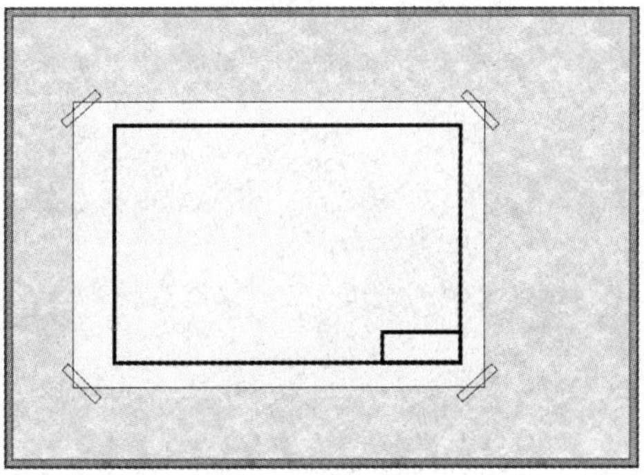

图 2-16　图纸的固定方法

2. 绘图底稿

给出一幅比较正式的工程图纸,让学生临摹。绘图的时候,要先作底稿。作底稿要先用较硬的铅笔绘制,绘制的线条细而淡,并且能够分清线型。绘制分如下两个步骤。

(1)绘制图框和标题栏,按照图幅的大小及相应的标题栏大小进行绘制,并且根据选用的比例合理地安排各图样在图框内的位置。

(2)开始绘制图样,绘制图样时应先画主轴线或者中心线,再画主要轮廓和细部结构。底稿的绘制如图 2-17 所示。

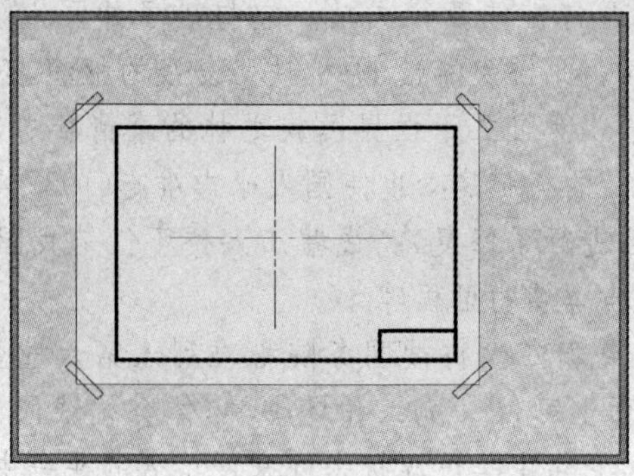

图 2-17　底稿的绘制

3. 用铅笔加深底稿

检查底稿无误后，再进行图样的加深，一般是用铅笔进行加深（少数用墨线描黑），加深顺序一般为由上而下、由左至右依次画出同一线宽的各线型图线，除了加深图形本身的图线外，还要对尺寸线、剖面线等各种符号进行加深。

4. 写字及绘制各种符号

徒手绘制出各种材料符号，标注尺寸数字、图样名称、比例及相关的文字说明，填写标题栏，并对整个图纸进行检查，清理画面，这样一幅图就绘制好了。

模块3 几何作图

学习目标

知识目标

(1)了解几何作图的概念。

(2)掌握直线的平行线、垂直线、等分线段、圆弧连接的作图方法。

(3)掌握绘图的一般方法和步骤。

能力目标

(1)学会正确使用三角板、圆规、分规、曲线板等绘图工具和仪器。

(2)学会常规的几何作图方法和技巧。

(3)能准确地绘制出各种平面图形。

建筑物的形状虽然多种多样,但其投影轮廓却是由一些直线、圆弧或其他曲线组成的几何图形。因此,我们应当掌握常用几何图形的作图原理、作图方法,以及图形与尺寸之间相互依存的关系。

几何作图是指用作图工具(三角板、圆规等工具)作出特定图形的作图方法。为了能够迅速、准确地绘制较为复杂的平面图形,除了要正确使用作图工具外,还要熟练地掌握各种图形的作图方法,本模块将介绍几种常用的几何作图方法。

3.1 绘制平行线和垂直平分线

直线是工程上最常用的几何要素,是工程形体的轮廓线中必不可少的组成要素,而我们所学的道路桥梁等几何结构物更是以直线为基本的组成单位,其中,平行线和垂直线又是用得最多的表示相互位置关系的直线。下面就来看看如何用几何作图的方法绘制这两种最常见的直线。

3.1.1 绘制直线的平行线

过已知点 A 作已知直线 BC 的平行线,作图步骤如图 3-1 所示。

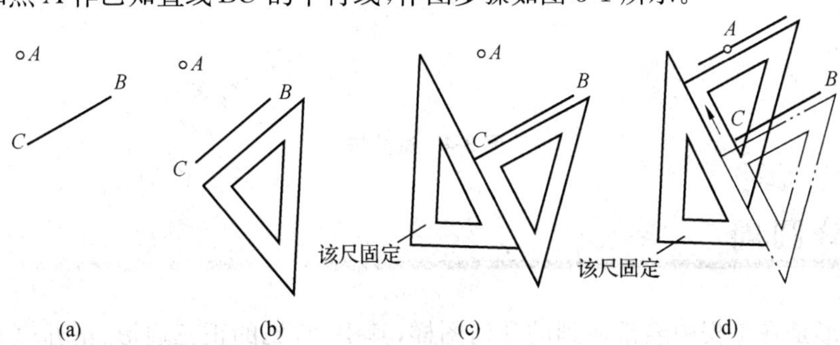

图 3-1 过已知点作已知直线的平行线

3.1.2 绘制直线的垂直平分线

已知直线 AB,作直线的垂直平分线,作图步骤如图 3-2 所示。

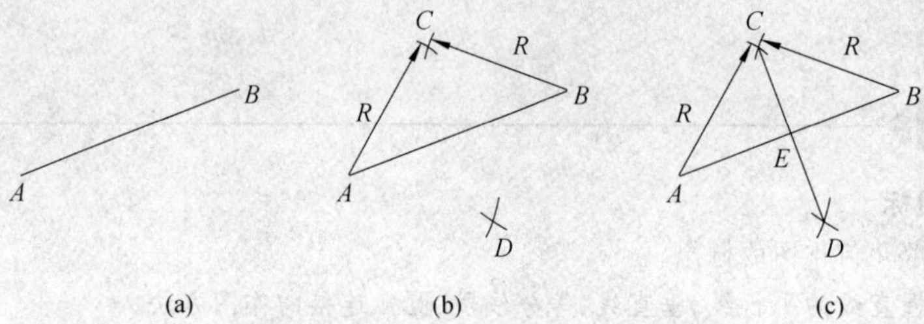

图 3-2 作已知直线的垂直平分线

3.2 等分线段

等分线段可通过平行线法和试分法进行。

3.2.1 平行线法

已知线段 AB(如图 3-3 所示),作它的五等分。

(1)过端点 A 作任意直线 AC。

(2)用分规在 AC 上量取 1、2、3、4、5 各等分点。

(3)连接 $5B$,分别过 1、2、3、4 等分点作 $5B$ 的平行线,与 AB 相交得 1′、2′、3′、4′点,即为所求的等分点。

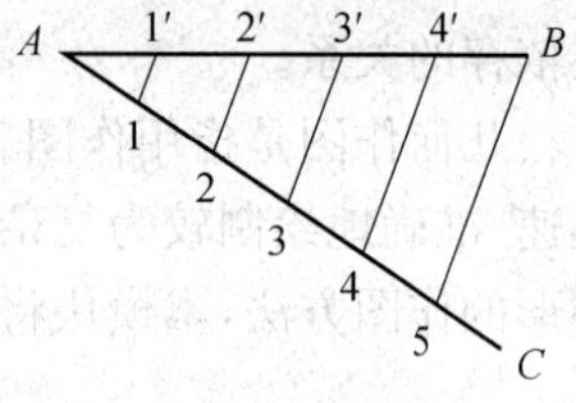

图 3-3 平行线法

3.2.2 试分法

已知线段 AB(如图 3-4 所示),作它的三等分。

(1)先估计每一等分的长度 $A1$,用分规截取四等分达四点。

(2)调整分规长度,增加 $e/4$,再重新分线段 AB。

(3)按照上述的方法,直到等分为止。

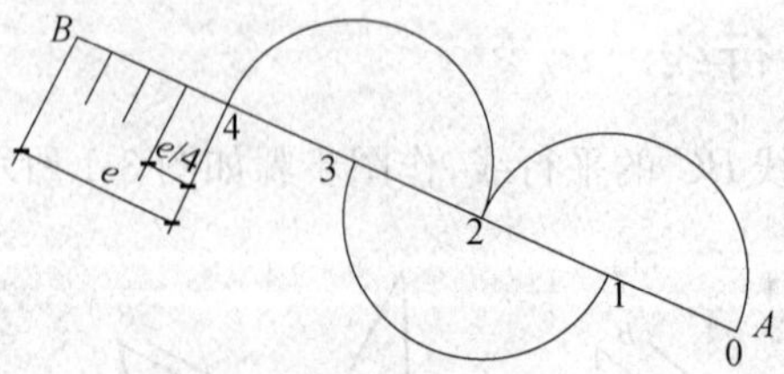

图 3-4 试分法

3.3 等分圆周

正多边形是在工程中经常遇到的几何图样,其中,常见的正三边形、正五边形和正六边形,实际上就是等分圆周的结果,下面介绍等分圆周常见的方法。

3.3.1　圆周的三、六、十二等分

可用丁字尺、30°(60°)三角板、圆规等进行圆周的等分。

(1)圆周的三等分,作图步骤如图 3-5 所示。

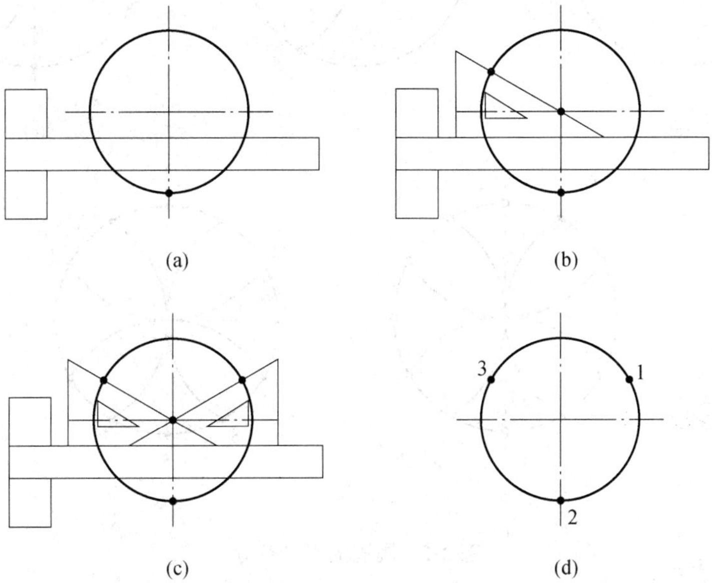

图 3-5　圆周的三等分

(2)圆周的六等分,作图步骤如图 3-6 所示。

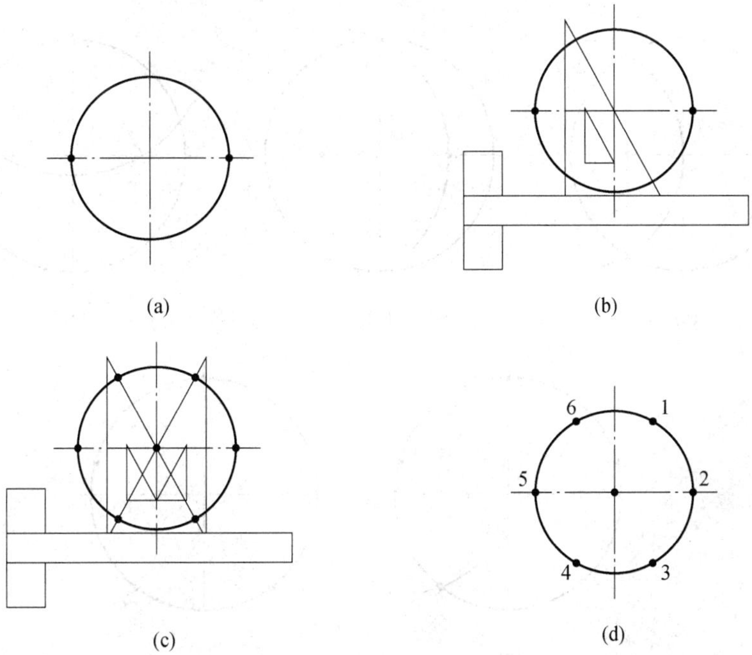

图 3-6　圆周的六等分

(3)圆周的十二等分,作图步骤如图 3-7 所示。

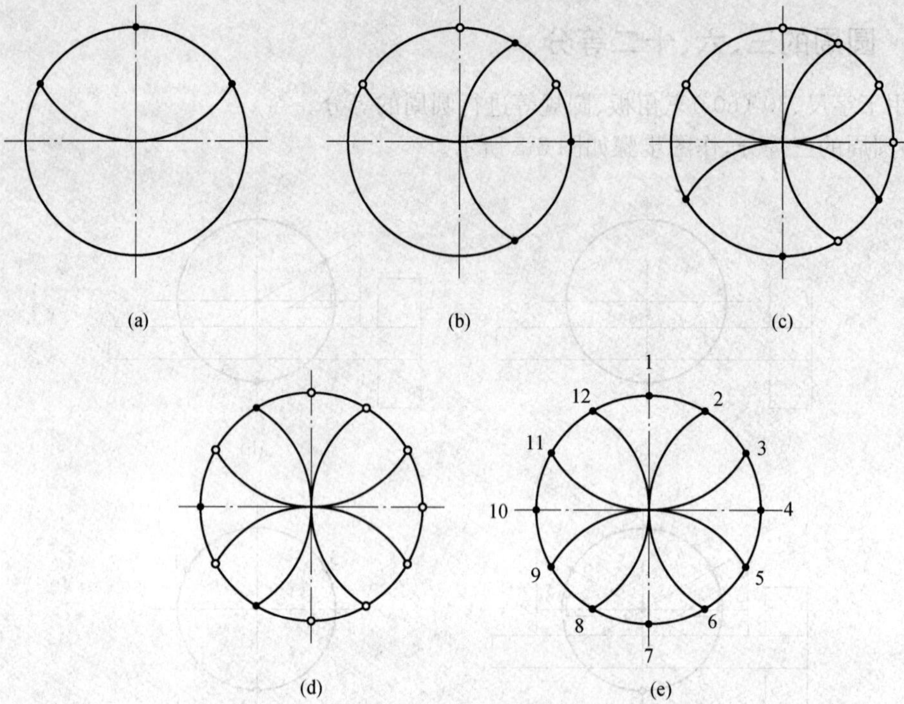

图 3-7　圆周的十二等分

3.3.2　圆周的五等分

圆周的五等分,作图步骤如图 3-8 所示。

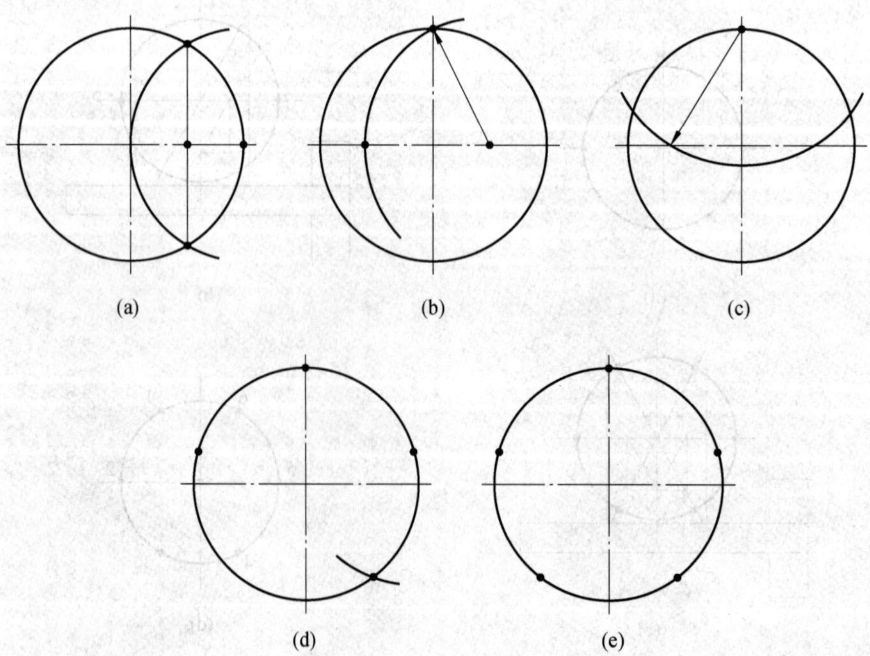

图 3-8　圆周的五等分

3.4 圆弧连接

用已知半径圆弧的光滑连接(相切)两已知线段(直线或圆弧),称为圆弧连接。该已知半径的圆弧称为连接弧。圆弧连接作图的要点就是根据已知条件准确地定出连接圆弧的圆心与切点。道路工程图中经常用到圆弧与直线连接或圆弧与圆弧连接,如道路的平面曲线、涵洞的洞口、隧道的洞门等。图 1-20 就是用圆弧与直线连接而成的公路立体交叉平面图。圆弧连接的形式很多,其关键是根据已知条件准确地求出连接圆弧的圆心和切点,也就是连接点。

3.4.1 圆弧连接的作图原理

下面介绍已知半径的圆弧与已知直线或圆弧相切时,圆弧圆心的轨迹和切点的求法。

(1)当一个半径为 R 的连接圆弧与已知直线连接(相切)时,连接圆心的轨迹是与定直线相距为 R 且平行于定直线的直线;切点即为自连接弧圆心向已知直线所作垂线的垂足,如图 3-9(a)所示。

(2)当一个半径为 R 的连接圆弧与已知圆弧(半径为 R_1)外切时,连接圆弧圆心的轨迹是已知圆弧的同心圆弧,其半径为 R_1+R;切点即两圆心的连线与已知圆的交点,如图 3-9(b)所示。

(3)当一个半径为 R 的连接圆弧与一已知圆弧(半径为 R_2)内切时,连接圆心的轨迹是已知圆弧的同心圆弧,其半径为 R_2-R;切点即两圆心连线的延长线与已知圆的交点,如图 3-9(c)所示。

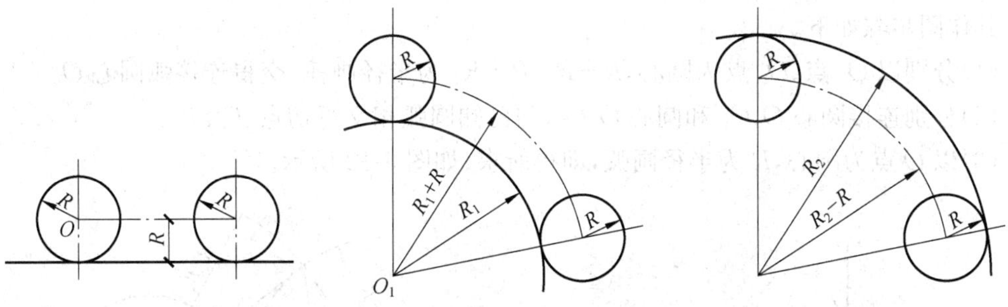

(a)与定直线相切　(b)与定圆外切　(c)与定圆内切

图 3-9 圆弧连接的作图原理

3.4.2 圆弧连接的方法

1. 用圆弧连接两直线

1)用圆弧连接成锐角或钝角的两条直线

其作图步骤如下。

(1)作与已知两直线分别相距为 R 的平行线,交点 O 即连接弧圆心。

(2)过 O 点分别向已知角两边作垂线,垂足 T_1、T_2 即为切点。

(3)以 O 点为圆心,R 为半径在两切点 T_1、T_2 之间画连接圆弧,即得所求,如图 3-10 所示。

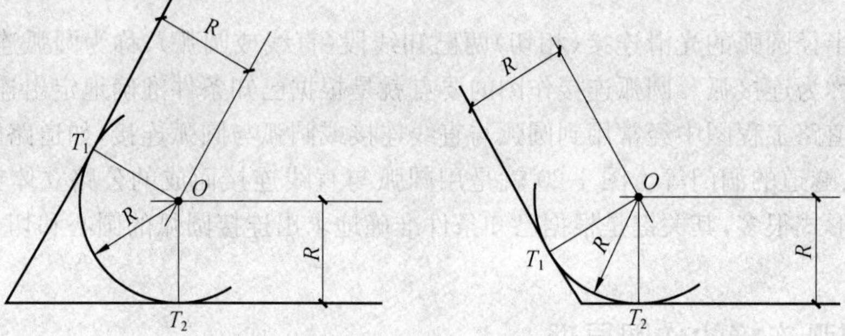

图 3-10　圆弧连接成锐角和钝角的两条直线

2)用圆弧连接成直角的两条直线

其作图步骤如下。

(1)以直角顶点为圆心,R 为半径作圆弧交直角两边于切点 T_1 和 T_2。

(2)以点 T_1 和点 T_2 为圆心,R 为半径作圆弧相交得连接弧圆心 O。

(3)以 O 点为圆心,R 为半径在切点 T_1 和 T_2 之间作连接弧,即得所求,如图 3-11 所示。

2. 圆弧与圆弧连接

用圆弧连接两已知圆弧有三种情况:圆弧与圆弧外连接、圆弧与圆弧内连接、圆弧与圆弧内外连接。

1)圆弧与圆弧外连接

其作图步骤如下。

(1)分别以 O_1 点、O_2 点为圆心,$R+R_1$、$R+R_2$ 为半径画弧,交得连接弧圆心 O。

(2)分别连接圆心 O、O_1 和圆心 O、O_2,与已知圆弧相交得切点 T_1、T_2。

(3)以 O 点为圆心,R 为半径画弧,即得所求,如图 3-12 所示。

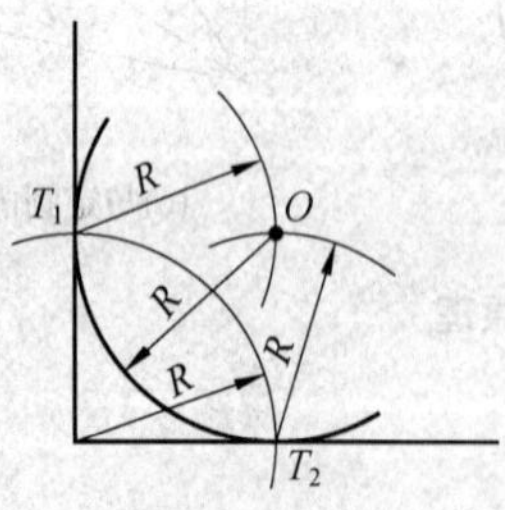

图 3-11　圆弧连接成直角的两条直线

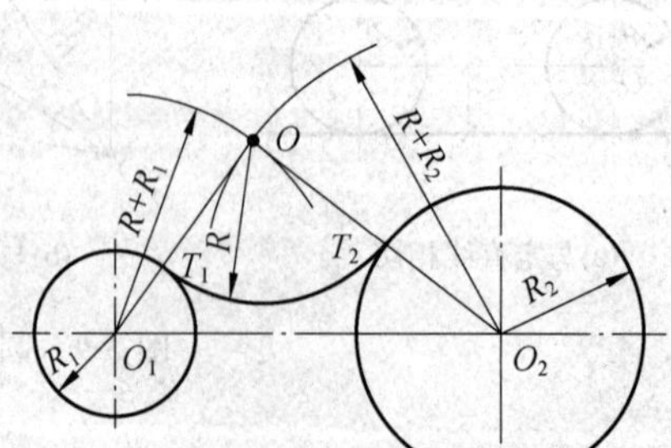

图 3-12　圆弧与圆弧外连接

2)圆弧与圆弧内连接

其作图步骤如下。

(1)分别以 O_1、O_2 点为圆心,$R-R_1$、$R-R_2$ 为半径画弧,交得连接弧圆心 O。

(2)分别连接点 O、O_1 和点 O、O_2,并延长交得切点 T_1、T_2。

(3)以 O 点为圆心,R 为半径画弧,即得所求,如图 3-13 所示。

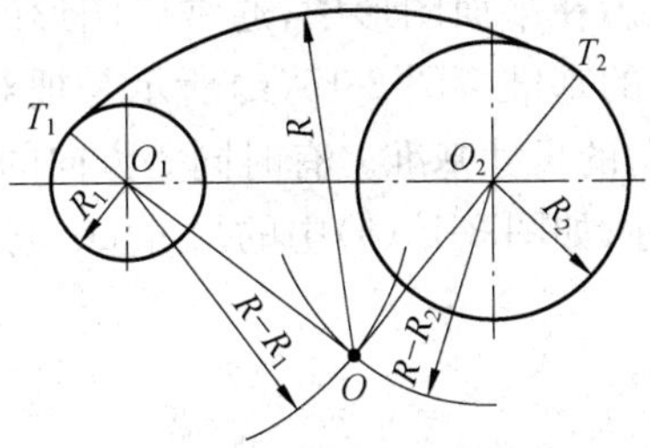

图 3-13 圆弧与圆弧内连接

3)圆弧与圆弧内外连接

其作图步骤如下。

(1)分别以 O_1、O_2 点为圆心,$R+R_1$、$R-R_2$ 为半径画弧,交得连接弧圆心 O。

(2)连接 O、O_1 两点交得切点 T_1,连接 O、O_2 两点延长交得切点 T_2。

(3)以 O 点为圆心,R 为半径画弧,即得所求,如图 3-14 所示。

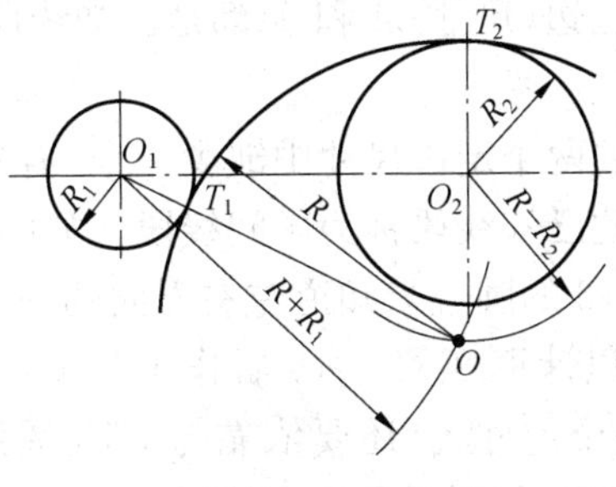

图 3-14 圆弧与圆弧内外连接

3.5 平面图形的分析及画法

平面图形的分析包括尺寸分析和线段分析。分析图形的主要目的是从尺寸中弄清楚图形中线段之间的关系,从而确定正确的作图步骤。

3.5.1 平面图形的尺寸分析和线段分析

1. 平面图形的尺寸分析

平面图形的尺寸按其作用分为定形尺寸和定位尺寸两类。

1)定形尺寸

确定图形中线段长短、圆弧半径大小、角度的大小等的尺寸称为定形尺寸,如图 3-15(a)中的 $R78$、图形底部的 $R13$ 是确定圆弧大小的尺寸,60 和 64 是确定扶手上下方向和左右方向的大小尺寸,这些尺寸都属于定形尺寸。

2)定位尺寸

确定图形中各部分(线段或图形)之间相互位置关系的尺寸称为定位尺寸。平面图形的定位尺寸有左右和上下两个方向。每一个方向的尺寸都需要有一个标注尺寸的起点。标注定位尺寸的起点称为尺寸基准。在平面图形中，通常以图形的主轴线、对称线、中心线及较长的直轮廓边线作为定位尺寸的基准。图 3-15(a)所示是把对称线作为左右方向的尺寸基准，把扶手的底边作为上下方向的尺寸基准。有时同一方向的基准不止一个，还可能同一尺寸既是定形尺寸，又是定位尺寸，如图 3-15(a)中的尺寸 80，它既是扶手的定形尺寸，又是左右侧两外凸圆弧的定位尺寸。

2. 平面图形的线段分析

按图形中所给尺寸齐全与否，可将图形中线段分为已知线段、中间线段和连接线段三类。

1)已知线段

具备齐全的定形尺寸和定位尺寸，不需依靠其他线段就能直接画出的线段称为已知线段。对圆弧而言，已知线段既有定形尺寸(半径或直径)，又有圆心的两个定位尺寸。如图 3-15(a)所示，扶手的大圆弧 $R78$ 和扶手下端的左右两圆弧 $R13$ 的半径均已知，同时它们的圆心位置又能被确定，所以两圆弧都是已知线段。对直线而言，已知线段就是要知道直线的两个端点，如图 3-15(a)所示，图形的底边(尺寸 64 和 5)都是已知线段。

2)中间线段

定形尺寸已确定，而圆心的两个定位尺寸中缺少一个，需要依靠与其一端相切的已知线段才能确定它的圆心位置时，此已知线段称为中间线段。如图 3-15(a)中的 $R13$ 左右外凸的圆弧，具有定形尺寸 $R13$，但 $R13$ 的圆心只知道左右方向的一个定位尺寸 80(因 80 两端的尺寸界线与 $R13$ 的圆弧相切，所以计算 80/2－13 后作出与 $R13$ 圆弧的切线平行的直线后就等于知道了圆心左右方向的一个尺寸)。还要依靠与 $R13$ 圆弧相切的已知线段($R78$)才能完全确定圆心的位置，所以该 $R13$ 的圆弧是中间线段。

3)连接线段

定形尺寸已定，而圆心的两个定位尺寸都没有确定，需要依靠与其两端相切或一端相切，另一端相接的线段才能确定圆心位置的线段称为连接线段，如图 3-15(a)中与两个 $R13$ 相切的 $R13$ 的圆弧。

绘制圆弧连接的图形时，必须先分析出已知线段、中间线段和连接线段，然后依次作出这些线段，顺次连接起来。如图 3-15(a)所示，已经做过扶手断面图图形的线段分析，下面将其作图步骤说明如下。

(1)画基准线和已知线段。作左右方向的基准，即图形的对称线；作上下方向的基准，即尺寸为 64 的底边。画已知线段如尺寸为 $R78$、$R13$、5、60、80 的线段等，如图 3-15(b)所示。

(2)画中间线段。根据定位尺寸 80 和外凸圆弧的半径 13，作出与该圆弧切线间距为 13 的平行线；再作半径为 65(由 78－13 得出)，与 $R78$ 同心的圆弧，此圆弧与该平行线的交点即中间圆弧的圆心，如图 3-15(c)所示。

(3)画连接线段。以中间圆弧的圆心为圆心，以该圆弧的半径加连接圆弧的半径为半径作弧，再以扶手下方 $R13$ 的圆弧心为圆心，以 $R13+R13$ 为半径作圆弧，两圆弧的交点即连接圆弧的圆心。作各有关的圆心连线找出切点后，光滑地连接各圆弧完成全图，即得图 3-15(d)所示的扶手断面。

(4)描深粗实线,标注尺寸,完成全图,即得图 3-15(a)所示的扶手断面。

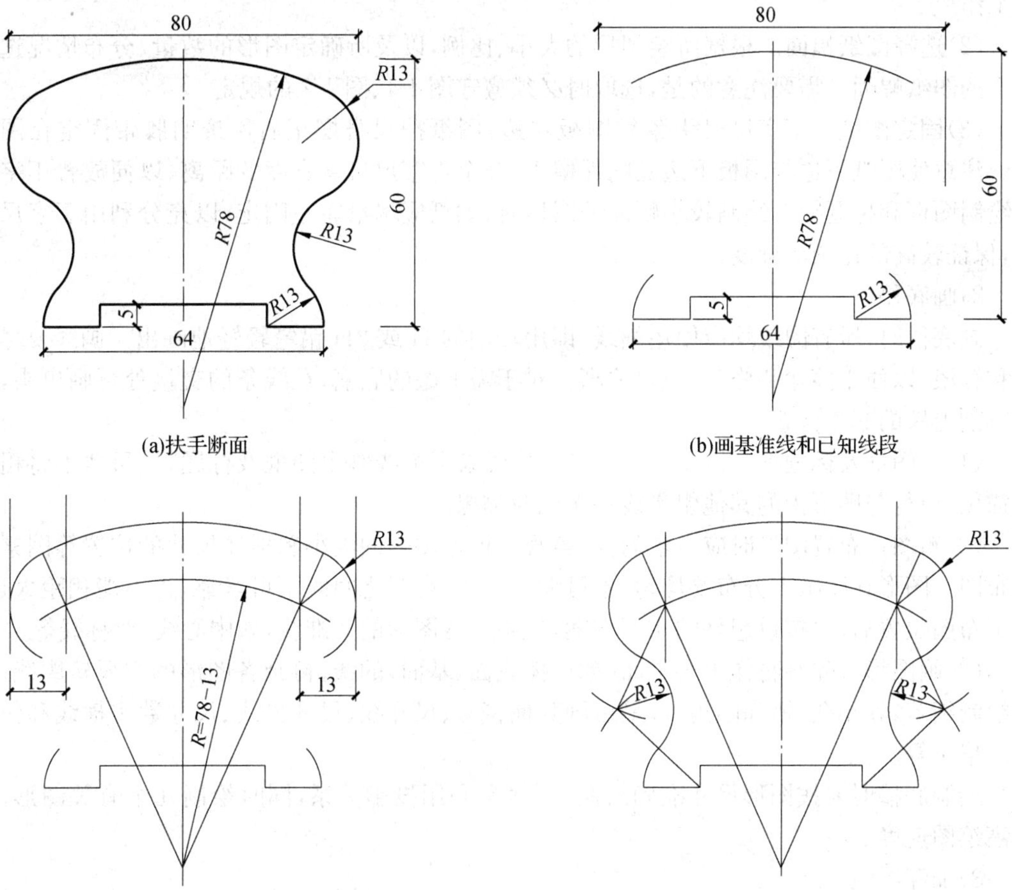

(a)扶手断面 (b)画基准线和已知线段

(c)画中间线段 (d)画连接线段

图 3-15 平面图形的线段分析及连接作图

3.5.2 绘图的一般方法和步骤

为了提高绘图的质量与速度,除了掌握常规绘图工具和仪器的使用外,还必须掌握各种绘图方法和步骤。为了满足对图样的不同需求,常用的绘图方法有尺规绘图、徒手绘图和计算机绘图,这里仅介绍尺规绘图和徒手绘图。

1.尺规绘图

使用绘图工具和仪器画出的图称为工作图。工作图对图线、图面质量等方面要求较高,所以画图前应做好准备工作,然后再动手画图。画图又分为画底稿和加深图线(或上墨)两个步骤。

用尺规绘制图样时,一般可按下列步骤进行。

1)准备工作

(1)准备绘图工具和仪器。将铅笔和圆规的铅芯按照绘制不同线型的要求削好、磨好;调整好圆规两脚的长短;用干净的布或软纸将图板、丁字尺和三角板等擦拭干净;工作地点选择在使光线从图板的左前方射入的地方，并且将需要的工具放在适当的地方，以便顺利地进行制图工作。

(2)选择图纸幅面。根据所绘图形的大小、比例，以及所确定图形的数量、分布情况选取合适的图纸幅面。需要注意的是，选取时必须遵守图 1-1、图 1-2 的规定。

(3)固定图纸。丁字尺尺头紧靠图板左边，图纸按尺身摆正后用透明胶带固定在图板上。注意使图纸下边与图板下边之间保留 1～2 个丁字尺尺身宽度的距离，以便放置丁字尺和绘制图框和标题栏。绘制较小幅面的图样时，图纸应尽量靠左固定，以充分利用丁字尺根部，保证较高的作图准确度。

2)画底稿

画底稿时，所有图线均应使用细线，即用较硬的 H 或 2H 铅笔轻轻地画出。画线要尽量细和轻淡，以便于擦除和修改，但要清晰。对于需上墨的底稿，在线条的交接处可画出头，以便辨别上墨的起止位置。

(1)画图框及标题框。按图 1-1、图 1-2 的要求用细线画出图框及标题栏，可暂不将粗实线描黑，留待与图形中的其他粗实线一次同时描黑。

(2)布图。布置图形时应力求匀称、美观。根据图形的大小和标注尺寸的位置等因素进行布图。图形在图纸上分布要均匀，不可偏向一边，相互之间既不可紧靠，也不能相距太远。确定布图位置后，再按设想好的布图方案，先画出各图形的基准线，如中心线、对称线等。

(3)画图形。先画物体主要平面(如形体底面、基面)的线；再画各图形的主要轮廓线；然后绘制细节，如小孔、槽和圆角等；最后画其他符号、尺寸线、尺寸界线、尺寸数字横线和仿宋字的格子等。

绘制底稿时要按图形尺寸准确绘制，要尽量利用投影关系，同时绘制几个有关图形，以提高绘图速度。

3)加深图线

用铅笔加深时，加深图线应用力均匀，使图线均匀地分布在底稿线的两侧。用铅笔加深图形的一般顺序为：先粗后细，先圆后直，先左后右，先上后下。

4)完成其余内容

其他需完成的内容有画符号和箭头、标注尺寸、写注解、描深图框及填写标题栏等。

5)检查

进行全面检查，如有错误，应立即更正，并做必要的修饰。

6)上墨

上墨的图样一般用描图纸，上墨的步骤与用铅笔加深的步骤相同。

2.徒手绘图

徒手绘图指的是用铅笔，不用丁字尺、三角板、圆规(或部分使用绘图仪器)的手工绘图。草图(徒手图)是指以目测估计比例，徒手绘制的图形。

徒手绘制草图的要求：画线要稳，图线要清晰；目测尺寸尽量准确，各部分比例匀称；绘图速度要快；标注尺寸无误，字体工整。

1)徒手绘图的方法

(1)握笔的方法。手握笔的位置要比尺规作图高一些，以便于运笔和观察目标。笔杆与纸面成 45°～60°，执笔要稳而有力。

(2)直线的画法。画直线时，手腕不宜紧贴纸面，应轻轻移动手腕和手臂，沿着画线方向移动，眼睛看着终点，使图线画直。为了控制图形的大小比例，可利用方格纸画草图。

画水平线时，图纸倾斜放置，从左至右画出，如图 3-16(a)所示；画垂直线时，应由上而下画出，如图 3-16(b)所示；画倾斜线时，应从左下角至右上角画出，或从左上角至右下角画出，如图 3-16(c)所示。

(a)画水平线　　(b)画垂直线　　(c)画倾斜线

图 3-16　徒手画直线

画 30°、45°等特殊角度的斜线时，可利用两直角边的比例关系近似地画出，如图 3-17 所示。

(3)圆和椭圆的画法。

①圆的画法。画直径较小的圆时，应先画中心线定圆心，并在两条中心线上按半径大小取四点，然后过四点画圆，如图 3-18(a)所示。画较大的圆时，先画圆的中心线及外切正方形，连对角线，按圆的半径在对角线上截取四点，然后过这四个点画圆，如图 3-18(b)所示。

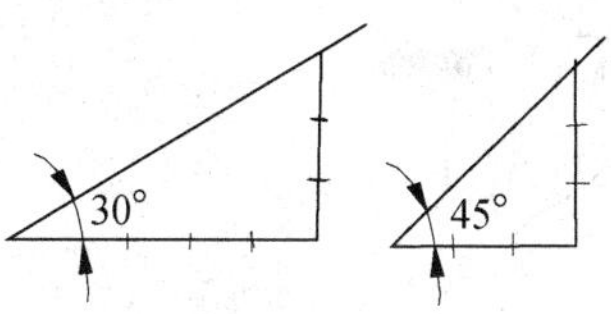

图 3-17　30°、45°特殊角度的徒手画法

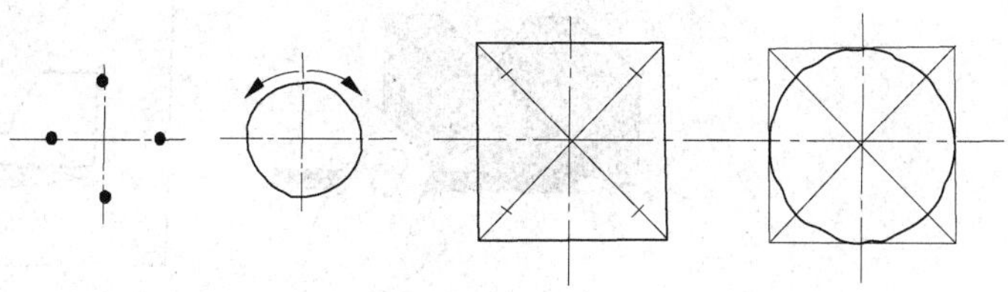

(a)　　(b)

图 3-18　圆的徒手画法

当圆的直径很大时，可用图 3-19(a)所示的方法，取一纸片标出半径长度，利用它从圆心出发定出许多圆周上的点，然后通过这些点画圆。或者如图 3-19(b)所示，用手当作圆规，以小手指的指尖或关节当作圆心，使铅笔与它的距离等于所需的半径，用另一只手小心地慢慢转动图纸，即可得到所需的圆。

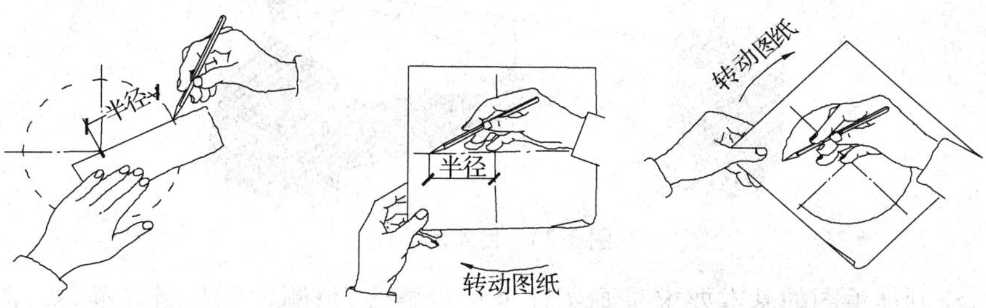

(a)　　(b)

图 3-19　画大圆的方法

②椭圆的画法。画椭圆时，可利用长、短轴作椭圆，先在互相垂直的中心线上定出长、短轴的端点，过各端点作一矩形，并画出其对角线。按目测把对角线分为六等份，如图 3-20(a)所示。用光滑曲线连接长、短轴的各端点和对角线上接近四个角顶的等分点（稍外的一点），如图 3-20(b)所示。

由共轭直径作椭圆的方法如图 3-21(a)所示，AB、CD 为共轭直径，过共轭直径的端点作平行四边形并作出其对角线，按目测把对角线分为六等份，用光滑曲线连共轭直径的端点 A、B、C、D 和对角线上接近四个角顶的等分点，如图 3-21(b)所示。

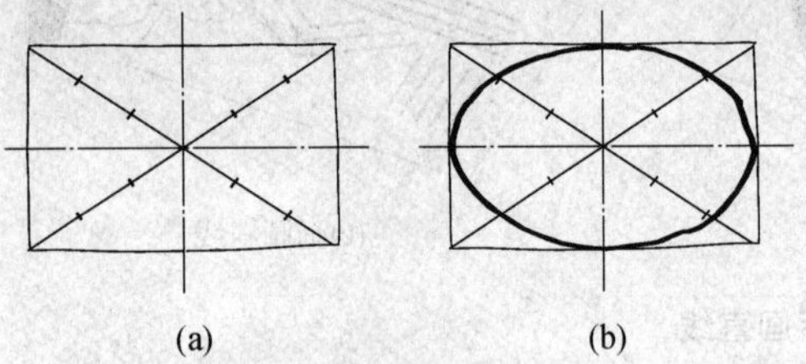

图 3-20　由长、短轴作椭圆

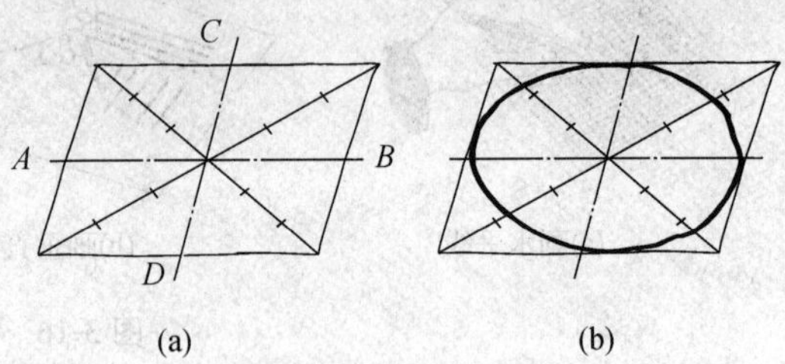

图 3-21　由共轭直径作椭圆

2）目测的方法

画中、小物体时，可用铅笔当尺直接放在实物上测量各部分的大小，然后按测量的大体尺寸画出草图，如图 3-22 所示。也可用此方法估计出各部分的相对比例，画出缩小的草图。

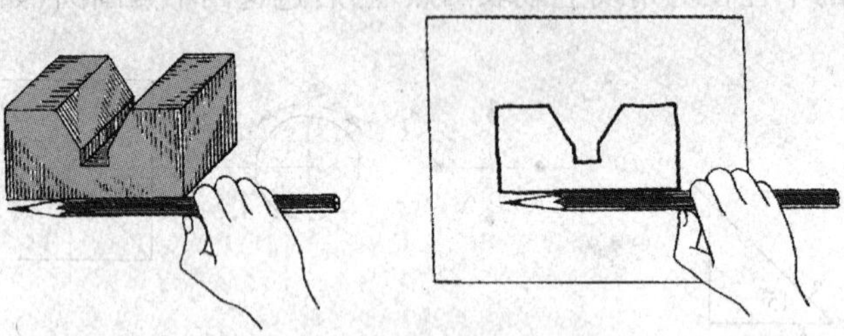

图 3-22　用铅笔当参照物

画较大的物体时，用手握一支铅笔进行目测度量。目测时，人的位置保持不动，握铅笔的手臂要伸直。如图 3-23 所示，人和物体的距离大小应根据所需图形的大小来确定。在绘制及确定各部分相对比例时，建议先画大体轮廓。

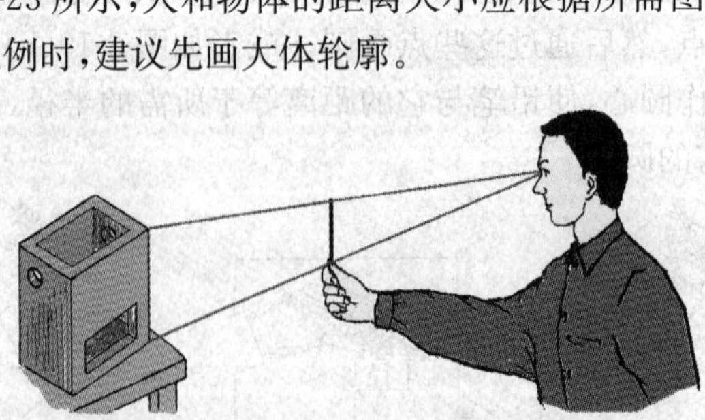

图 3-23　目测的方法

总之，绘制徒手图的基本要求是画图速度尽量要快，目测比例尽量要准，画面质量尽量要好。对于一个工程技术人员来说，除了能熟练地使用仪器绘图外，还必须具备徒手绘制草图的能力。

趣味知识

赵州桥

赵州桥又称安济桥(宋哲宗赐名,意为"安渡济民"),如图3-24所示,在河北省省会石家庄东南约40 km的赵县城南2.6 km处,它横跨洨水南北两岸,建于隋朝大业元年至十一年(公元605—616年),由匠师李春监造,距今已有1 400年的历史。因桥体全部用石料建成,俗称"大石桥"。时隔约1 397年(也有些资料为大约700年)后,欧洲才建成类似的石拱桥。赵州桥桥长为50.82 m,跨径为37.02 m,券高为7.23 m,两端宽为9.6 m,桥的设计完全符合科学原理,施工技术更是巧妙绝伦。唐朝的张嘉贞说它"制造奇特,人不知其所以为"。

图3-24 赵州桥

赵州桥的特点如下。

(1)全桥只有一个大拱,长达37.4 m,在当时可算是世界上最长的石拱。桥洞不是普通半圆形,而是像一张弓,因而大拱上面的道路没有陡坡,便于车马上下。

(2)大拱的两肩上各有两个小拱。这是创造性的设计,不但节约了石料,减轻了桥身的重量,而且在河水暴涨的时候,还可以增加桥洞的过水量,减轻洪水对桥身的冲击。同时,拱上加拱,桥身也更加美观。

(3)大拱由28道拱圈拼成,这么多同样形状的弓合龙在一起做成了一个弧形的桥洞。每道拱圈都能独立支撑上面的重量,一道坏了,其他各道不会受到影响。

(4)全桥结构匀称,和四周景色配合得十分和谐;桥上的石栏、石板也雕刻得古朴美观。唐朝的张鷟说,远望这座桥就像"初月出云,长虹引涧"。

赵州桥高超的技术水平和不朽的艺术价值,充分显示出了我国劳动人民的智慧和力量,开创了中国桥梁建造的崭新局面。

工程实训

本工程实训的目的是通过平面图形的分析,弄清楚图形中线段之间的关系,从而确定正确的作图步骤,为绘制专业工程图打好基础。

前面已经学习了各种平面图形的几何画法,那么在实际绘制图形时,对于一个复杂的或者是综合的题目,我们应如何进行处理呢?首先,要弄清楚图中各个尺寸的作用,然后对手柄图(如图3-25所示)进行尺寸、线段分析。

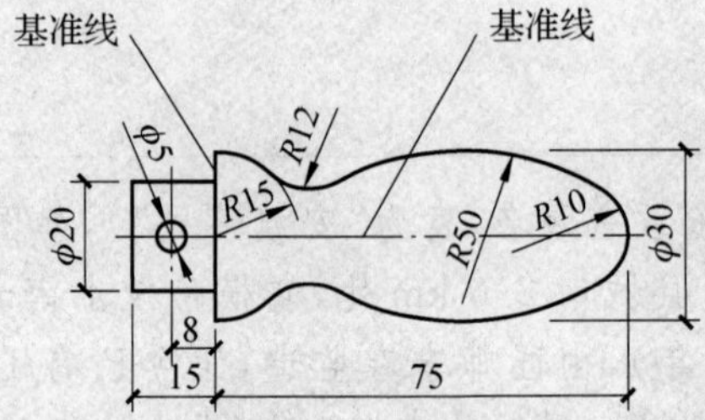

图 3-25　手柄图

1. 尺寸分析

(1)要正确地绘制平面图形,必须对平面图形的________和________进行分析,才能明确该图形应从何处着手,以及按什么顺序作图。

(2)平面图形中的尺寸,按其作用可分为________和________。

(3)定形尺寸是________,如________。

(4)定位尺寸是________。

(5)定位尺寸通常都是以________、________,以及其他线段作为标注尺寸的起点,这些起点即是________。

2. 线段分析

(1)已知线段:________,如________。

(2)中间线段:________,如________。

(3)连接线段:________,如________。

模块4　投影的基本知识

学习目标

知识目标

(1)明确投影的概念、投影法的分类及应用。

(2)掌握三面正投影图的形成，以及三面投影的作图规律。

(3)理解《标准》中对道路桥梁工程图样投影作图的基本规定。

能力目标

(1)能在投影图中指认物体的方位。

(2)能够根据简单形体的立体图绘制其三面投影图。

4.1 投影的概念与投影法的分类

4.1.1 投影的概念

在光线(阳光和灯光)的照射下，人和物在地面及承影面上产生影子的现象，早已为人们所熟知。如图4-1所示，阳光照射在桥面上时，在地面上产生桥梁的影子，人们把这种现象称为投影现象。当光照射的角度或距离改变时，影子的位置、形状也随之改变，即光线、物体和影子三者之间存在着紧密的关联，这就使人们想到利用投影图来表达物体。

图4-1　阳光照射下桥梁在地面上产生的影子

经过长期的实践，人们将这些影子的位置和形状发生变化的现象加以抽象、分析研究和科学总结，从中找出影子和形体之间的关系，用以指导工程实践。这种用光线照射形体，在预先设置的平面上投影产生影像的方法，称为投影法。光源称为投影中心，从光源射出的光线称为投影线，预设的平面称为投影面，形体在预设的平面上的投影称为形体在投影面上的投影。投影中心、投射线、空间形体、投影面，以及它们所在的空间称为投影体系，如图 4-2 所示。在这个体系中，假设投影线可以穿透形体，使得所产生的“影子”不像真实的影子那样漆黑一片[如图 4-2(a)所示]，而能在“影子”的范围内画出有“影子”边线的轮廓来显示形体上受光面的形状[如图 4-2(b)所示]。此外，对投影中心与投影面之间的相对距离和投影线的方向做出了假定，使其能够产生合适的投影及影像。

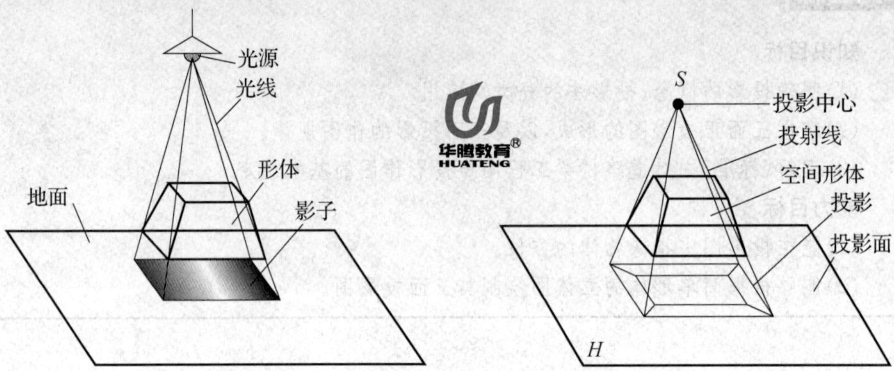

(a)假设前的投影　　(b)假设后的投影

图 4-2　投影体系

4.1.2　投影法的分类

根据投影线与投影面的相对位置的不同，投影法分为中心投影法和平行投影法两种。

1. 中心投影法

投影线从一点出发，经过空间物体在投影面上得到投影的方法（投影中心位于有限远处），称为中心投影法，如图 4-3 所示。

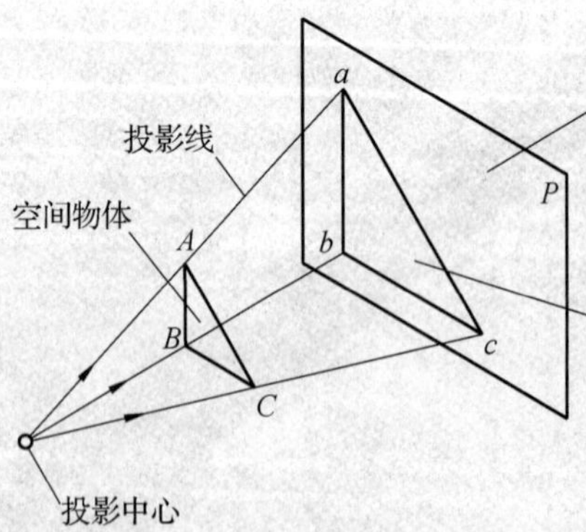

图 4-3　中心投影法

用中心投影法得到的投影图存在变形严重、度量性差、作图复杂等缺点，一般的工程主要施工图样很少采用。由于这种投影图的图样接近视觉映像，直观性很强，因此多用于绘制工程构筑物的透视图。近年来，随着计算机绘图手段的快速发展，透视图在道路、桥隧工程设计中也应用很广，如图4-4所示。

图4-4 中心投影法的应用

2.平行投影法

投影线相互平行经过空间物体，在投影面上得到投影的方法(投影中心位于无限远处)，称为平行投影法。根据投影线与投影面所成角度的不同，平行投影法又分为斜投影法和正投影法。若投影线与投影面倾斜，则称为斜投影法，如图4-5(a)所示；若投影线与投影面垂直，则称为正投影法，如图4-5(b)所示。

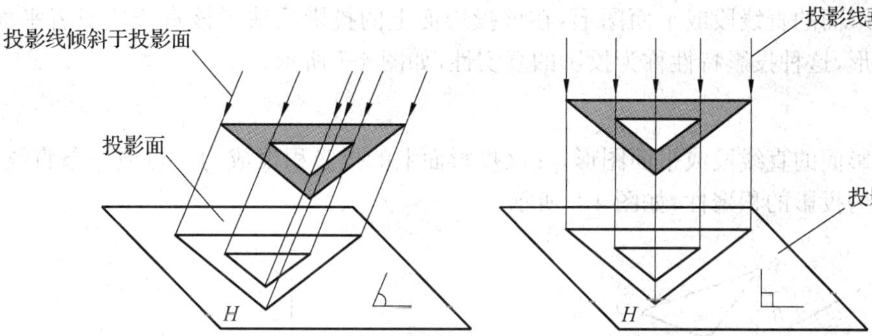

(a)斜投影法　　(b)正投影法

图4-5 平行投影法

大多数的工程图，都是采用正投影法来绘制的。正投影法是需要掌握的主要对象，以后图样凡未特别说明的都属于正投影图。

4.2 正投影的特性

1.从属性

直线上点的投影仍在直线的投影上。如图4-6所示，点C在直线AB上，必有投影点c在投影点ab上，这种投影性质称为投影的从属性。

2. 定比性

点分线段所成两线段长度之比等于两线段的投影长度之比，如图 4-6 所示，$AC/CB=ac/cb$；两平行线段的长度之比等于它们的投影长度之比，$AB/EF=ab/ef$。这种投影性质称为投影的定比性。

3. 平行性

两平行直线的投影仍互相平行。如图 4-6 所示，若已知 $AB /\!/ EF$，则必有 $ab /\!/ ef$。这种投影性质称为投影的平行性。

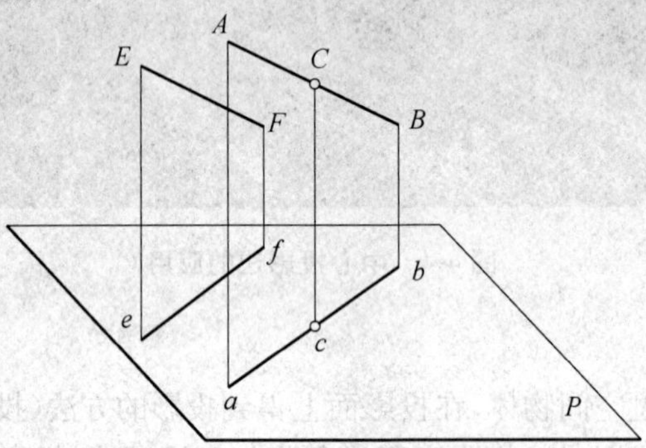

图 4-6 投影的从属性、定比性、平行性

4. 真实性

平行于投影面的直线段或平面图形，在该投影面上的投影反映了该直线段或者平面图形的实长或实形，这种投影特性称为投影的真实性，如图 4-7 所示。

5. 积聚性

垂直于投影面的直线段或平面图形，在该投影面上的投影积聚成为一点或一条直线，这种投影特性称为投影的积聚性，如图 4-8 所示。

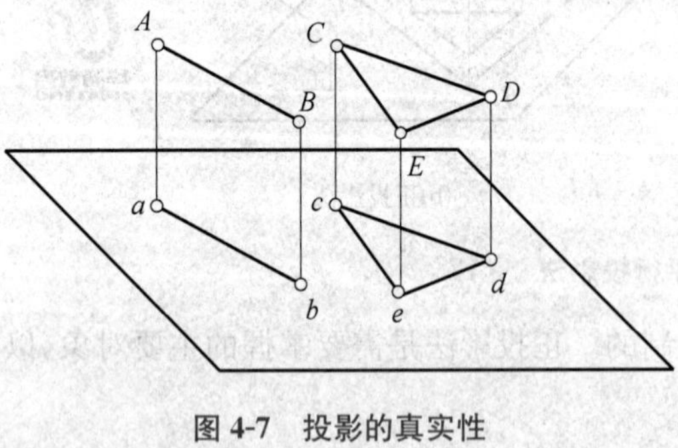

图 4-7 投影的真实性

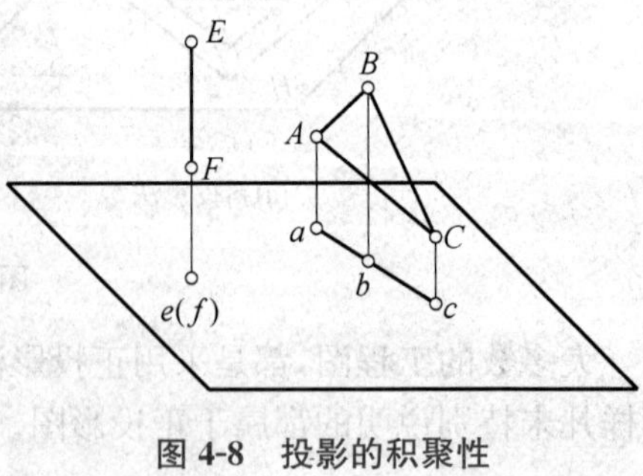

图 4-8 投影的积聚性

6. 类似性

倾斜于投影面的直线段或平面图形，在该投影面上的投影长度变短或是一个比真实图形小，但形状相似、边数相等的图形，这种投影特性称为投影的类似性，如图 4-9 所示。

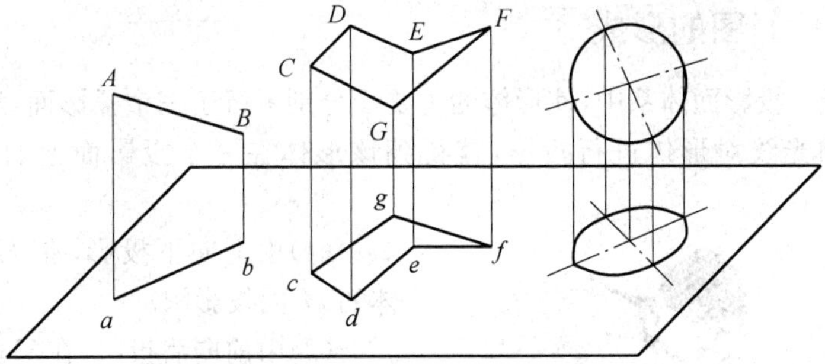

图 4-9　投影的类似性

4.3 物体的三面正投影图

4.3.1　三投影面体系的建立及其名称

空间形状各异的几个形体在同一投影面上的投影却是相同的，如图 4-10 所示。这说明，根据形体的一个投影，往往不能准确地表示形体的空间形状。因此，我们一般把形体放在三个互相垂直的投影面所组成的三投影面体系中进行投影，如图 4-11 所示。只有在这样一个投影体系中，才能比较充分、完整地表达出形体的空间形状，以及其长、宽、高三个方向的尺寸大小。在三面投影体系中，水平放置的投影面称为水平投影面，用字母 *H* 表示，简称为 *H* 面；正对观察者的投影面称为正立投影面，用字母 *V* 表示，简称为 *V* 面；观察者右侧的投影面称为侧立投影面，用字母 *W* 表示，简称为 *W* 面。三投影面两两相交构成的三条投影轴称为 *OX* 轴、*OY* 轴和 *OZ* 轴，三投影轴的交点 *O* 称为原点。

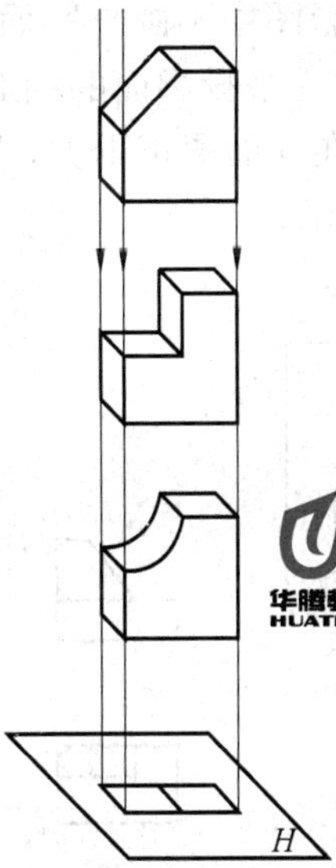

图 4-10　空间形状不同的形体的单面投影

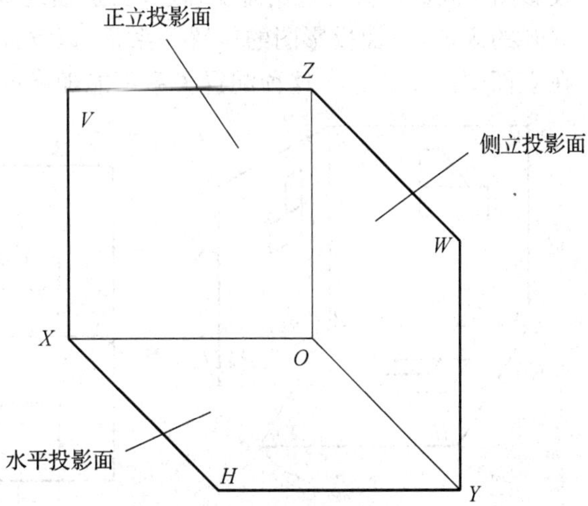

图 4-11　三投影面体系

4.3.2 三面投影图的形成

将形体置于三投影面体系中，使形体的主要面分别平行于三个投影面，用三组分别垂直于三个投影面的光线对形体进行投影，就得到该形体在三个投影面上的投影，如图 4-12 所示。

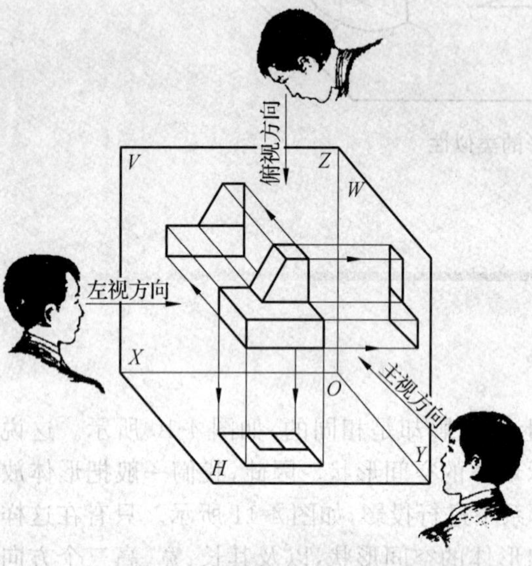

图 4-12 形体的三面投影图的形成

(1)由上向下投影，在 H 面上得到了形体的 H 面投影图。

(2)由前向后投影，在 V 面上得到了形体的 V 面投影图。

(3)由左向右投影，在 W 面上得到了形体的 W 面投影图。

H、V、W 三个面上的投影图就是形体的三面投影图。根据形体的三面投影图，就可以确定该形体的空间位置、形状。

三投影面体系是在三维立体空间建立的，为了使三面投影图能画在一张图纸上，还必须把三个投影面展开，使之平铺在同一平面上。其方法是 V 面不动，H 面绕 OX 轴向下旋转 90°，W 面绕 OZ 轴向右旋转 90°，将它们转至与 V 面同在一个平面上，如图 4-13 所示，这样就能够得到画在同一平面上的三面投影图。展开后 Y 轴出现两次，一次是随 H 面转至下方，与 Z 轴在同一铅垂线上，标作 Y_H；另一次随 W 面转至右方，与 X 轴在同一水平线上，标作 Y_W。平铺后的三面投影图如图 4-14 所示。

由于投影图与投影面的大小无关，为了简化作图，在三面投影图中不画投影面的边框，投影图之间的距离可根据需要确定，三条轴线也可以省去。根据三个投影面的相对位置及展开的规定，三面投影图的位置关系是：以立面图为准，平面图在立面图正下方，左侧面图在立面图的正右方。这种配置关系不能随意改变，如图 4-15 所示。

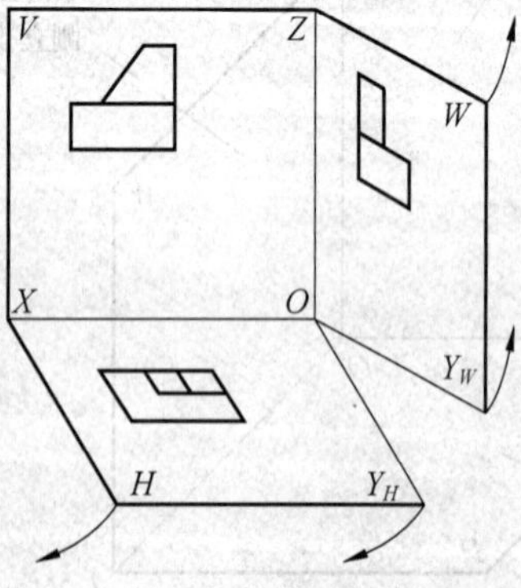

图 4-13 形体三面投影图的展开

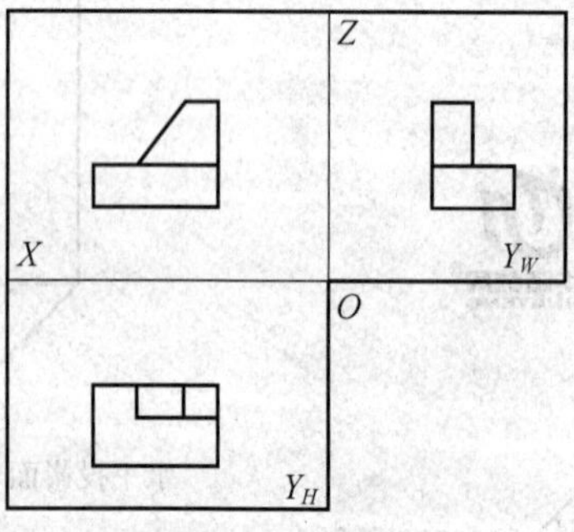

图 4-14 展开平铺后的三面投影图

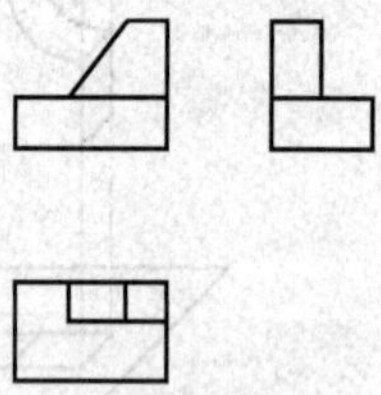
图 4-15 展开后三面投影图的简化画法

4.3.3　三面投影图的投影作图规律

三面投影图是从形体的三个方向投影得到的。投影图展开后，形体的水平投影和正面投影沿 X 轴方向都反映形体的长度，它们的位置左右应该对正；形体的正面投影和侧面投影沿 Z 轴方向都反映形体的高度，它们的位置上下应该对齐；形体的水平投影和侧面投影沿 Y 轴方向都反映形体的宽度，它们的宽度尺寸应该相等，这就是三面投影图的作图基本规律——“长对正、高平齐、宽相等”（简称“三等”关系）。“长对正、高平齐、宽相等”是三面投影图最基本的投影规律，它不仅适用于整个形体的投影，也适用于形体的每个局部甚至每个点的投影，如图 4-16 所示。

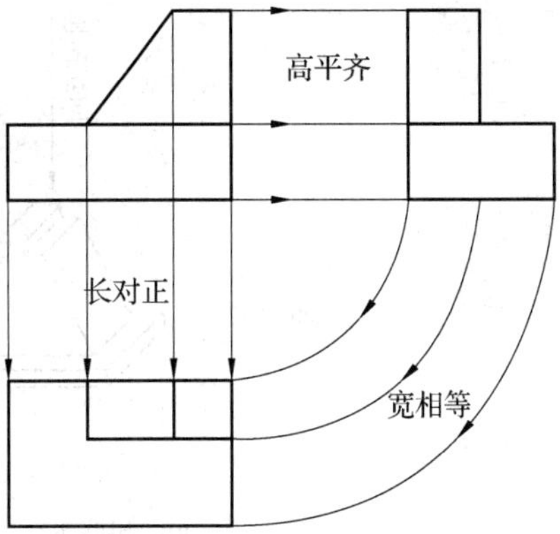

图 4-16　三面投影图的作图规律

“长对正”“高平齐”较为直观，而“宽相等”对于初学者来说不易建立，作图时，形体的宽度常以原点 O 为圆心画弧，或者利用从原点 O 引出的 45°斜线来进行相互转移从而保证“宽相等”。

空间中每个形体都有长度、宽度、高度三个尺寸和左右、前后、上下六个方位，如图 4-17 所示。

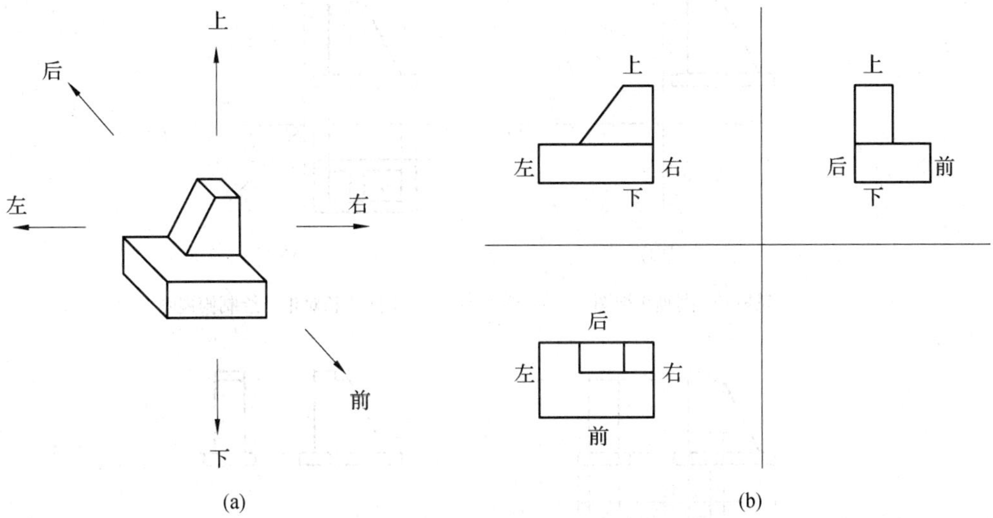

图 4-17　形体的三个尺寸和六个方位

每个投影面能反映其中两个尺寸、四个方位的关系。

（1）H 面反映形体的长度和宽度，同时也反映左右（X 轴）、前后位置（Y 轴）。

（2）V 面反映形体的长度和高度，同时也反映左右（X 轴）、上下位置（Z 轴）。

（3）W 面反映形体的高度和宽度，同时也反映上下（Z 轴）、前后位置（Y 轴）。

熟练掌握空间形体的方位关系和“三等”关系对道路工程图样的绘制及识读极为重要，也是学习工程制图的重点方法和关键技能之一。

4.3.4 三面投影图的画法

工程制图主要就是学习如何运用投影原理、投影方法、投影特性及投影规律，在图纸上表达出空间形体、工程构筑物的实际形状大小等。画图之前，应先确定正面投影图的投影方向，从最能反映形体特征的一面画起，然后再完成其余两面投影。

【例 4-1】 根据图 4-18(a)所示桥台的立体直观图，用 1∶1 的比例绘制其三面投影图。

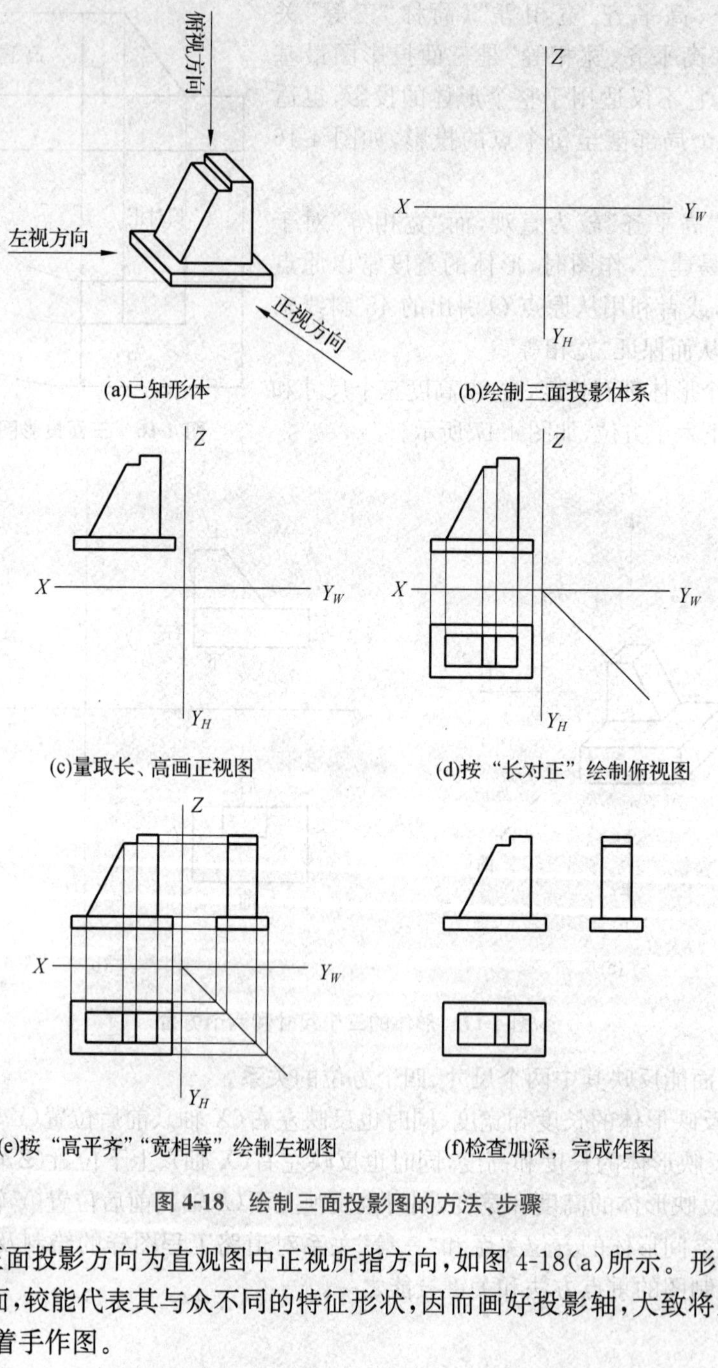

图 4-18 绘制三面投影图的方法、步骤

【分析】 正面投影方向为直观图中正视所指方向，如图 4-18(a)所示。形体的前后两面平行于 V 投影面，较能代表其与众不同的特征形状，因而画好投影轴，大致将三个图样位置划分好后，可以着手作图。

【作图步骤】

(1)先画三面坐标系,如图 4-18(b)所示,再画 V 面投影。V 面投影离 X、Z 两轴应留出能标注 2～3 个尺寸的间距,如图 4-18(c)所示。

(2)保证"长对正",再画 H 面投影。H 面投影离 X 轴也应留出能标注 2～3 个尺寸的间距,如图 4-18(d)所示。

(3)再根据 V 面、H 面投影,保证"高平齐""宽相等"绘制 W 面投影,如图 4-18(e)所示。

(4)擦净作图辅助线,检查、整理、加深图线,标注尺寸,完成作图,如图 4-18(f)所示。

4.4 道路工程图中常用的几种图示法

4.4.1 正投影图

正投影图是一种三面投影图,属于平行投影法绘制的图样。

空间形体在三个互相垂直的投影面上进行正投影,然后将互相垂直的三个投影面按规定方式展开在一个平面上,从而得到形体的三面正投影图,由这三个正投影图便能完全确定该形体的空间位置和形状。图 4-19 所示为桥台的三面正投影图。

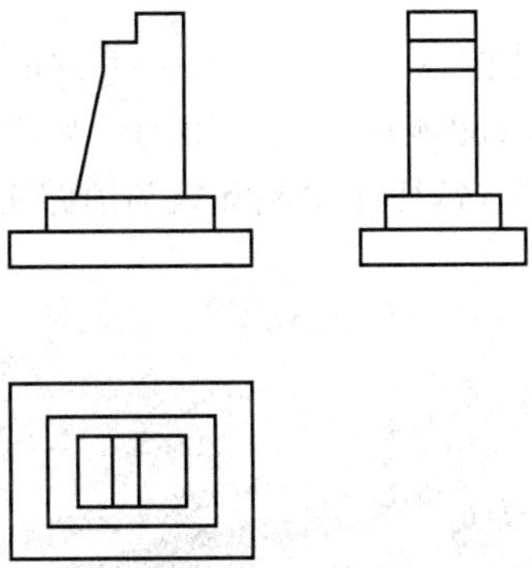

图 4-19　桥台的三面正投影图

正投影图的优点是度量性好、作图较简便。采用正投影法绘制图样时,常将形体的多数平面摆放成与相应投影面平行的位置,这样得到的投影图能反映出这些平面的实形。因此,在工程上应用最广,通常用于绘制施工图样。

正投影图的缺点是无立体感、直观性较差。

4.4.2 轴测投影图

轴测投影图是单面投影图,属于平行投影法绘制的图样。它是把形体按平行投影法中的斜投影法投影至单个投影面上所得到的图样。图 4-20 所示为桥台的正等测轴测图。

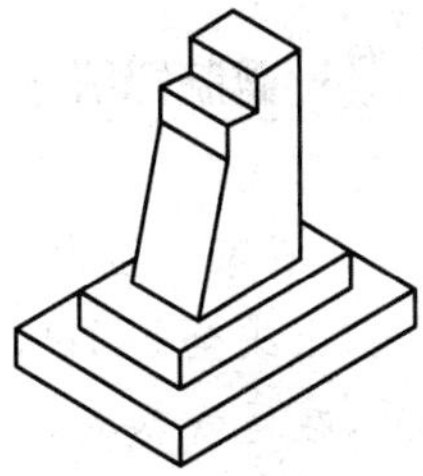

图 4-20　桥台的正等测轴测图

轴测投影图的优点是在单个投影图上可以同时反映出形体长、宽、高三个方向上的尺度及形状,所以富有立体感,直观性较好。

轴测投影图的缺点是作图复杂耗时、变形严重、度量性差,通常只能作为工程上的辅助参考图样。

4.4.3 标高投影图

标高投影图是一种带有高程数字标记的单面正投影图，常用来表达不规则曲面，如地形面（地形面——不规则的自然地面）。假想用一系列水平面截割某一山峰，如图 4-21 所示，用一系列标有高程数字的截交线（等高线）来表示地面的起伏，这就是标高投影图。标高投影图具有正投影的特性。

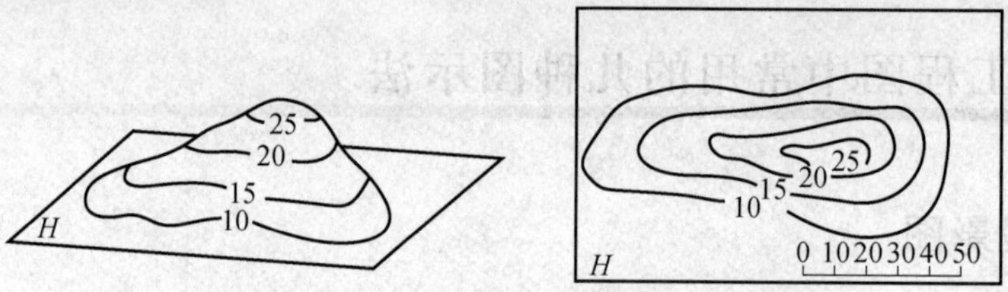

图 4-21　某山峰的标高投影图

用标高投影法表达地形面所画出的图称为地形图，在道路工程上被广泛采用。

4.4.4 透视图

用中心投影法将空间形体投射到单一投影面上得到的图形称为透视图，如图 4-22 所示。透视图与人的视觉习惯相符，能体现近大远小的效果，所以形象逼真，具有丰富的立体感。但作图比较麻烦，且度量性差，常用于绘制建筑与道路工程效果图。

图 4-22　高架快速路全景透视图

趣味知识

中国最长的铁路隧道（太行山隧道）

石家庄至太原铁路客运专线（简称石太路客运专线），是我国首条开工建设的客运专线，正线全长 189.93 km，2005 年 6 月 11 日开工，2009 年建成。石太铁路客运专线建成后，在运营初期，预计年度单向发送旅客1 500万人次、发送货物 4 000 万吨，对于促进山西、河北两省区域经济协调发展，保证国家重点物资运输具有十分重要的作用。石太铁路客运专线的重点控制性工程——太行山隧道（如图 4-23 所示）全线贯通，这是我国铁路隧道建设史上的重要里程碑，标志着石太铁路客运专线建设取得了重大进展。

太行山隧道是目前我国最长的山岭隧道，位于石太客运专线井陉北—阳泉北，为双洞单线，其穿过海拔为 1 311 m 的太行山山脉主峰越宵山，最大埋深为 445 m，两线间距为 35 m，下行线全长为 27 839 m，上行线全长为 27 848 m，2007 年底已经全线贯通。

图 4-23　太行山隧道

太行山隧道地质结构复杂，极易发生坍塌和大变形。在建设过程中，建设、设计、监理、施工各个单位优化施工组织，采用钻爆法施工，全隧道设进口 1 个、斜井 9 个、出口 1 个，共 11 处施工通道，在 24 个工作面上同时展开施工。同时，有关单位加大了科技攻关力度，成立科技攻关组，几次组织全国隧道专家围绕 8 个重点课题进行现场挂牌攻关，为我国特长大隧道的建设积累了宝贵的经验。

工程实训

本工程实训活动的目的是巩固和提升学生的三面投影的概念，为识读专业工程图打好基础。本工程实训是绘制图 4-24(a)所示物体的三面正投影图。

绘制物体三面正投影图前，必须在读懂物体形状的基础上，选择物体形状特征最明显的方向作为正面投影的投射方向，然后根据三面正投影图的三等规律(长对正、高平齐、宽相等)逐步画出物体的三面正投影图。在画图时，物体上的轮廓线按投影方向凡是可见的均用粗实线画出，不可见的用中粗虚线画出，当虚线和实线重合时只画出实线。

其作图步骤如下。

(1)分析物体形状，选择 V 面投影方向，如图 4-24(a)所示。

(2)按投影方向，先画出正面投影的外轮廓线(长方形)，再根据“长对正、高平齐、宽相等”三等规律画出其他两面投影，如图 4-24(b)所示。

(3)先画出正面投影中缺口的投影，再根据“长对正、高平齐、宽相等”三等规律画出缺口的其他两面投影，如图 4-24(c)所示。注意不可见的轮廓线应用中粗虚线画出。

(4)检查，擦去多余的图线和作图线，加深加粗图线，完成全图，如图 4-24(d)所示。

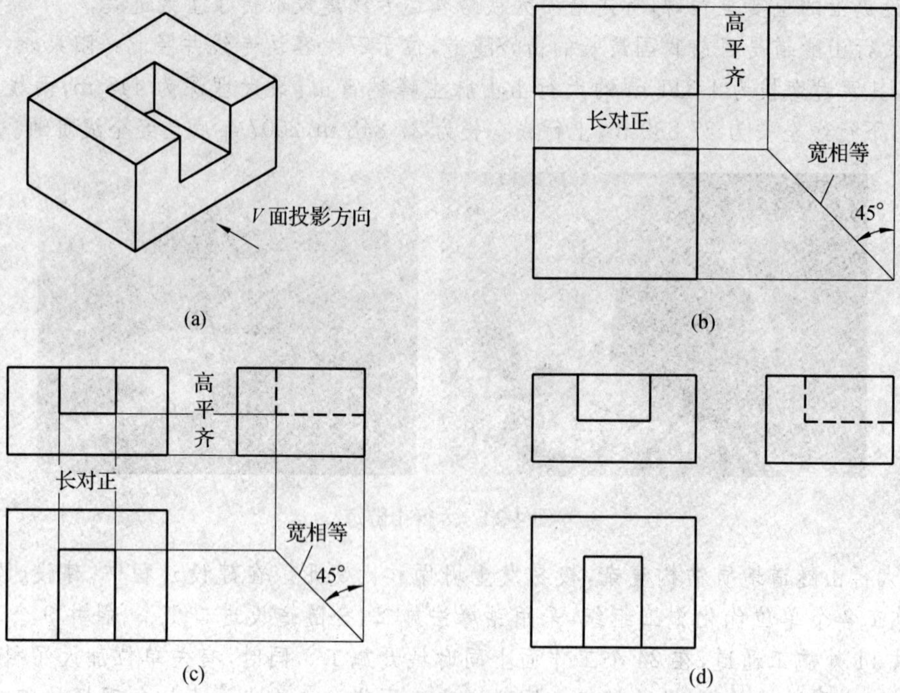

图 4-24　三面投影图和物体的位置对应关系

模块5 点、直线、平面的投影

学习目标

知识目标

(1)了解点、直线、平面的基本投影规律。

(2)理解点的坐标与三面投影的关系及直线和平面的空间位置。

(3)掌握平面的投影及平面上的点和直线的投影，绘制和识读平面的投影。

能力目标

(1)能解释出点在空间和三面投影中的位置关系。

(2)能应用各种位置直线的投影特性作图。

(3)能应用特殊位置平面在投影图中的关系和作图规律进行作图。

任何形体包括道路工程形体，不论其复杂程度如何，都可以看成由空间几何元素点、线、面所组成，要完整、准确地绘制形体的三图投影图，首先要掌握基本元素的投影特征。金字塔(如图5-1所示)可以抽象成四棱锥，而四棱锥是由四个侧棱面和一个底面围成的，各侧棱面相交于四条侧棱线，各侧棱线与侧棱线、侧棱线与底面边线共交于五个顶点。因此，研究点、线、面的投影规律，掌握它们的投影特性、分析其投影规律，可以提高空间想象能力和投影图的识读能力。

(a)金字塔

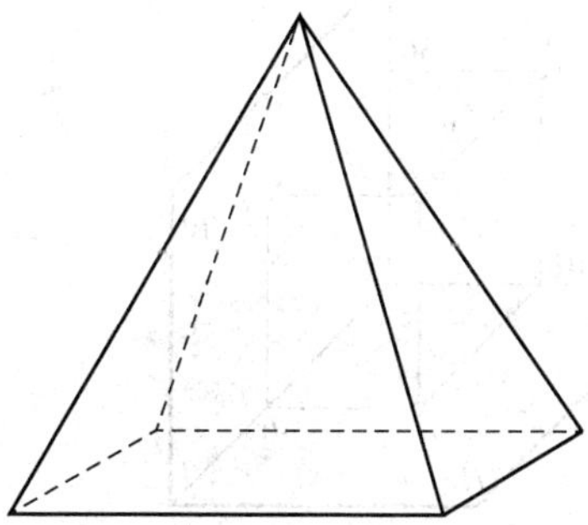

(b)四棱锥

图5-1 工程形体

5.1 点的投影

对于工程制图来说，点、线、面是构成它的基本要素。分析点、线、面的空间位置和投影特性是绘制投影图的基础。深入了解和掌握投影图的原理是道路工程制图的依据。

5.1.1 点的三面投影及其规律

空间点的位置，可用直角坐标值来确定，一般书写形式为 $A(x,y,z)$，A 表示空间点。x 坐标表示空间点 A 到 W 面的距离，y 坐标表示空间点 A 到 V 面的距离，z 坐标表示空间点 A 到 H 面的距离。

1. 点的三面投影

为了统一，规定空间点，如点 A、B、C 等的水平投影用相应的小写字母表示，如 a、b、c 等；正面投影用相应的小写字母加撇表示，如 a'、b'、c'等；侧立面投影用相应的小写字母加两撇表示，如 a''、b''、c''等。

如图 5-2(a)所示，过 A 点分别向三个投影面作投影线，在三个面上分别得到相应的垂足 a'、a、a''。

(1)a'称为点 A 的正立面投影，位置由坐标(x,z)决定，它反映了点 A 到 W、H 两个投影面的距离。

(2)a 称为点 A 的水平面投影，位置由坐标(x,y)决定，它反映了点 A 到 W、V 两个投影面的距离。

(3)a''称为点 A 的侧立面投影，位置由坐标(y,z)决定，它反映了点 A 到 V、H 两个投影面的距离。

2. 点的投影规律

按照规定，将三个投影面展平，得到点 A 的三面投影图，如图 5-2(b)所示。分析得出点的三面投影规律。

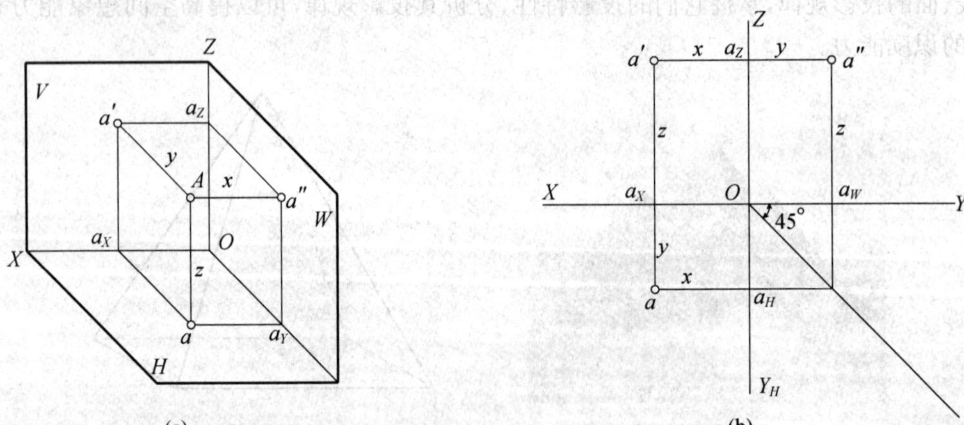

图 5-2　点的三面投影

(1)点的 V 面投影和 H 面投影的连线垂直于 OX 轴，即 $aa' \perp OX$(长对正)。

(2)点的 V 面投影和 W 面投影的连线垂直于 OZ 轴，即 $a'a'' \perp OZ$(高平齐)。

(3)点的 H 面投影至 OX 轴的距离等于点的 W 面投影至 OZ 轴的距离，即 $aa_X = a''a_Z$(宽相等)。实际作图中用 45°辅助线作宽相等。

【例 5-1】　如图 5-3(a)所示，已知点 A 的两个投影 a 和 a'，求 a''。

【分析】 由于点的两个投影反映了该点的三个坐标，可以确定该点的空间位置。因而应用点的投影规律，可以根据点的任意两个投影求出第三个投影。

【作图步骤】

(1)过 a' 点向右作水平线，过 O 点画 45°斜线，如图 5-3(b)所示。

(2)过 a 点作水平线与 45°斜线相交，并由交点向上引铅垂线，与过 a' 点的水平线的交点即为所求点 a''，如图 5-3(c)所示。

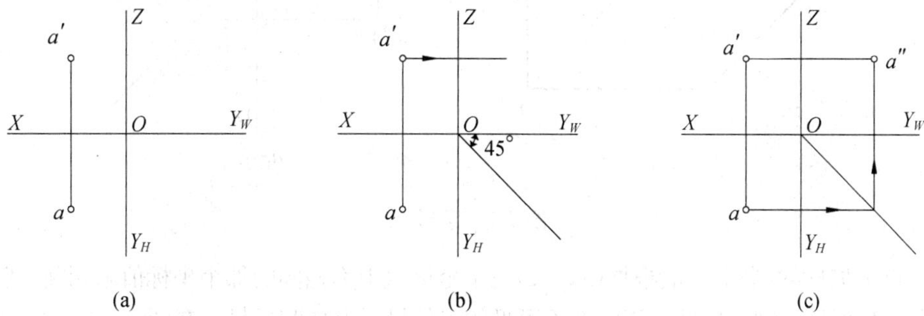

图 5-3　已知点的两面投影求第三面投影

5.1.2　两点之间的相对位置关系

分析两点的同面投影之间的坐标大小，可以判断空间两点的相对位置。X 坐标值的大小可以判断两点的左右位置，Z 坐标值的大小可以判断两点的上下位置，Y 坐标值的大小可以判断两点的前后位置。如图 5-4 所示，A 点的 Z 坐标值大于 B 点的 Z 坐标值，所以 A 点在 B 点上方；A 点的 X 坐标值大于 B 点的 X 坐标值，所以 A 点在 B 点左方；A 点的 Y 坐标值小于 B 点的 Y 坐标值，所以 A 点在 B 点后方。

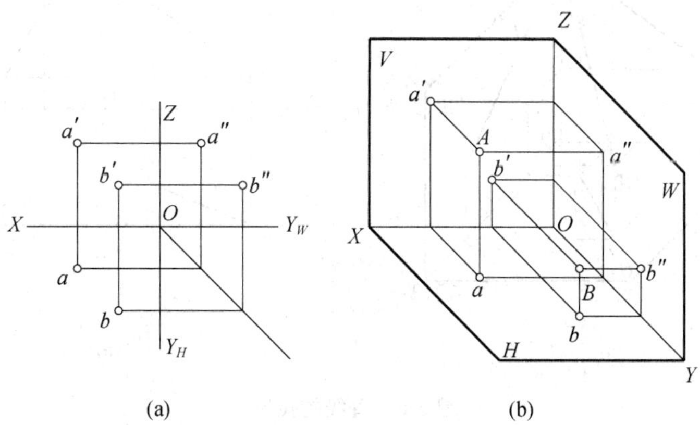

图 5-4　两点的空间位置

当空间两点位于同一投影线上时，它们在该投影面上的投影重合为一点，这两点称为该投影面的重影点。如图 5-5 所示，A、B 两点处在 H 面的同一投影线上，它们的水平投影 a 和水平投影 b 重影为一点，空间点 A、B 称为水平投影面的重影点。

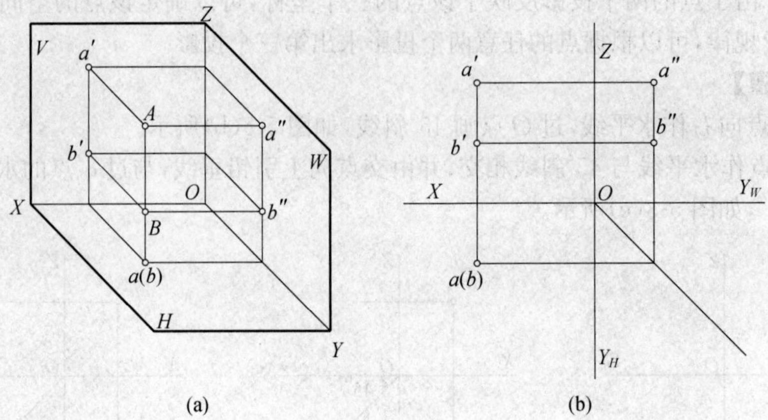

图 5-5 重影点

重影点可见性的判别，一般根据(x,y,z)三个坐标值中不相同的那个坐标值来判断，其中坐标值大的点投影可见。制图标准中规定在不可见的点的投影上加圆括号。在图 5-5 中，A 点的 Z 坐标值大于 B 点的 Z 坐标值，可知 A 点在 B 点上方，B 点为不可见点，其水平投影应加圆括号。

5.2 直线的投影

两点确定一条直线。绘制直线段的投影，可先绘制直线段两端点的投影，然后用粗实线将各同面投影连接为直线即可，如图 5-6 所示。

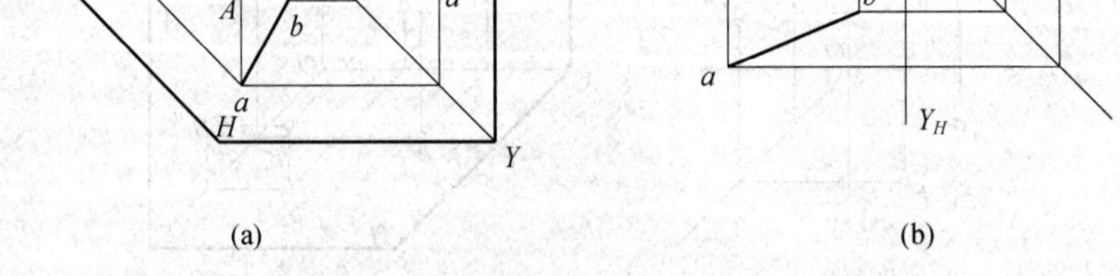

图 5-6 直线的投影

5.2.1 空间各种位置直线的投影特性

在三面投影体系中，直线按所处空间位置的不同可分为投影面平行线、投影面垂直线和一般位置直线。

1. 投影面平行线

平行于一个投影面，倾斜于另外两个投影面的直线称为投影面平行线。与 H 面平行的直线称为水平线，与 V 面平行的直线称为正平线，与 W 面平行的直线称为侧平线。投影面平行线的投影及投影特性见表 5-1。规定直线与 H 面、V 面、W 面的夹角分别用 α、β、γ 表示。

表 5-1　投影面平行线的投影及投影特性

项　目	水　平　线	正　平　线	侧　平　线
物体表面上的线	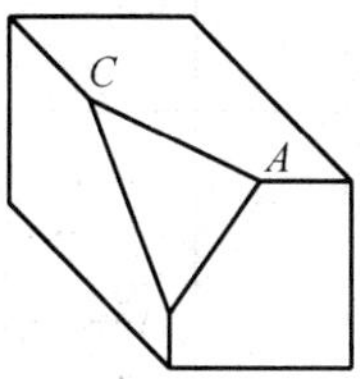	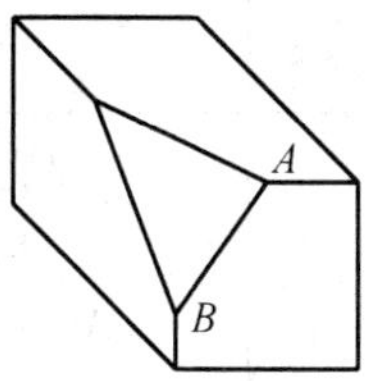	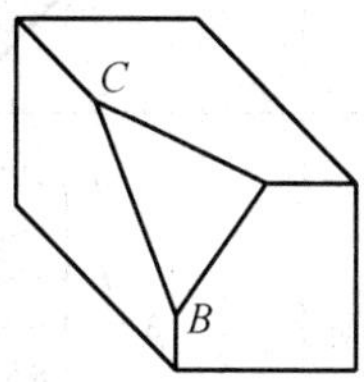
直观图	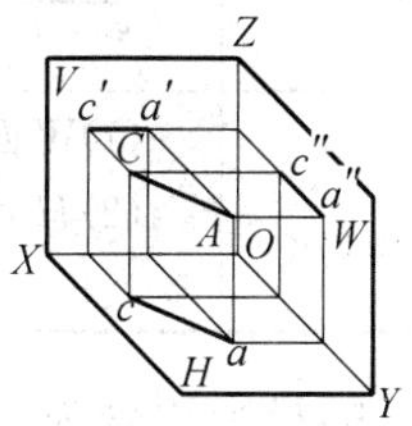	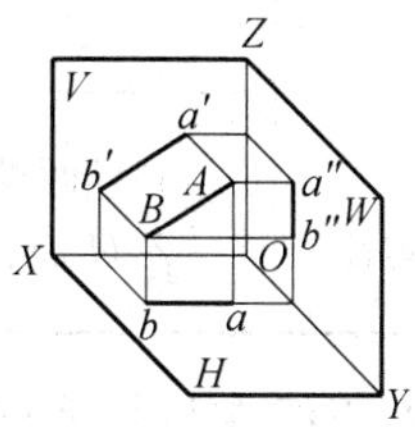	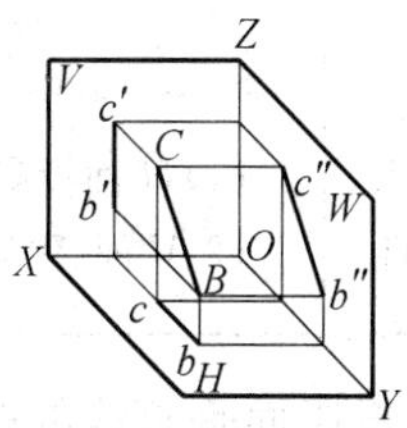
投影图	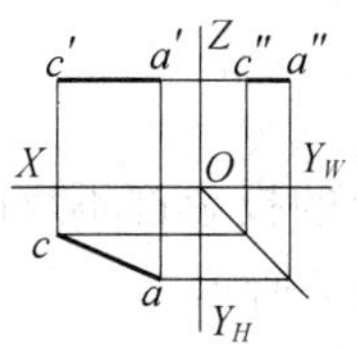	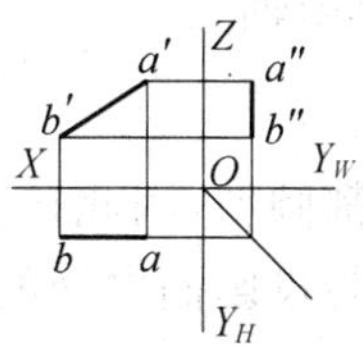	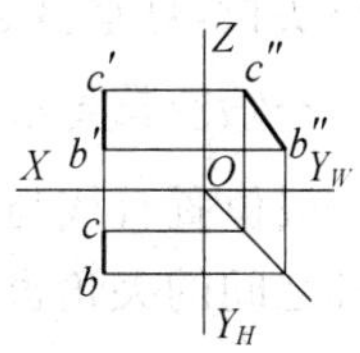
投影特性	(1)$a'c'//OX$，$a''c''//OY$ (2)$ac=AC$	(1)$ab//OX$，$a''b''//OZ$ (2)$a'b'=AB$	(1)$b'c'//OZ$，$bc//OY$ (2)$b''c''=BC$

投影面平行线的投影共性为：直线在与其平行的投影面上的投影为一斜线，反映实长，并反映直线与其他两投影面的倾角。其余两投影小于实长，且平行于相应的两投影轴。

2. 投影面垂直线

与投影面垂直的直线称为投影面垂直线，它与一个投影面垂直，与另外两个投影面平行。与 H 面垂直的直线称为铅垂线，与 V 面垂直的直线称为正垂线，与 W 面垂直的直线称为侧垂线。投影面垂直线的投影及投影特性见表 5-2。

表 5-2　投影面垂直线的投影及投影特性

项　目	铅　垂　线	正　垂　线	侧　垂　线
物体表面上的线	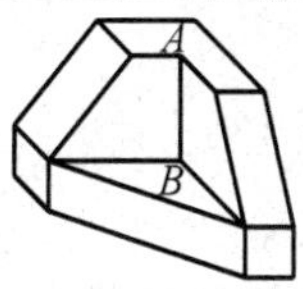	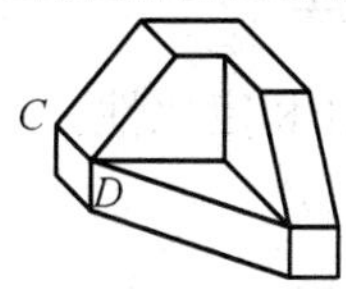	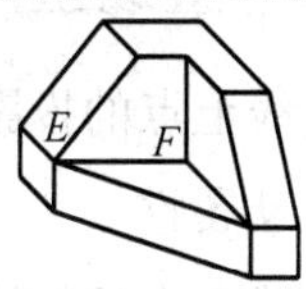

续表

项目	铅垂线	正垂线	侧垂线
直观图	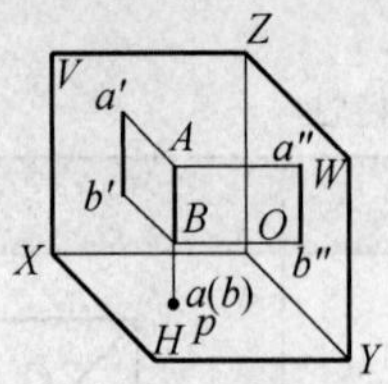	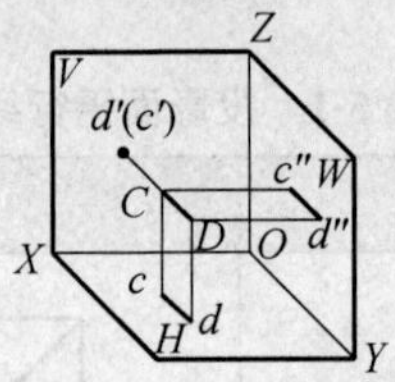	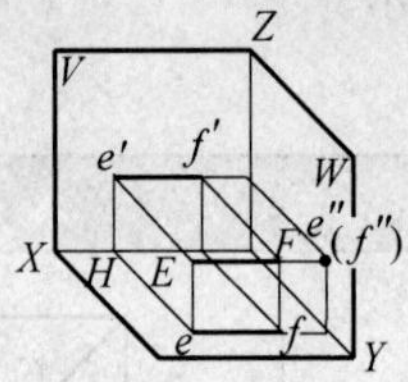
投影图	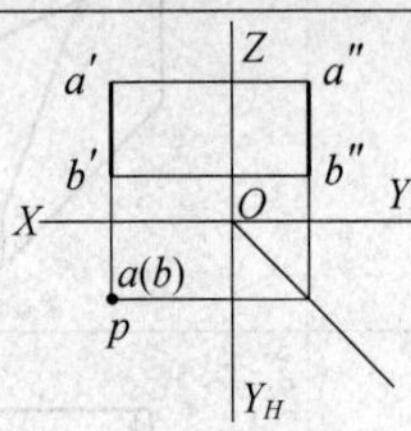	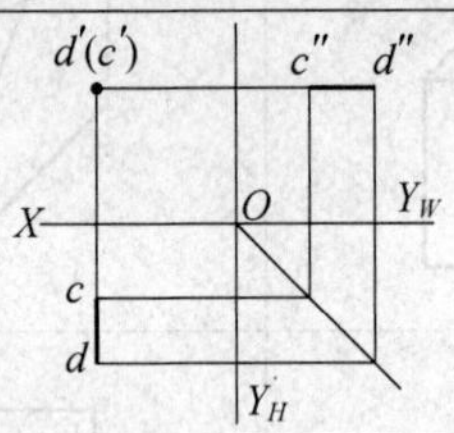	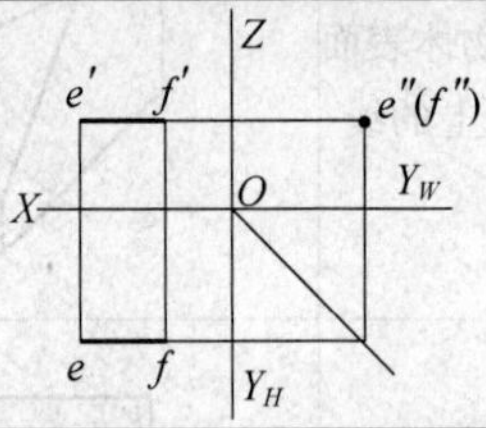
投影特性	(1)H 面投影有积聚性 (2)V 面、W 面投影反映实长	(1)V 面投影有积聚性 (2)H 面、W 面投影反映实长	(1)W 面投影有积聚性 (2)H 面、V 面投影反映实长

投影面垂直线的投影共性为:直线在与其垂直的投影面上的投影积聚为一点,其他两投影反映实长,且垂直于相应的两投影轴。

3.一般位置直线

一般位置直线与三个投影面都倾斜,因此在三个投影面上的投影都不反映实长,投影与投影轴之间的夹角也不反映直线与投影面之间的夹角,如图 5-7 所示。

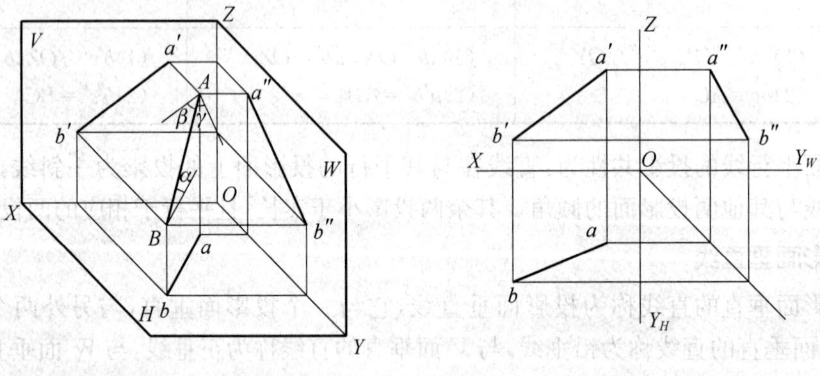

(a) (b)

图 5-7 一般位置直线

5.2.2 直线上点的投影特性

直线上点的投影特性有从属性和定比性。

1.从属性

直线上点的投影必在该直线的同面投影上,该特性称为点的从属性。如图 5-8 所示,C 点在直线 AB 上,根据点在直线上投影的从属性和点的三面投影规律,可知 C 点的三面投影

c、c'、c''分别在直线的同面投影 ab、$a'b'$、$a''b''$上，并且三面投影符合点的投影规律。

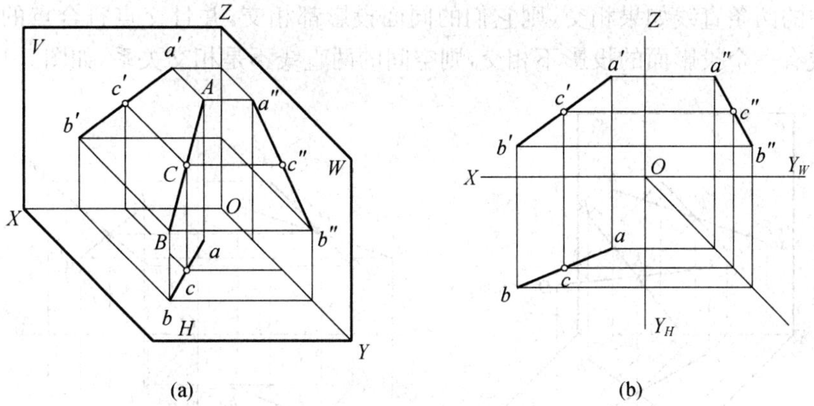

图 5-8　点的从属性

2. 定比性

直线上的点分割直线之比，投影后保持不变，这个特性称为点的定比性，如图 5-9 所示。

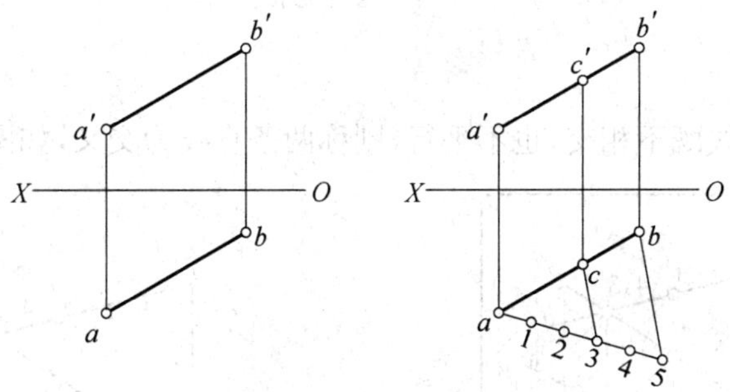

图 5-9　点的定比性

5.2.3　两直线的相对位置

两直线的相对位置包括两直线平行、两直线相交和两直线交叉。

1. 两直线平行

空间中的两条直线如果平行，则它们的同面投影都平行。如果两直线有一个投影面上的投影不平行，则空间中的两直线不是平行关系，如图 5-10 所示。

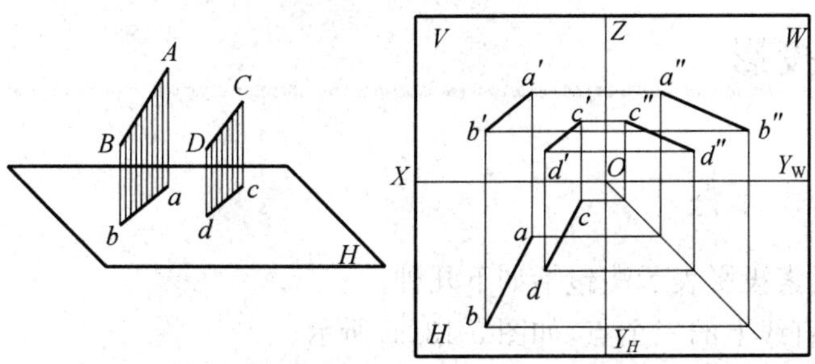

图 5-10　两直线平行

2. 两直线相交

空间中的两条直线如果相交，则它们的同面投影都相交，并且交点符合点的投影规律。如果两直线有一个投影面的投影不相交，则空间的两直线不是相交关系，如图 5-11 所示。

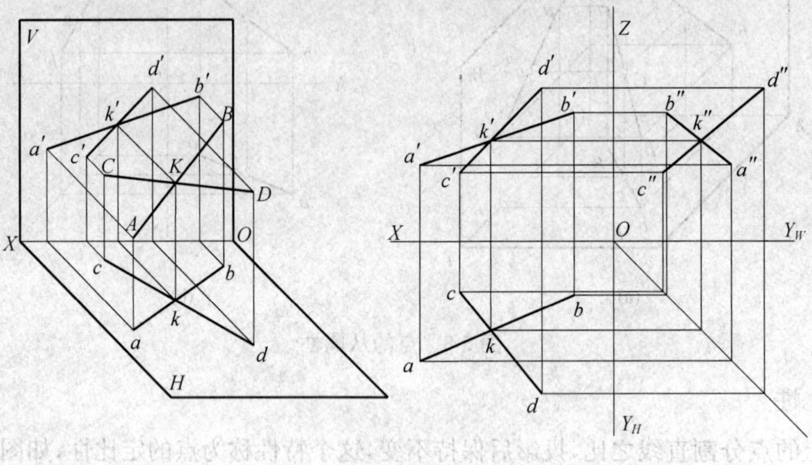

图 5-11　两直线相交

3. 两直线交叉

在空间中两条直线既不相交，也不平行，则称两条直线为交叉，如图 5-12 所示。

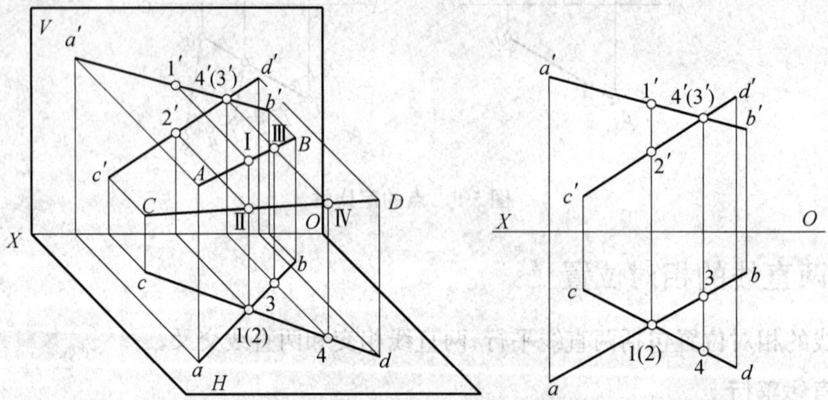

图 5-12　两直线交叉

5.3　平面的投影

5.3.1　平面的表示法

平面的几何元素投影表示法包括如下几种。

(1)不在同一直线上的三个点，如图 5-13(a)所示。

(2)直线和直线外一点，如图 5-13(b)所示。

(3)两条平行直线,如图 5-13(c)所示。

(4)两条相交直线,如图 5-13(d)所示。

(5)任意平面图形,如图 5-13(e)所示。

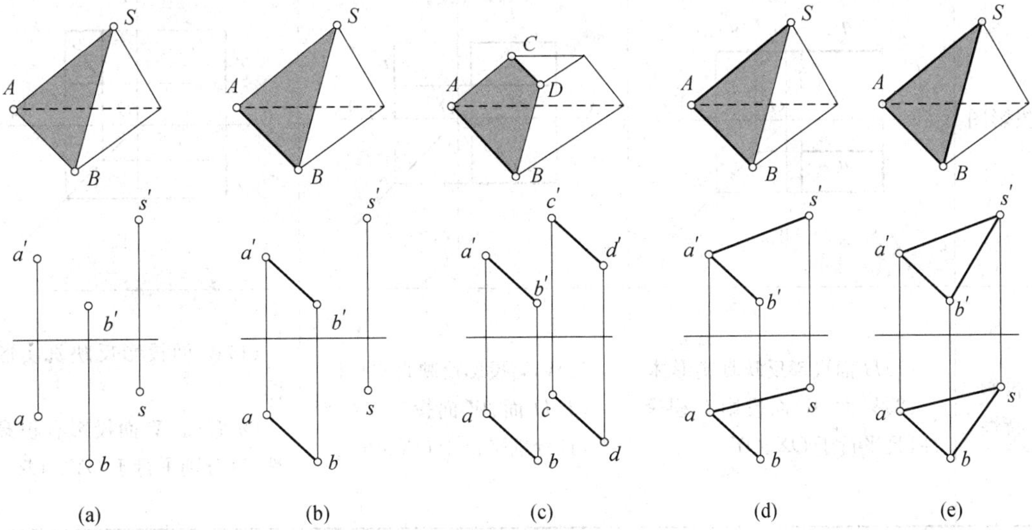

图 5-13　平面的几何元素投影表示法

5.3.2　空间各种位置平面的投影特性

平面与投影面的相对位置可分为三种,分别是投影面的平行面、投影面的垂直面和一般位置平面。

1. 投影面的平行面

平行于一个投影面的平面,称为投影面的平行面。投影面的平行面有三种情况:与 H 面平行的平面称为水平面,与 V 面平行的平面称为正平面,与 W 面平行的平面称为侧平面。投影面平行面的空间位置、投影图和投影特性见表 5-3。

表 5-3　投影面平行面的空间位置、投影图和投影特性

项　目	水　平　面	正　平　面	侧　平　面
物体上的平面	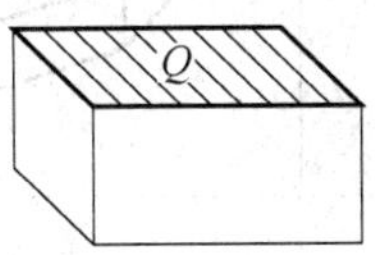	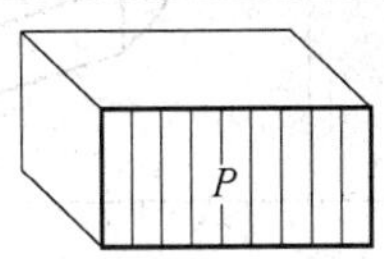	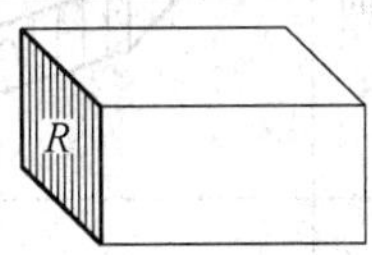
直观图	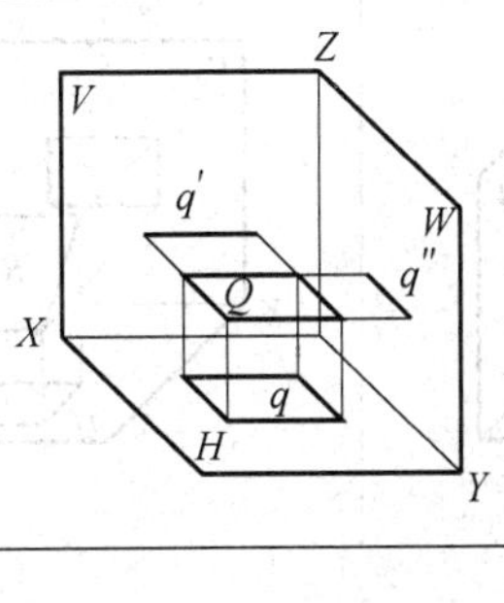	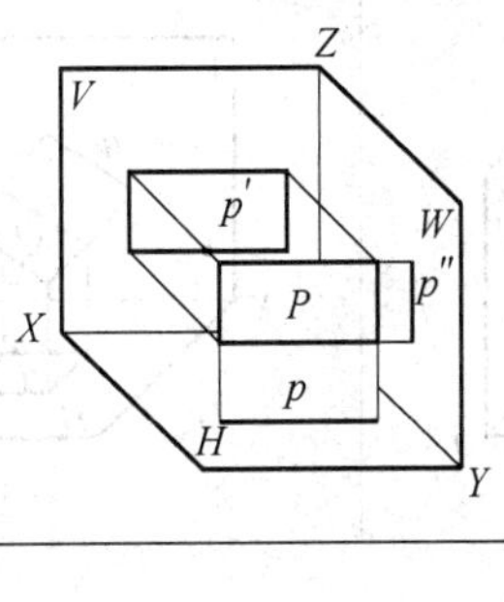	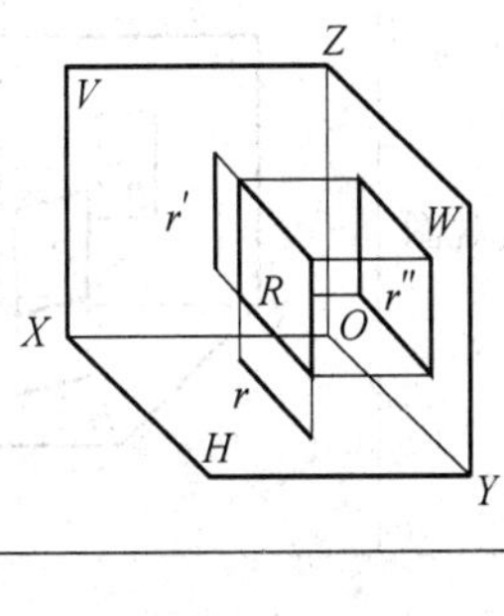

续表

项　目	水　平　面	正　平　面	侧　平　面
投影图	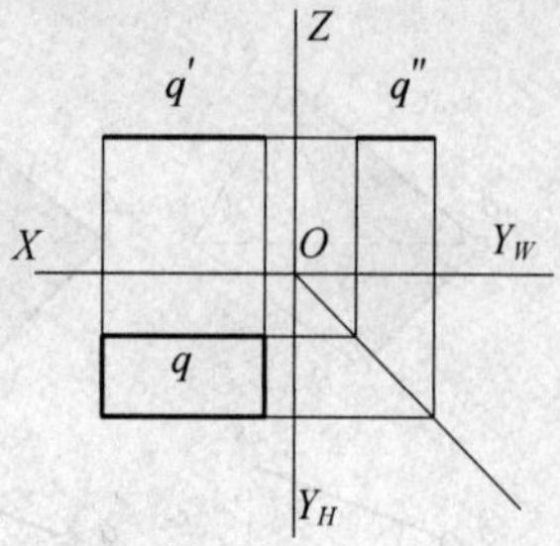	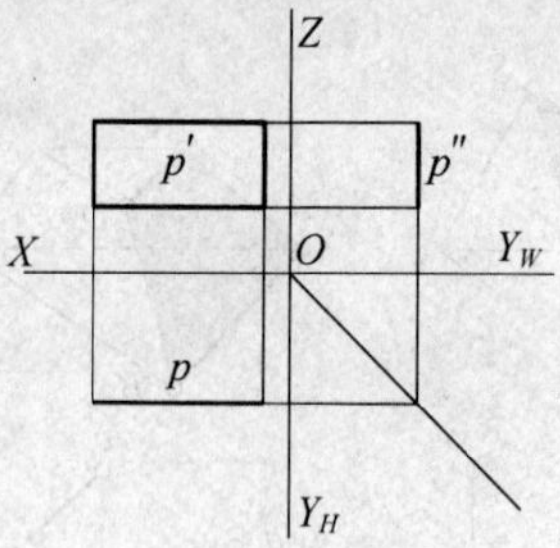	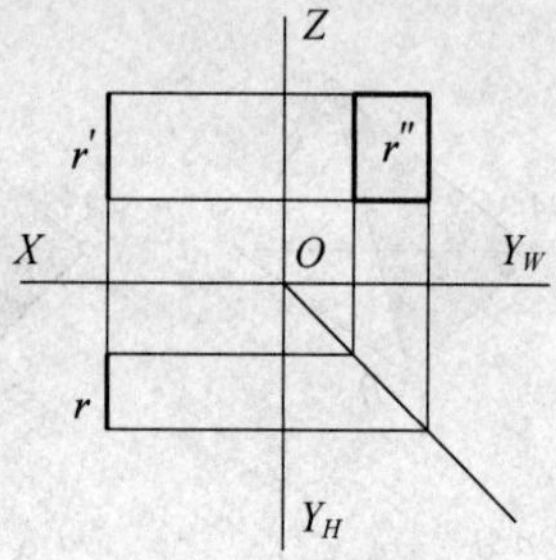
投影特性	(1)H 面投影反映真实形体 (2)V 面、W 面投影有积聚性，且平行于 OX、OY_W	(1)V 面投影反映真实形体 (2)H 面、W 面投影有积聚性，且分别平行于 OX、OZ	(1)W 面投影反映真实形体 (2)H 面、V 面投影有积聚性，且分别平行于 OY_H、OZ

投影面平行面的投影共性为：平面在与其平行的投影面上的投影反映真实形体，其他两面投影都积聚成与相应投影轴平行的直线。

2. 投影面的垂直面

垂直于一个投影面，倾斜于其他两投影面的平面称为投影面的垂直面。投影面的垂直面有三种情况：与 H 面垂直的平面称为铅垂面，与 V 面垂直的平面称为正垂面，与 W 面垂直的平面称为侧垂面。投影面垂直面的空间位置、投影图和投影特性见表 5-4。

表 5-4　投影面垂直面的空间位置、投影图和投影特性

项　目	铅　垂　面	正　垂　面	侧　垂　面
物体上的平面	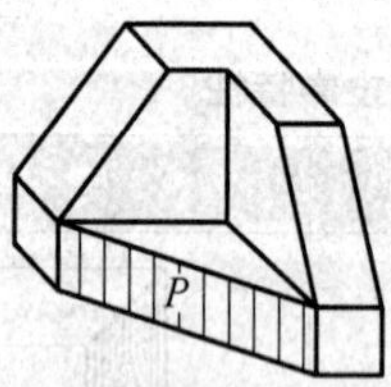	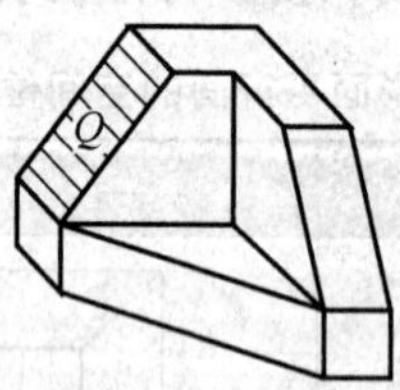	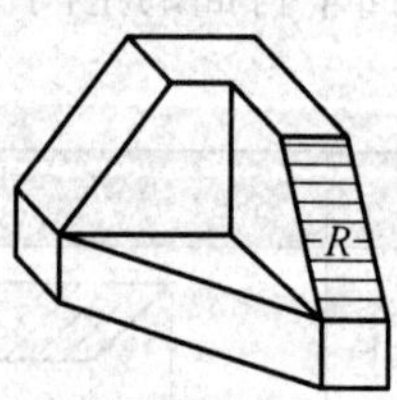
直观图	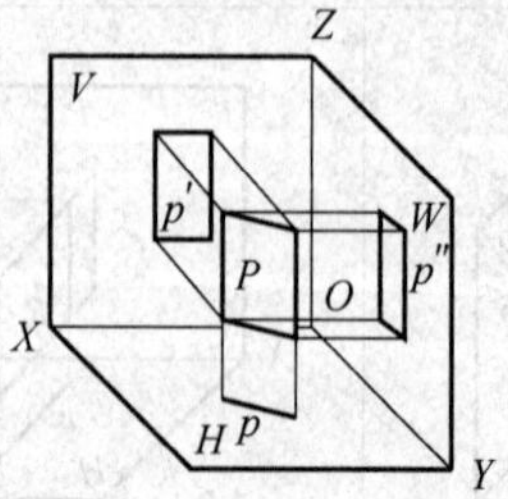	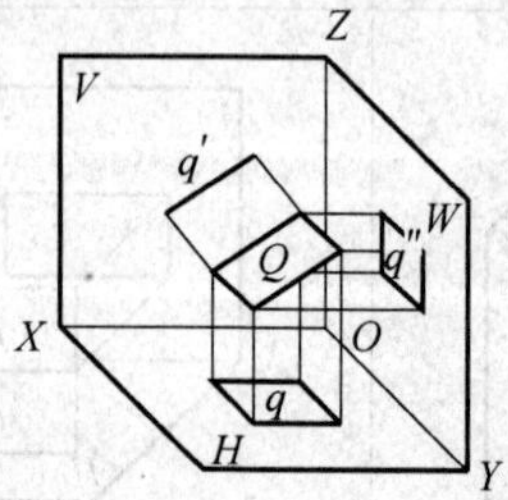	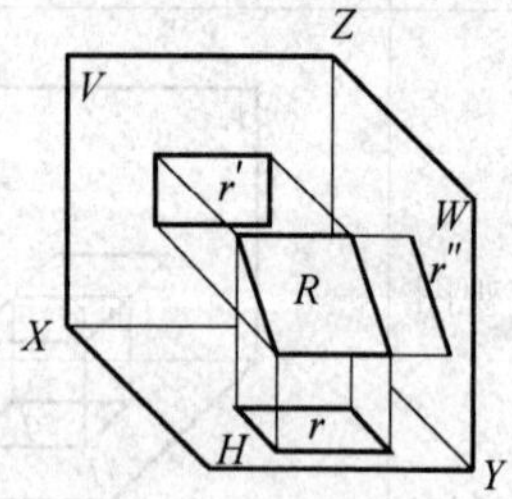

续表

项　目	铅　垂　面	正　垂　面	侧　垂　面
投影图	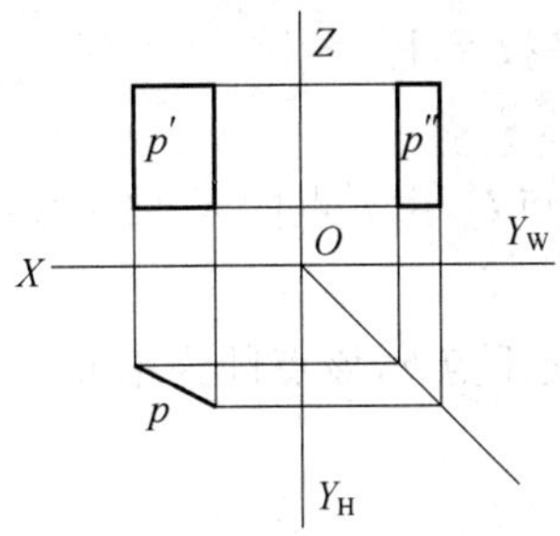	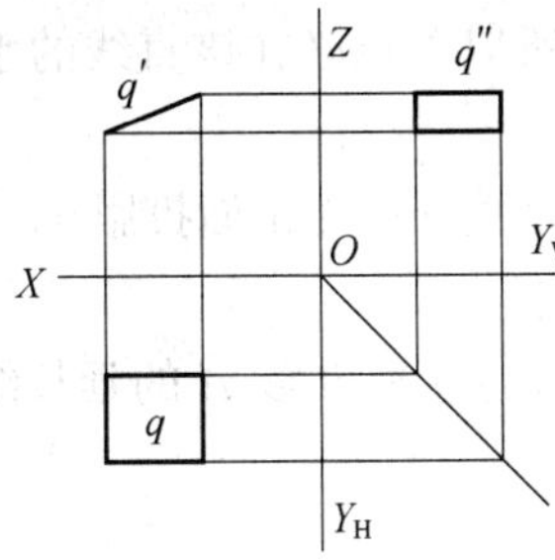	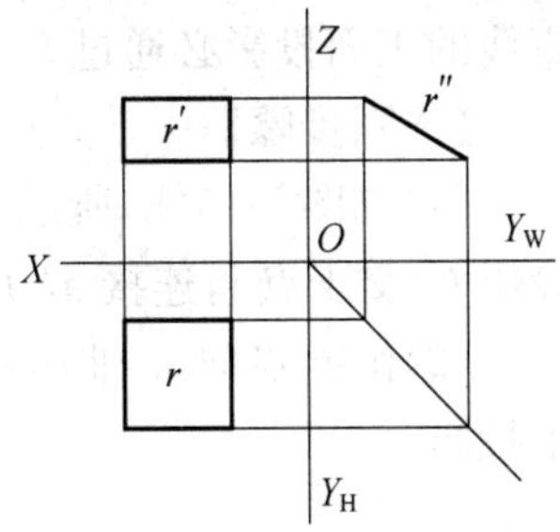
投影特性	(1)H 面投影有积聚性 (2)V 面、W 面投影为类似形	(1)V 面投影有积聚性 (2)H 面、W 面投影为类似形	(1)W 面投影有积聚性 (2)H 面、V 面投影为类似形

投影面垂直面的投影共性为：平面在与其垂直的投影面上的投影积聚为直线，在其他两投影面上的投影为类似形。

3. 一般位置平面

一般位置平面与三个投影面都倾斜，如图 5-14 所示。因此，在三个投影面上的投影都不反映实形，而是缩小的类似形。

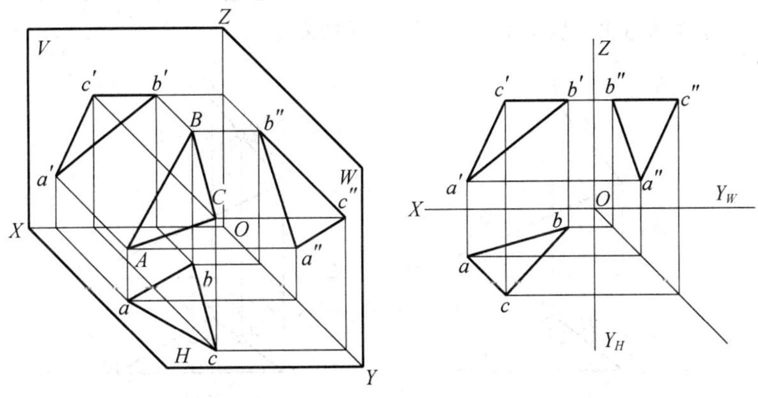

(a)　　(b)

图 5-14　一般位置平面

5.3.3　平面内的点和直线

1. 平面内的点

点在平面内的几何条件是：点在平面内，则该点必在平面的某一直线上。

在平面内取点，当点所处的平面投影具有积聚性时，可利用积聚性直接求出点的各面投影；当点所处的平面为一般位置平面时，应先在平面上作一条辅助直线，然后利用辅助直线的投影求得点的投影。

【例 5-2】 如图 5-15(a)所示，K 点在$\triangle ABC$ 所确定的平面内，已知其正面投影 k'点，求 K 点的水平投影 k。

【分析】 既然 K 点在$\triangle ABC$ 所确定的平面内，则 K 点必在该平面内的一条直线上，该直线的正面投影必通过 k'点，所以 k 点必在该直线的水平投影上。

【作图步骤】

(1)如图 5-15(b)所示，连直接 $a'k'$交正面投影 $b'c'$于点 l'，由 l'点向 X 轴作垂线，与水平投影 bc 交于点 l，连接 al 并延长。

(2)由 k'点向 X 轴作垂线，与水平投影 al 的延长线交于点 k，该点即为平面内 K 点的水平投影。

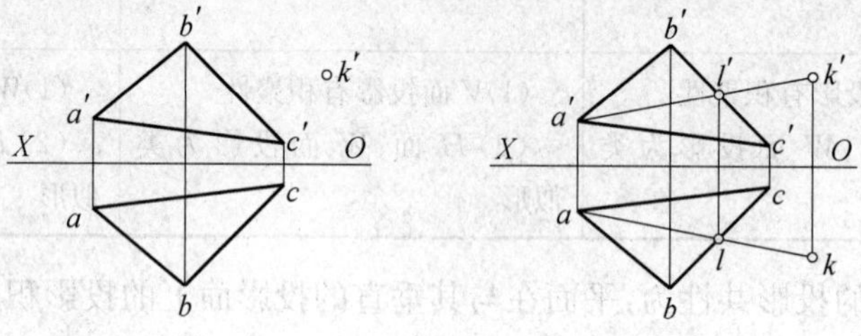

图 5-15 作平面内点的投影

2. 平面内的直线

直线在平面内的几何条件是：直线在平面上，则必通过该平面上的两点，或者通过平面内的一点且平行于平面上的已知直线，如图 5-16 所示。

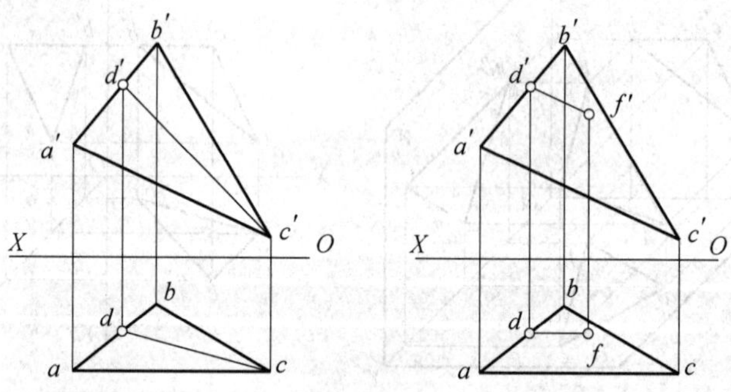

图 5-16 平面内的直线

3. 平面内的投影面平行线

平面内的投影面平行线，既符合直线在平面内的几何条件，又具有前述投影面平行线的一切特性。

如图 5-17 所示，$\triangle ABC$ 平面内的直线 $AD \parallel H$ 面，所以 AD 是$\triangle ABC$ 平面内的水平线，在投影图中 $a'd' \parallel OX$ 轴，ad 反映实长。

在图 5-17 中，$\triangle ABC$ 平面内的直线 $BE \parallel V$ 面，所以 BE 是$\triangle ABC$ 平面内的正平线。在投影图中 $be \parallel OX$ 轴，$b'e'$反映实长。

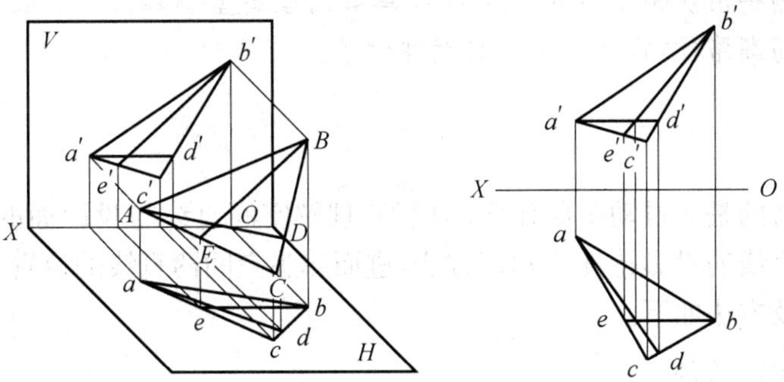

(a) (b)

图 5-17 平面内的投影面平行线

趣味知识

杭州湾跨海大桥

杭州湾跨海大桥是一座横跨中国杭州湾海域的跨海大桥，大桥总投资 118 亿元，北起嘉兴市海盐郑家埭，跨越宽阔的杭州湾海域后止于宁波市慈溪水路湾，是国道主干线——同三线(黑龙江同江至海南三亚)跨越杭州湾的便捷通道。杭州湾跨海大桥 2002 年经国家计委批准立项，2003 年 6 月 8 日奠基，2008 年 5 月 1 日建成通车，这样从浙江宁波到上海莘庄的陆路距离只有 179 km，比以前缩短了 120 km 左右，从而缓解了已经拥挤不堪的沪杭甬高速公路的压力，形成以上海为中心的江浙沪两小时交通圈。大桥全长为 36 km，其中桥长为 35.7 km，为双向六车道高速公路，设计时速 100 km，设计使用寿命在 100 年以上。这个长度，比连接巴林与沙特的法赫德国王大桥还长 11 km，超过了美国切萨皮克海湾桥等世界名桥。大桥建设首次引入了景观设计概念，借助“长桥卧波”的美学理念，呈现 S 形曲线，具有较高的观赏性、游览性。在南航道再往南 1.7 km，即离南岸大约 14 km 处，有一个面积达 $1.2\times10^4\ m^2$ 的海中平台，这一海中平台是一个海中交通服务的救援平台，同时也是一个绝佳的旅游休闲观光平台。

大桥全长为 36 km，仅次于 2011 年建成的青岛胶州湾大桥，成为世界第二跨海大桥，截至 2012 年，世界上第一、第二跨海大桥都建立于中国境内。据初步核定，大桥共需要钢材为 7.67×10^5 t，水泥为 1.29×10^6 t，石油沥青为 1.16×10^4 t，木材为 $1.91\times10^4\ m^3$，混凝土为 $2.4\times10^6\ m^3$，各类桩基 7 000 余根。

杭州湾跨海大桥的设计理念如下。

(1)长桥卧波。大桥的设计首先采用了浙江、上海、江苏的吴越文化观念。在桥型上，设计者采用了西湖苏堤的形态，集交通、观光于一体。为兼顾杭州湾水文环境特点，“长桥卧波”的设计将大桥平面勾勒成 S 形曲线，优美、活泼的桥型让司机和乘客在行车、坐车时产生愉悦的心理感受。

(2)桥下航道。杭州湾为世界三大强潮海湾之一，有台风、小气候形成的龙卷风，有混乱的流速、流向。“长桥卧波”的设计也是出于大桥安全性的考虑，设计方专门为钱塘奇潮及过往海轮留了通道。整座 36 km 的长桥有宽为 448 m 和 318 m 的桥下通道。桥下净空高、流速急，北通道为 35 000 t 海轮留下了航道，南通道为 3 000 t 以下海轮留出了航道。

这两条航道上端将出现钻石型双塔及 A 型单塔两座造型桥塔，成为“长桥卧波”桥型中两处跌宕起伏的高潮路段，钱塘潮也就自然通过了。

工程实训

工程实训的目的是通过动手制作实物模型，理解空间直线与投影面的平行线和垂线的概念及特殊位置直线的投影特性和判别方法，进而熟悉空间两直线的位置与投影的关系。

实训的步骤及方法如下。

1. 制作三面投影体系

在 50 cm×50 cm 的硬纸板上，画出对称中轴线，标上 *H*、*V*、*W* 字母，这样就将纸张分为四个面，即 *H* 面、*V* 面、*W* 面和一个空白面，用剪刀裁去空白面，得到图 5-18(a)所示的体系。保持 *H* 面不动，将 *V* 面和 *W* 面分别折起 90°，使三个投影面互相垂直，如图 5-18(b)所示。

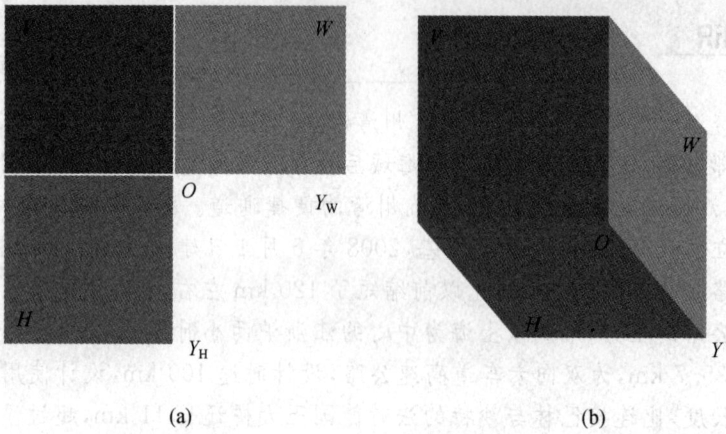

图 5-18　三面投影体系分步制作示意

2. 实物制作与绘制三面投影

将一根细木杆用细钢丝绑定后，用橡皮泥将钢丝的另一端固定在 *H* 面上，分别在三个投影面上按投影规律绘制出直线的三面投影图，绘图比例为 1∶1，如图 5-19 所示。然后将硬纸板围成的三面投影体系展开成同一平面，如图 5-20 所示。通过这一演示，使学生形象直观地理解特殊位置直线的投影特性及判别方法。

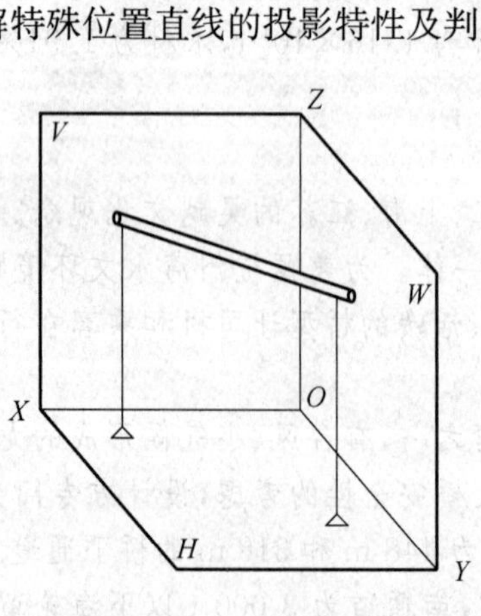

图 5-19　细木杆在三面投影体系中的摆放

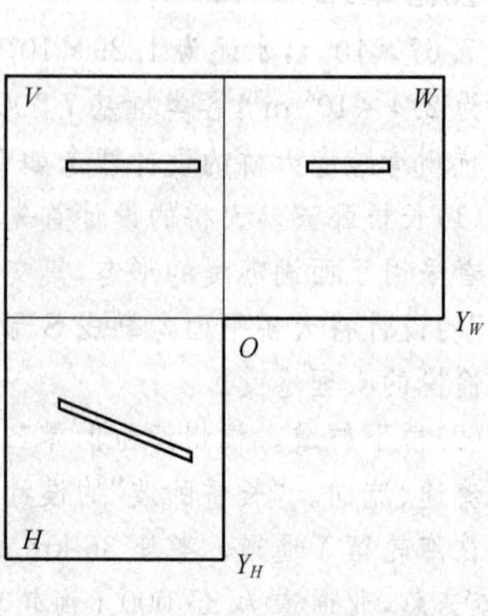

图 5-20　细木杆的三面投影图

3. 空间两直线的相对位置理解

同时将两根细木杆用细钢丝绑定后置于 *H* 面上，通过调整钢丝的长度和移动橡皮泥的固定点，可摆放出空间两直线的平行、相交、交叉三种位置关系，如图 5-21 所示。画出空间两直线的三面投影图，如图 5-22 所示。通过展开和折起硬纸板围成的三面投影体系，训练学生对空间直线和三面投影图的对应关系的理解与运用。

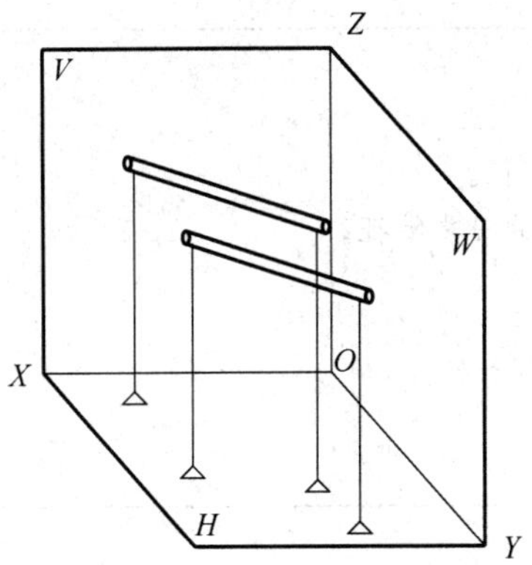

图 5-21　空间两直线的摆放

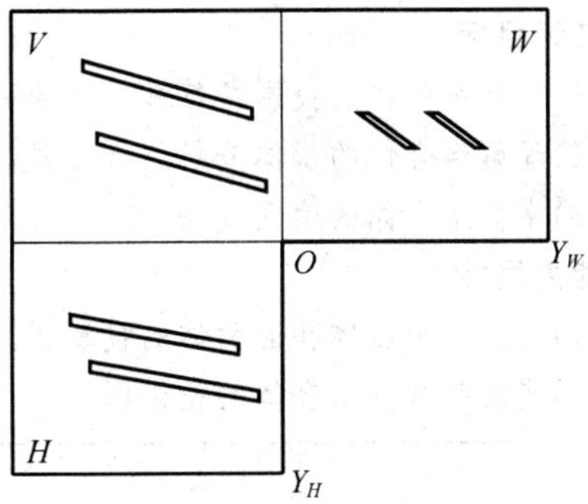

图 5-22　空间两直线的三面投影图

模块 6　形体的投影

学习目标

知识目标

(1)掌握平面体的投影特征和常见曲面体的投影特征。

(2)理解组合体的形体分析组合方式,掌握组合体的投影特征。

(3)掌握组合体的读图方法。

能力目标

(1)能绘制平面体和曲面体的投影图。

(2)能绘制常见组合体的投影图。

6.1 形体的投影概述

道路工程中的各种建筑物形体虽然复杂多样,但都是由基本形体(简称基本体)按照不同的方式组合而成的。因此,掌握基本体三面投影图的画法与图形特征可以为表达组合体和道路工程形体的视图打下基础。基本体分为平面体和曲面体。物体的表面都是由平面组成的形体称为平面体;物体的表面都是由曲面组成或由曲面和平面共同组成的形体称为曲面体。

弯桥的形体(如图 6-1 所示)可以看作由若干个基本体和组合体组成,如桥墩盖梁是棱柱体,桥墩立柱是圆柱体,垫石和防振挡块是长方体,桥台是组合体。由此可见,分析道路工程构造物的投影应该先分析基本体的投影特征,其次分析由基本体组合而成的组合体的投影情况,最后再分析整个构造物的投影情况。常见的平面体有棱柱体、棱锥体(棱台),常见的曲面体有圆柱体、圆锥体(圆锥台)及球体。图 6-2 所示为几种常见的基本体。

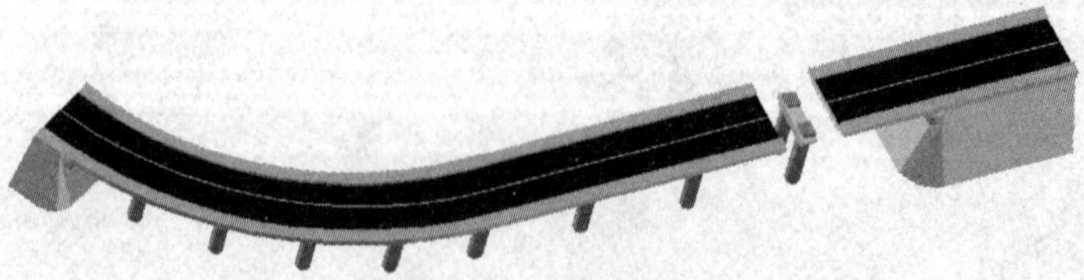

图 6-1　弯桥的形体

图 6-2　几种常见的基本体

6.2 平面体的投影

6.2.1 棱柱的投影

棱柱有直棱柱(棱线与底面垂直)和斜棱柱(棱线与底面倾斜)两种,当直棱柱的底面为正多边形时称为正棱柱,底面是几边形时则称为几棱柱。

直棱柱形体特征是两底面为全等且相互平行的多边形,各棱线垂直于底面且相互平行,各棱面均为矩形,底面为棱柱的特征面。图 6-3 所示为直四棱柱和直八棱柱。

道路工程中棱柱体的应用较多,常见的棱柱体如图 6-4 所示。

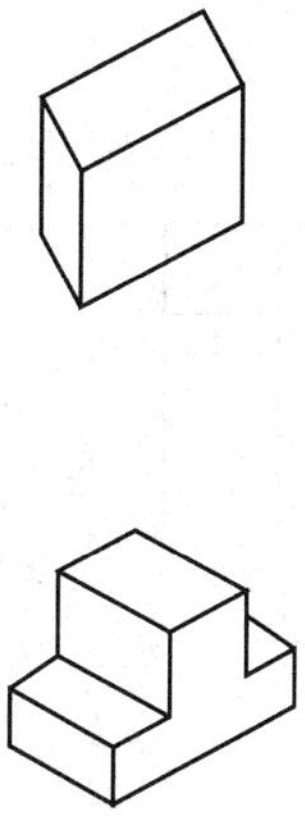

图 6-3　直四棱柱和直八棱柱

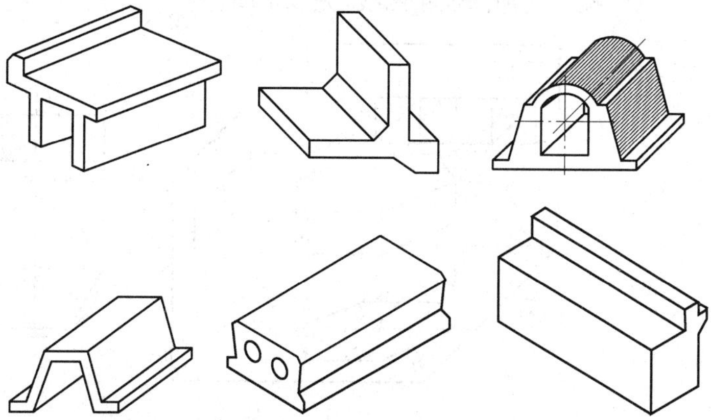

图 6-4　道路工程中常见的棱柱体

1. 棱柱体的三面投影图

下面以正六棱柱为例作柱体的三面投影图,如图 6-5 所示。

1)形体分析

正六棱柱的上下底面为全等且相互平行的正六边形,六个棱面全为矩形且与底面垂直,六条棱线平行且相等,棱线也是六棱柱的高。

2)投影位置

投影位置是六棱柱上下底面与水平投影面平行,前后棱面与正立投影面平行。

3)投影分析

(1)水平投影。水平投影视图为正六边形。由于上下底面均与水平面平行,所以水平投影反映上下底面的实形,且上底面可见,下底面不可见。六个棱面和六条棱线均与水平面垂直,其水平投影均具有积聚性,积聚在正六边形的六条边线和六个顶点上。

(2)正面投影。正面投影视图是由三个并列的小矩形线框组成的一个大矩形线框。由于上下底面均与正面垂直,所以正面投影积聚为大矩形线框的上下两条边线,其间距为棱柱体的高度;前后两个棱面与正面平行,其正面投影反映两个棱面的实形,为大矩形线框中间的小矩形线框;左右四个棱面倾斜于正面,其正面投影两两重影为左右两个小矩形线框,为棱面的类似形。

(3)侧面投影。侧面投影视图是由两个并列的小矩形线框组成的一个大矩形线框。由于上下底面均与侧面垂直,其侧面投影积聚为大矩形线框的上下两条边线,其间矩为棱柱体的高度。前后两个棱面与侧面垂直,积聚为大矩形线框的前后两条边线;其余四个棱面倾斜于侧面,其侧面投影为两两重影的两矩形线框,为棱面的类似形。

2.作图步骤

正六棱柱的三面投影的作图步骤如图 6-5(b)所示,具体内容如下。

(1)画投影轴。

(2)画反映底面实形的水平投影图,水平投影图为正六边形。

(3)根据"长对正"和正六棱柱的高度画正面投影图。

(4)根据"高平齐""宽相等"画侧面投影图。

(5)检查后加深加粗图线,完成全图。

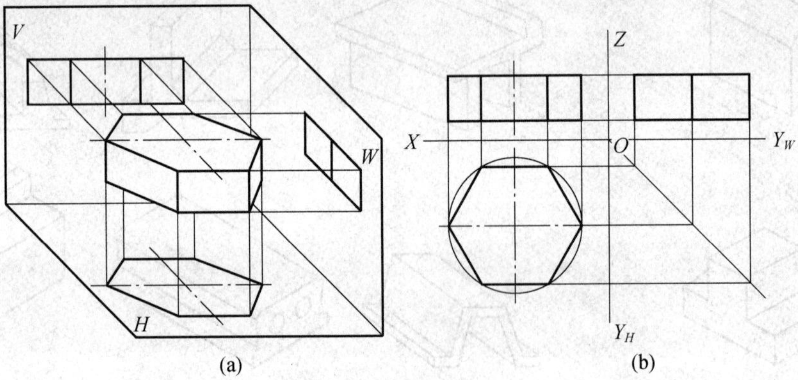

图 6-5 正六棱柱的三面投影图

同理分析,可作出各直棱柱体的三面投影图,如图 6-6 所示。

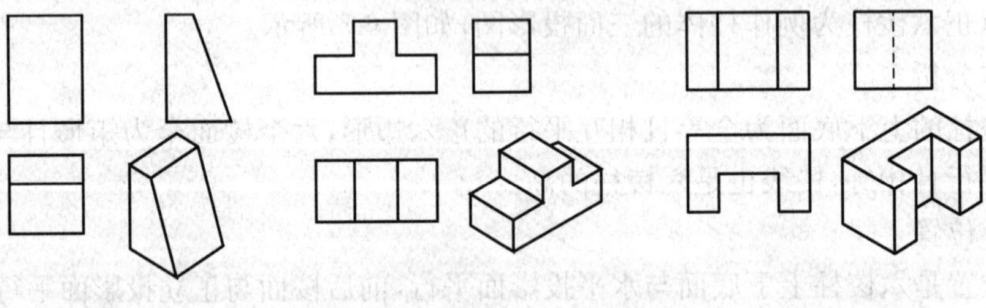

图 6-6 直棱柱的三面投影图

棱柱体三面投影图的视图特征:两个视图为矩形线框(最外轮廓),第三视图为反映底面形状的多边形线框。

6.2.2 棱锥的投影

棱锥的底面为多边形,各棱线均相交于锥顶点,各棱面均为三角形,锥顶点与底面重心的连线为棱锥体的轴线,轴线垂直于底面的棱锥为直棱锥,轴线倾斜于底面的棱锥为斜棱锥。对于直棱锥,底面是它的特征面,底面是几边形即为几棱锥,底面为正多边形时为正棱锥。

1. 棱锥体的三面投影图

以正三棱锥为例作棱锥体的三面投影图，如图 6-7 所示。

1)形体分析

正三棱锥的底面为正三角形，三个棱面为全等的等腰三角形，轴线通过底面重心并与底面相互垂直，三条棱线汇交于正棱锥顶点。

2)投影位置

投影位置是正三棱锥的底面与水平面平行，后面的棱角与侧面相互垂直，其底面边线为侧垂线。

3)投影分析

(1)水平投影。由于底面平行于水平面，其水平投影△*abc* 反映底面的实形。正三棱锥的顶点 *S* 的水平投影 *s* 在水平投影△*abc* 的重心上，三个棱面均与水平面倾斜，其水平投影为△*sab*、△*sbc*、△*sca*，反映棱面的类似形。

(2)正面投影。正投影图为由两个小三角形线框组成的大三角形线框，底面垂直于正面，其投影积聚为一条直线 $a'b'c'$；锥顶点 *S* 的正面投影位于直线 $a'b'c'$ 的垂直平分线上，正投影 s' 到直线 $a'b'c'$ 的距离等于正三棱锥的高度。左右两个棱面倾斜于正面，其正面投影为左右两个小三角形线框，为棱面的类似形；后棱面也倾斜于正面，其正面投影为类似形，为外轮廓大三角形线框，其投影△$s'a'c'$为不可见。

(3)侧面投影。侧面投影图为一个斜三角形线框，底面垂直于侧面，其投影积聚为一条直线 $a''(c'')b''$，为左视图三角形的底边；后棱面垂直于侧面，其投影积聚为一条直线 $s''a''(c'')$；左右两个棱面倾斜于侧面，其投影为两两重影的三角形线框，为棱面的类似形。

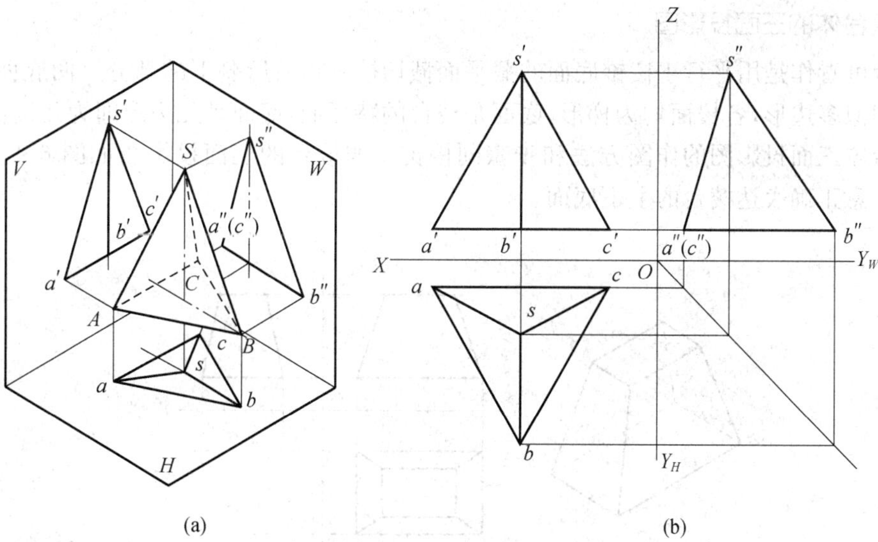

图 6-7 正三棱锥的三面投影图

2. 作图步骤

棱锥的三面投影图作图步骤如图 6-7(b)所示，具体内容如下。

(1)画投影轴。

(2)画反映底面实形的水平投影图。画等边△abc,由重心 s 连接 sa、sb、sc。

(3)根据"长对正"和正三棱锥的高度画正面投影图。

(4)根据"宽相等""高平齐"画侧面投影图。

注意 棱锥顶点的侧面投影位置,由正面及水平投影按投影规律作图得到。

(5)检查后加深加粗图线,完成全图。

同理分析,可画出图 6-8 所示的四棱锥的三面投影图。

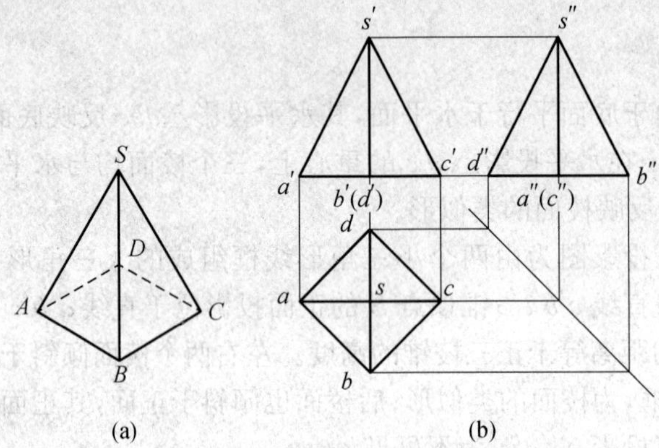

图 6-8 正四棱锥的三面投影图

棱锥体三视图的视图特征:两个视图为三角形(或几个共顶点的三角形)线框,第三视图为多边形线框。

3. 棱台体的三面投影图

棱台可看作是用平行于棱锥底面的截平面截切棱锥顶后所剩下的部分。两底面为相互平行的相似多边形,各棱面均为梯形,底面是棱台的特征面,底面是几边形即为几棱台。

棱台体三面投影图的作图方法和步骤同棱锥。四棱台的三面投影图如图 6-9 所示,作图时需注意正确表达棱台的上下底面。

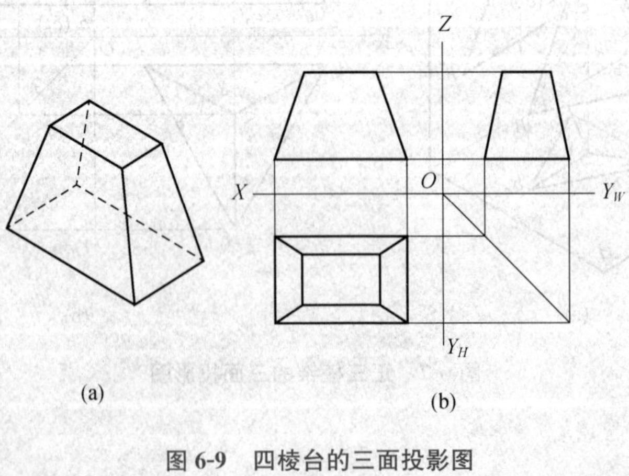

图 6-9 四棱台的三面投影图

棱台体三面投影图的视图特征:两个视图为梯形线框(最外轮廓),第三视图为两个相似多边形线框，且角顶有连线。

6.3 曲面体的投影

表面全由曲面或由曲面和平面共同围成的形体称为曲面体。常见的曲面体有圆柱、圆锥、圆球等。它们的曲表面均可看作是由一条动线绕某固定轴线旋转而成的，这类曲面体又称为回转体，其曲表面称为回转面。动线称为母线，母线在旋转过程中的任一具体位置称为曲面的素线。曲面上有无数条素线。

回转面的形成过程如图 6-10 所示。图 6-10(a)表示一条直母线围绕与它平行的轴线旋转形成的圆柱面，图 6-10(b)表示一条直母线围绕与它相交的轴线旋转形成的圆锥面，图 6-10(c)表示一个曲母线圆围绕其直径旋转而形成的球面。

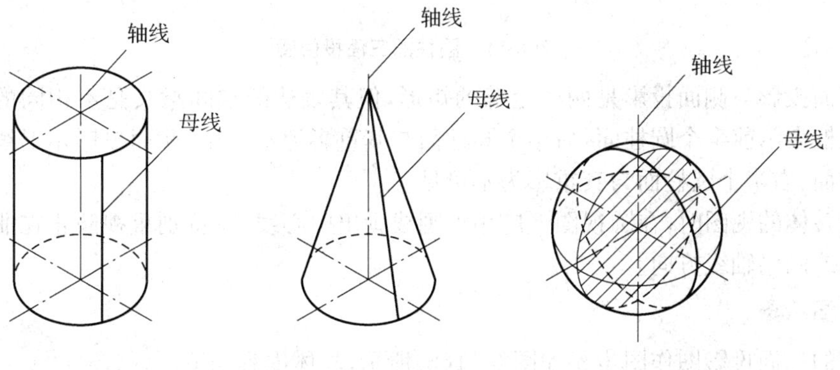

图 6-10　回转面的形成过程

6.3.1 圆柱的投影

1. 圆柱的三面投影图

1)形体分析

圆柱由圆柱面和两个底面组成。圆柱的上下两个底面为直径相同且相互平行的两个圆面，轴线与底面垂直。

2)投影位置

圆柱的轴线要垂直于水平面，如图 6-11(a)所示。

3)投影分析

(1)水平投影。由于圆柱的上下两个底面平行于水平面，其投影反映底面的实形且重影为一个圆，圆柱面垂直于水平面，其投影积聚在圆周上。

(2)正面投影。圆柱正面投影为一矩形，其上下边线为圆柱两底面的积聚投影，左右两条边线是圆柱面上最左、最右两条轮廓素线 AA_1、CC_1 的正面投影，且反映实长。这两条素线从正面投影方向看，是圆柱面前后两部分可见与不可见的分界线，称为正向轮廓素线。

(3)侧面投影。圆柱侧面投影是与正面投影全等的一个矩形。此矩形的前后两条边线是圆柱面上最前、最后两条侧向轮廓素线 BB_1、DD_1 的侧面投影。

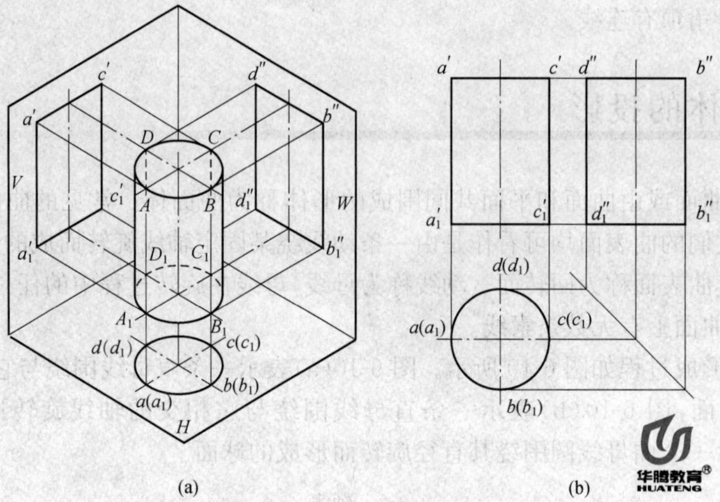

图 6-11　圆柱的三面投影图

圆柱的正面投影与侧面投影是两个全等的矩形，但其表达的空间意义是不相同的。正面投影矩形线框表示前半个圆柱面，后半个圆柱面与其重影为不可见；侧面投影矩形线框表示左半个圆柱面，右半个圆柱面与其重影为不可见。

画回转体的视图时，在圆视图上应用点画线画出中心线，应特别重视防止在非圆视图上漏画轴线或画错轴线方向。

2. 作图步骤

圆柱的三面投影图作图步骤如图 6-11(b)所示，具体内容如下。

(1)定中心线、轴线位置。

(2)画水平投影，画出反映底面实形的圆。

(3)根据“长对正”和圆柱的高度画正面投影的矩形线框。

(4)根据“宽相等”“高平齐”画侧面投影的矩形线框。

(5)检查后加深加粗图线，完成全图。

圆柱体三面投影图的视图特征：两个视图为矩形线框，第三视图为圆。

6.3.2　圆锥的投影

1. 圆锥的三面投影图

1)形体分析

圆锥由圆锥面和底面圆组成，轴线通过底面圆心并与底面垂直。

2)投影位置

圆锥轴线要与水平面垂直，如图 6-12(a)所示。

3)投影分析

(1)水平投影。圆锥的水平投影为一个圆，此圆反映底面圆的实形，也反映圆锥面的水平投影。圆锥顶点的水平投影落在圆心上，圆锥面水平投影可见，底面不可见。

(2)正面投影和侧面投影。正面投影图和侧面投影图为全等的两个等腰三角形线框，其两腰表示圆锥面上不同位置轮廓素线的投影。正面投影中 $s'a'$ 和 $s'c'$ 是圆锥面上最左、最右两条

正向轮廓素线 SA 和 SC 的正面投影，侧面投影中 $s''b''$ 和 $s''d''$ 是圆锥面上最前、最后两条侧向轮廓素线 SB 和 SD 的侧面投影。这些素线对于其他投影方向不是轮廓素线，所以不必画出。

2.作图步骤

圆锥的三面投影图作图步骤如图 6-12(b)所示，具体内容如下。

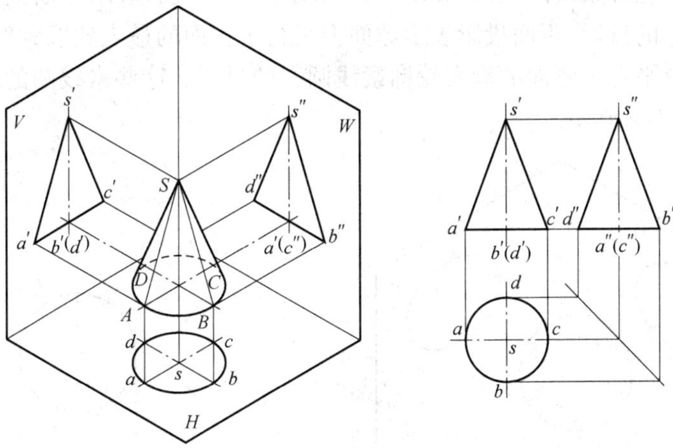

(a)　　　　(b)

图 6-12　圆锥的三面投影图

(1)定中心线、轴线位置。

(2)画水平投影，作反映底面实形的图。

(3)根据“长对正”和圆锥的高度画正面投影的三角形线框。

(4)根据“宽相等”“高平齐”画侧面投影的三角形线框。

(5)检查后加深加粗图线，完成全图。

圆锥体三面投影图的视图特征：两个视图为三角形线框，第三视图为圆。

6.3.3　圆台的投影

圆台可看作是用平行于圆锥底面的平面截切圆锥顶后得到的形体，圆台的两个底面为相互平行的圆。圆台三视图的作图方法和步骤同圆锥。圆台的三面投影图如图 6-13 所示。

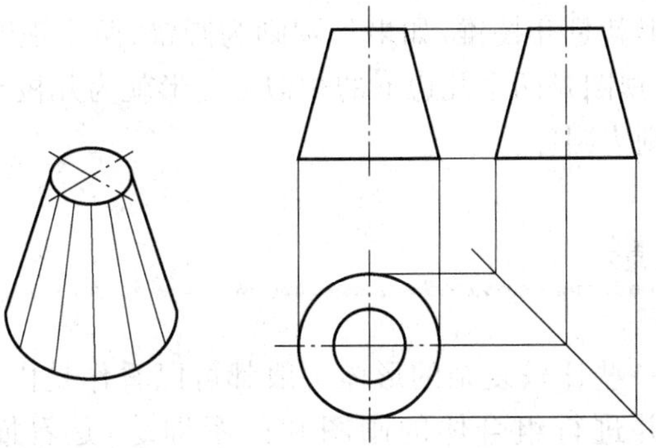

(a)　　　　(b)

图 6-13　圆台的三面投影图

圆台三面投影图的视图特征：两个视图为梯形线框，第三视图为两个同心圆。

6.3.4 球的投影

圆球由球面组成。圆球的三面投影图是三个全等的圆，其直径为球的直径。这三个圆是球面上不同位置轮廓素线的投影，如图 6-14 所示。水平投影表示球面上平行于水平面的最大轮廓素线圆①的投影，正面投影表示球面上平行于正面的最大轮廓素线圆②的投影，侧面投影表示球面上平行于侧面的最大轮廓素线圆③的投影。这些素线圆的其他投影均与相应的中心线重合，不必画出。

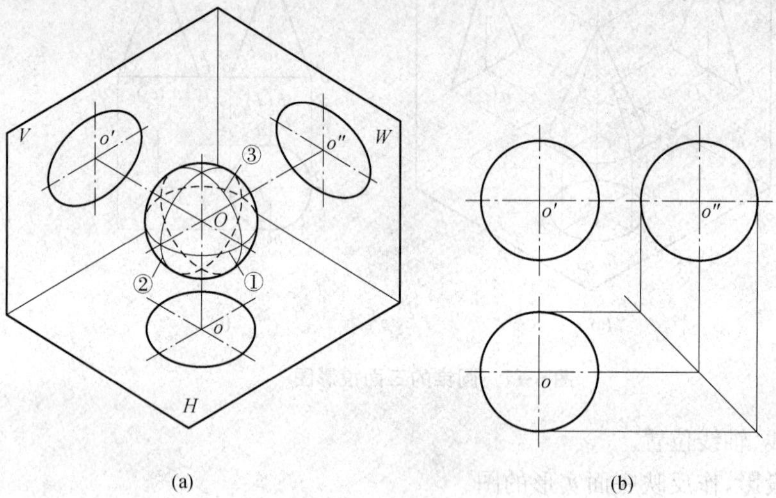

图 6-14 圆球的三面投影图

圆球三面投影图的视图特征：三个视图均为直径相等的圆。

为方便记忆和使用，可将上述柱、锥、台、球三面投影图的视图特征简单地总结为：矩矩为柱，三三为锥，梯梯为台，三圆为球。

不管是完整的还是部分的基本体，其三面投影图都具有上述视图特征。这些视图特征不仅可以帮助画图和检查，而且可作为识读基本体三面投影图的依据。若基本体的三面投影图中，两个视图外框线是矩形，所表示的形体一定是柱体，第三视图是什么形状的多边形就是什么棱柱，如果是圆则为圆柱；两个视图外框线是三角形，所表示的形体一定是锥体，第三视图是几边形的多边形就是几棱锥，如果是圆则为圆锥；两个视图外框线是梯形，所表示的形体一定是台体，第三视图是两个几边形的相似多边形就为几棱台，如果是两同心圆则为圆台；三个视图均为圆，则为圆球。

6.4 组合体的投影

道路工程建设中的一些比较复杂的形体一般都可以看作是由基本体组合而成的。分析组合体的组成方式，并进行组合体的画图和读图训练，是看懂道路工程图的前提和基础。

6.4.1　组合体的分析

1.组合体的形体分析

任何复杂的工程物体都可以看成是由若干基本体组合而成的，为了便于画图和读图，通过分析将组合体分解成若干个基本体，并分析它们的形状结构、相对位置及组合形式的方法，称为形体分析法。

桥墩由桥墩墩帽(盖梁)、桥墩立柱、桥墩基础三部分组成，盖梁为棱柱体，如图 6-15 所示。桥墩的基础为长方体，桥墩立柱为台体，可以看成是四棱柱和两个半圆台组成的。分析清楚各组成部分的形状和它们的相对位置后，可按相对位置逐个画出各组成部分的投影，综合起来得到组合体投影。

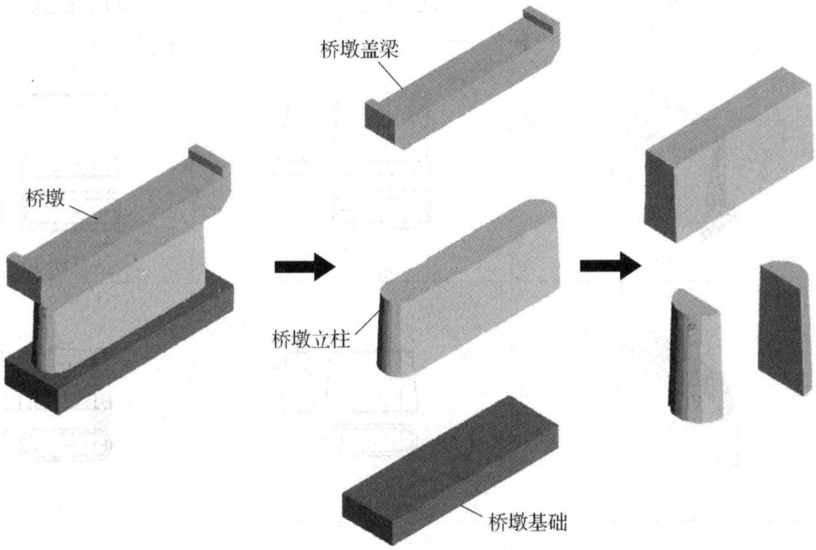

图 6-15　桥墩的形体分析

2.组合体的组合方式

组合体的组合方式可以是叠加式、切割式、综合式等多种形式。

(1)叠加式。叠加式是指把组合体看成由若干个基本体叠加而成的，如图 6-16(a)所示。

(2)切割式。切割式是指把组合体看成由一个大的基本体经过若干次切割而成的，如图 6-16(b)所示。

(3)综合式。综合式是指可以把组合体看成既有叠加的部分又有切割的部分，如图 6-16(c)所示。

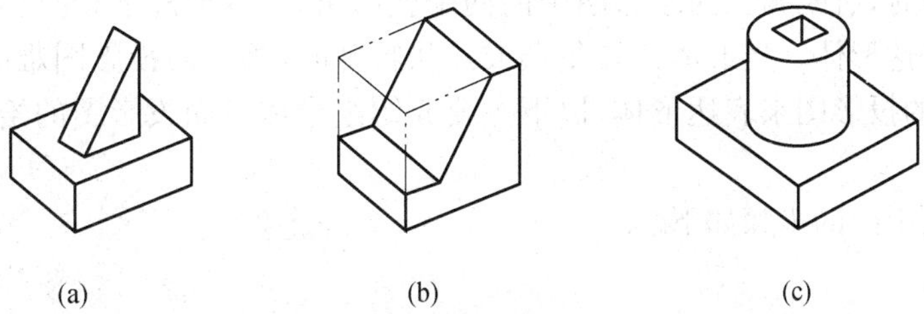

图 6-16　组合体的组合形式

3. 组合体表面的连接形式

由于叠加或切割，在相邻两形体表面产生的连接形式可分为平齐、相错、相切和相交等形式，见表 6-1。

表 6-1　组合体两表面的连接形式

连接形式	立　体　图	正确投影图	错误投影图
平齐			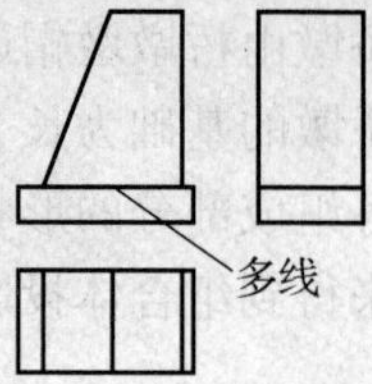
相错		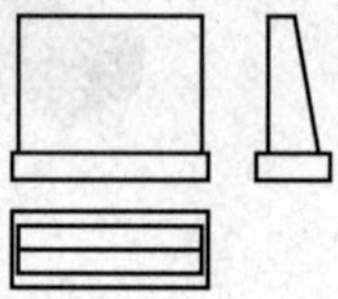	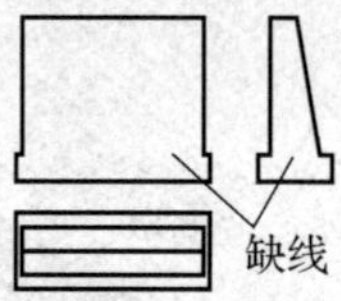
相切		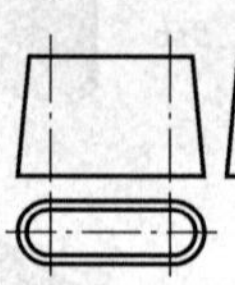	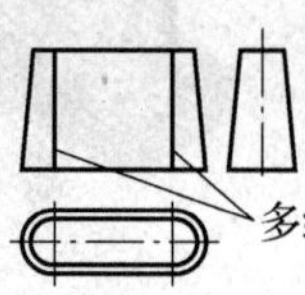
相交		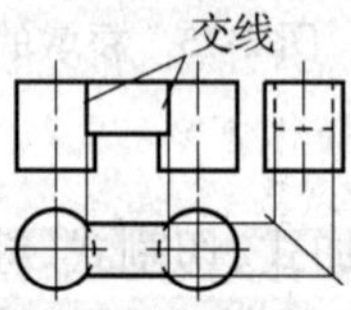	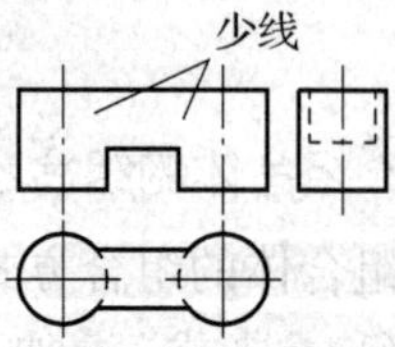

6.4.2　组合体多面投影的画法

表达组合体一般是画三面投影图，从投影的角度讲，三面投影图已能唯一地确定形体。当形体比较简单时，有时画三面投影图中的两个就够了，个别情况下，与尺寸相配合仅画一个投影图也能表达形体。当形体比较复杂或形状特殊时，画三面投影图难以把形体表达清楚，可选用其他的投影图来表达形体，以下主要介绍组合体三面投影图的绘制，它是表达组合体的基础。

画组合体投影图的步骤如下。

1)形体分析

画组合体的投影图之前，一般应先对所绘组合体的形状进行分析，分析它是由哪些基本体组合而成的，各基本几何体之间的位置关系怎样。如图 6-17(a)所示，涵洞的端墙可以分解为端墙基础、墙身和缘石三部分，端墙基础为长方体(四棱柱)，缘石为带缺角的四棱柱，墙身是长方体，其上切去了一个圆柱，如图 6-17(b)所示。

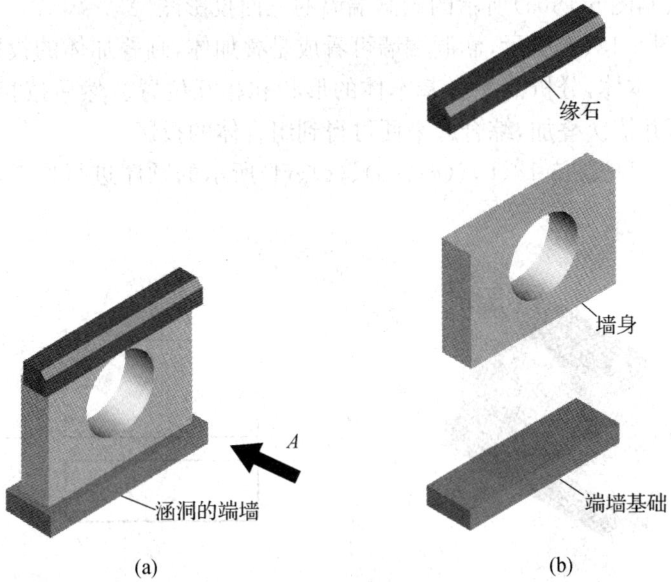

图 6-17　形体分析

2)确定安放位置和立面图

投影图随形体放置和立面图方向的不同而改变，一般应按工程中的自然位置放置立面图，应把能较多反映组合体形状和位置特征的某一面作为立面图的投影方向，并尽可能使形体上主要面平行于投影面，以便能得到投影的实形，还要兼顾其他两个投影图表达的清晰性，即尽可能减少其他投影图中的虚线。

以图 6-17(a)所示形体为例，以 A 处所指向作为立面图的投影方向，就符合上述要求。

3)确定投影图数量

确定投影图数量就是确定画几个投影图才能将物体的各部分都表达清楚。确定投影图数量的原则是在把形体表达足够充分的前提下，尽量减少投影图的数量。

4)选比例、定图幅

投影图数量确定后，根据组合体的总体大小和复杂程度，按国家标准规定选择适当的比例和图幅。

5)布置投影图

布置投影图时，根据选定的比例和组合体的总体尺寸，可粗略算出各投影图范围，并均匀布置图面。考虑标注尺寸和注写文字的位置后，再做适当调整，然后便可定出各投影图的对称中心线、主要端面轮廓线的位置作为作图基准线，布图要求平衡、匀称、协调。

6)画底图

为了迅速而准确地画出组合体的三面投影图，画底稿时，在画组合体中的每一个部分时，最好是将三个投影图配合来画。也应先画每一个部分反映形状特征的投影图，而不是机械地先画完一个投影图后再画另一个投影图。这样，可以提高绘图速度，避免漏画和多画图线。

7)检查、描深

经检查无误后,按规定图线加深加粗,完成作图。

【例 6-1】 绘制图 6-18(a)所示的涵洞端墙的三面投影图。

【分析】 如图 6-18(a)所示,涵洞端墙可看成是叠加体,画叠加体的投影图时,应先将组合体分解成若干基本体,分析清楚各基本体的形状和相互位置。然后按相对位置逐个画上各基本体的投影,并依次叠加,综合起来便可得到组合体的投影。

【作图步骤】 可按图 6-18(b)、(c)、(d)、(e)、(f)所示的顺序进行作图,这是一个同步作图的示例。

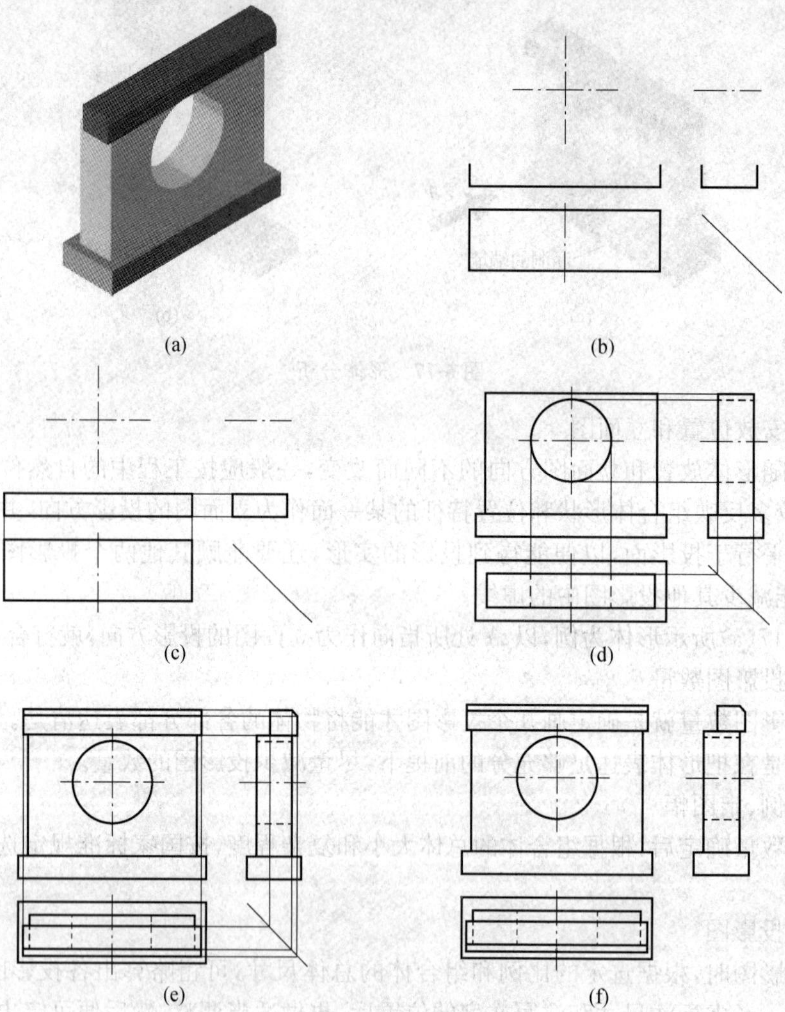

图 6-18 涵洞端墙的三面投影图画图过程

在画墙身部分时,墙身的正面投影反映形状特征,所以先画其正面投影;缘石的形状特征及缘石相对于墙身的位置特征都集中在侧面投影上,所以画缘石的投影时,先画侧面投影,再画其他投影。注意在水平投影中缘石遮挡了墙身的部分线条,这时要将被遮挡的轮廓线改为虚线。

【例 6-2】 如图 6-19(a)所示，已知形体的正面投影和侧面投影，绘制其水平投影。

【分析】 根据形体的正面投影和侧面投影，可以想象出形体的大致形状，如图 6-19(b)所示，该形体是由一个棱柱被切去一个长方体凹槽和一个半圆柱凹槽而形成的。

【作图步骤】 画该形体的水平投影时，可以先画出原来的棱柱的水平投影，然后再标注出两个凹槽部分，要注意底面半圆柱凹槽的 H 面投影不可见，需用虚线画出，如图 6-19(c)所示。

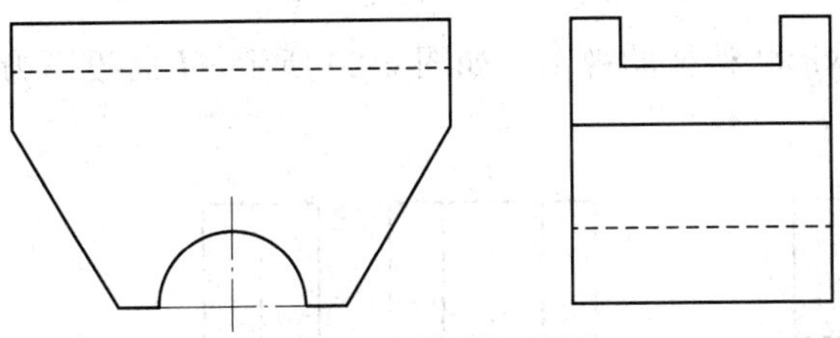

(a)已知条件

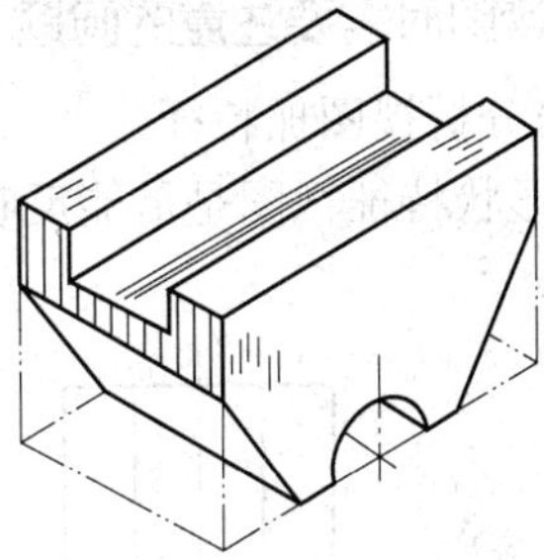

(b)轴测图

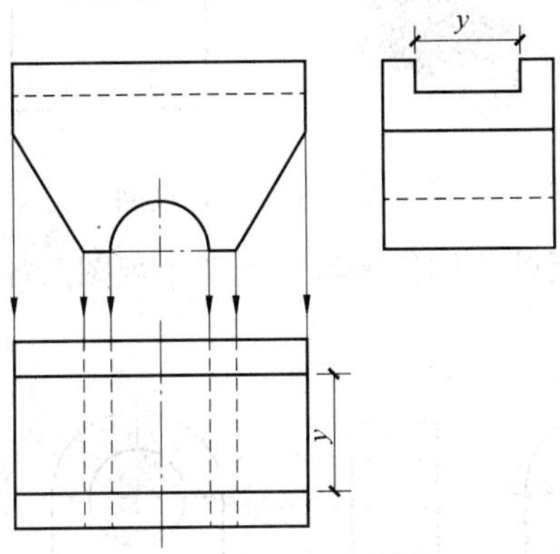

(c)补绘投影图

图 6-19　补绘 H 面投影

6.4.3　组合体的读图

读图和画图是本课程的两个重要环节。画图是用正投影图把空间形体表达在图纸上；读图则是根据投影图想象空间物体的形状和大小。要做到迅速、正确地读懂图样，必须掌握读图的基本方法，当然还必须进行读图实践，不断提高读图能力。

1. 读图应具备的基本知识

1)熟练地运用“三等”关系

在投影图中，形体的三个投影图不论是整体还是局部都具有“长对正、高平齐、宽相等”的“三等”关系。用好“三等”关系是读图的关键。

2)灵活运用方位关系

掌握形体前、后、左、右、上、下六个方向在投影图中的相对位置，可以帮助我们理解组合体中的基本体在组合体中的位置。例如，平面图只反映形体前、后、左、右的关系和形体顶面的形状，不反映上、下关系；正立面图只反映形体上、下、左、右的关系和形体正面的形状，不反映前、后的关系;左侧立面图只反映形体前、后、上、下关系和形体左侧面的形状,不反映左、右关系。

3)基本体的投影特征

掌握基本体的投影特征,是阅读组合体投影图必不可少的基本知识。例如,要掌握三棱柱、四棱柱、四棱台等的投影特征和圆柱、圆台的投影特征等。掌握这些基本体的投影特征,便于应用形体分析法来阅读组合体的投影图。

2.读图时需要注意的问题

(1)分析视图抓特征。

①形状特征视图是最能反映物体形状特征的视图。如图 6-20 所示,H 面投影为形状特征视图。

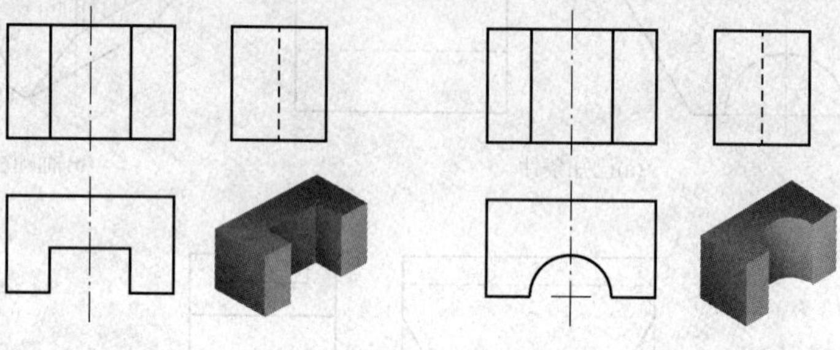

图 6-20　形状特征视图

②位置特征视图是最能反映物体位置特征的那个视图。如图 6-21 所示,W 面投影为位置特征视图。

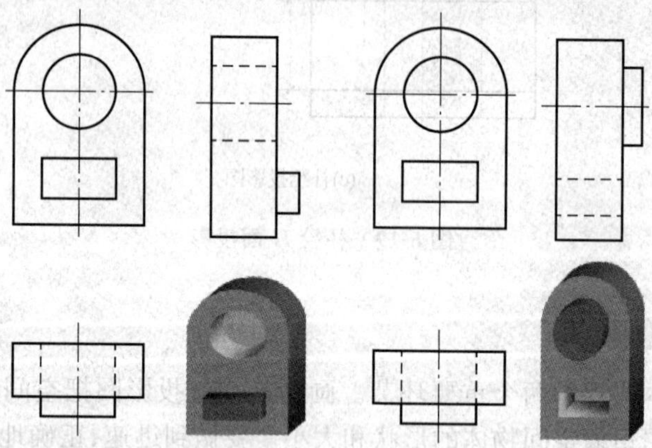

图 6-21　位置特征视图

(2)注意反映形体之间连接关系的图线,如图 6-22 所示,箭头所指方向的线型不同。

图 6-22　虚实线不同

3. 读图的方法

读图是画图的逆向思维过程，所以读图的方法与画图是相同的。读图的基本方法是形体分析法。用形体分析法读图，就是在读图时，从反映物体形状特征明显的视图入手，按形体特征把视图分解成若干部分，根据三等规律，找出每一部分的有关投影，然后根据各种基本体的投影特性，想象出每一部分的形状，再根据整体投影图，找出各部分之间的相互位置关系，最后综合起来想象出物体的整体形状。

形体分析法读图的一般步骤如下。

（1）划分线框，分解视图。一般从投影重叠较少、结构特征明显的视图入手，按线框把该视图分解为几个部分。

（2）分析确定各部分的形状。根据划分的线框和投影规律，确定每一部分所对应的三视图，并根据基本体的视图特征，逐一判断各部分的空间形体。

（3）综合想象整体。根据组成组合体的各个基本体的形状、相互位置关系，确定出组合体的整体形状。

【例 6-3】 图 6-23(a)所示是涵洞洞口的三面投影图，根据其三面投影，读图并想象其空间形状。

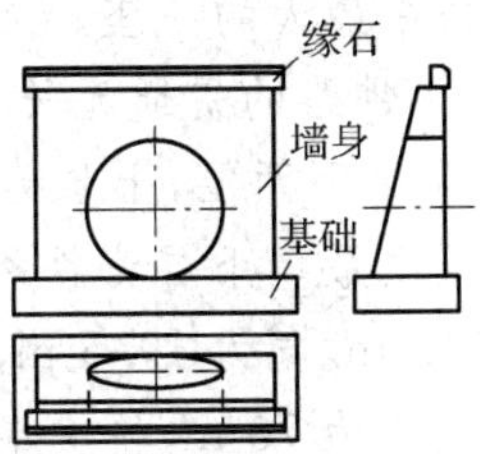

(a)

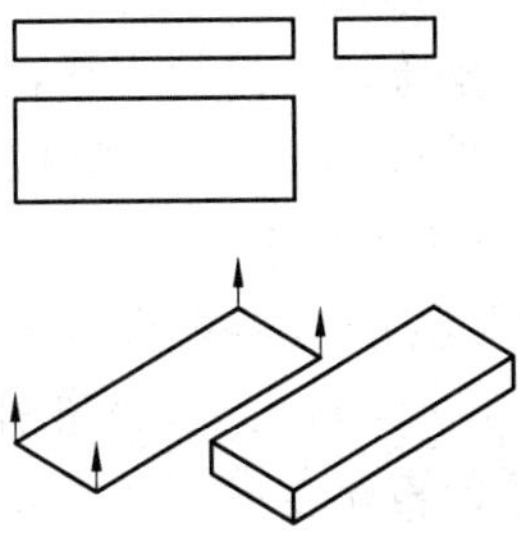

(b)

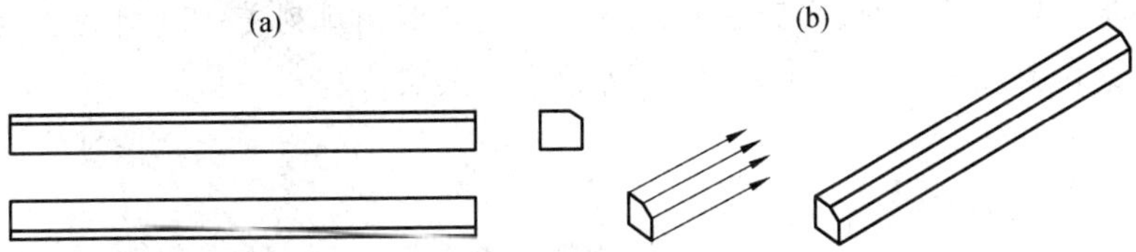

(c)

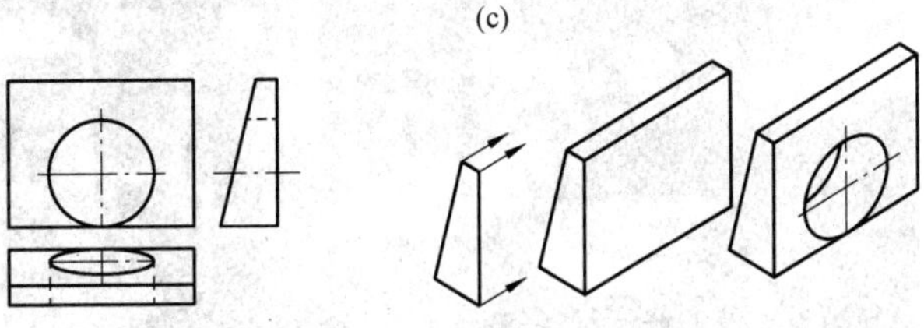

(d)

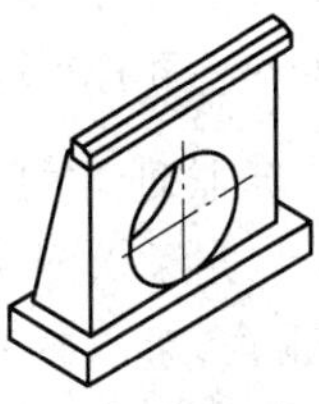

(e)

图 6-23　涵洞洞口读图过程

【分析】

(1)形体分析。从 V 面投影中可分出三个线框，即可把涵洞洞口分为基础、墙身和缘石三个基本体，如图 6-23(a)所示。

(2)读各基本体的形状。读基础的视图时，可将它的 H 面中反映形状特征的线框沿 Z 轴拉向空间，得到基础的空间形状，如图 6-23(b)所示；读缘石的视图时，可将它的 W 面投影中反映形状特征的线框沿 X 轴拉出，得出缘石的空间形状，如图 6-23(c)所示；读墙身的视图时，可将它的 W 面投影中反映形状特征的线框沿 X 轴拉出，然后在拉出的四棱柱的基础上挖一个圆柱状的孔，即得墙身的空间形状，如图 6-23(d)所示。

(3)综合想象整体形状。根据基础、墙身、缘石间的相对位置，可综合想象出整个涵洞洞口的形状，如图 6-23(e)所示。

趣味知识

南京长江大桥

南京长江大桥于1960年1月18日正式动工，1968年9月铁路桥建成通车，1968年12月公路桥通车。此桥是铁路公路两用的特大桥，铁路桥全长为 6 772 m，公路桥全长为 4 589 m，桥下可通行万吨轮船，如图 6-24 所示。南京长江大桥是继武汉长江大桥、重庆白沙沱长江大桥之后的第三座跨越长江的大桥，也是三座大桥中最大的一座。大桥铁路桥将津浦、沪宁两铁道线正式贯通，从北京可直达上海，自此京沪铁路的贯通无长江阻拦。南京长江大桥由正桥、南北桥头堡和南北引桥组成。正桥分为上下两层，上层为公路桥，为 4 车道的宽度，正桥长为 1 577 m，其余为引桥，是中国桥梁之最。下层为铁路桥，桥宽为 14 m，铺设双轨，两列火车可同时对开；公路引桥长为 3 012 m，宽为 19.5 m，引桥建有 22 个富有特色的桥孔。桥的南北各有一对复合式桥头堡，堡高为 70 m，桥头堡上各有三面红旗，象征着 50 年代的人民公社、大跃进和总路线。大桥两侧排列着 150 对白玉兰花灯，“天堑飞虹”的夜景作为现代金陵四十景之一，可谓名副其实。

图 6-24　南京长江大桥

南京长江大桥的钢梁原拟采用从苏联进口的低合金钢，但由于苏联在供货规格上不能满足结构要求，后经鞍山钢铁技术人员深入研究，提出在保证钢材韧性和塑性的前提下，在大型桥梁对钢材要求的容许范围内，可以适当地降低强度，提高成品合格率。最后，经过各方面的努力，终于为这一钢种制定了符合桥梁使用的“16 锰桥”技术规范，保证了南京长江大桥钢梁的需要。

南京长江大桥桥址地质复杂，根据不同的地质条件采用了不同的处理方法。

(1)在浅水面覆盖层深厚墩址处，采用重型混凝土沉井，穿越深度达 54.87 m，在国内首创纪录。

(2)在基岩好而覆盖层较厚的墩位处，选用钢板桩围堰管柱基础；并首次采用大直径为 3.6 m 的先张法预应力混凝土管柱。

(3)在基岩较好、覆盖层较厚，但水位较深的墩位处，采用首创的浮式钢沉井加管柱的复合基础。

(4)在水较深、覆盖层较厚，但基岩强度较低的墩位处，采用浮式钢筋混凝土沉井，上部为钢筋混凝土结构，下部为钢与钢筋混凝土组合结构。利用钢气筒充、泄气来浮托纠偏，清基潜水作业深达 65 m。

工程实训

本工程实训的目的是以工程构筑物桥台为载体，通过识读、绘制桥台的投影图及制作模型，提高学生对复杂组合体投影图的识图和绘图能力，并培养学生耐心细致的工作态度。

已知某重力式桥台的三面投影图(如图 6-25 所示)，对投影进行识读，读出该桥台由哪些形体组合而成，然后按照比例绘制该投影图，并制作桥台模型。

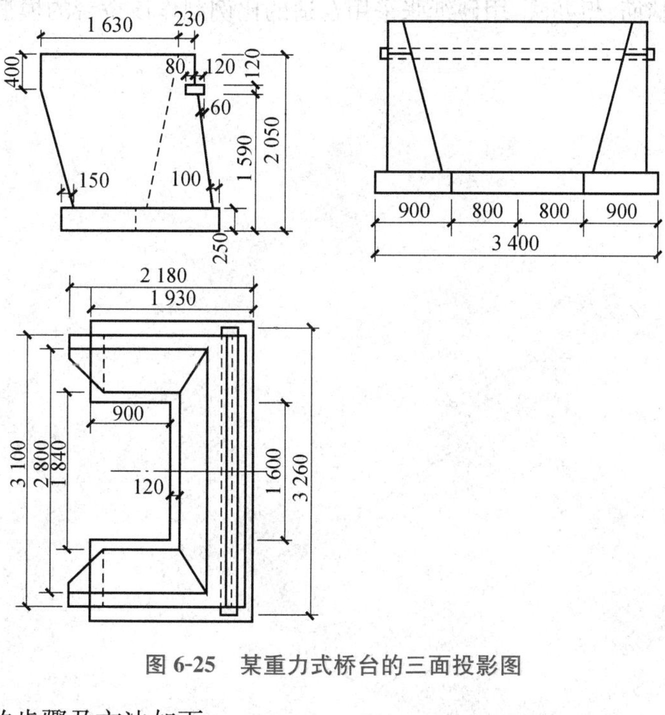

图 6-25 某重力式桥台的三面投影图

本工程实训的步骤及方法如下。

1. 识读投影图

首先要进行形体的分析，明确其由哪些基本体叠加而成，在哪些基本体上有切割，如图 6-26 所示。然后找到基础的投影图、两个翼墙的投影、台帽的投影等。

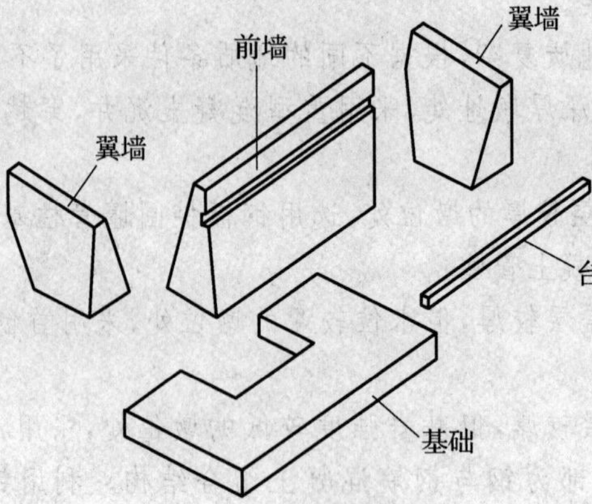

图 6-26　桥台的形体分析图

2. 绘制 U 形桥台的三面投影图

(1)进行图幅布置。

(2)按比例和顺序,先绘制基础,再绘制翼墙、前墙、台帽的投影图。

(3)用相应的颜色描绘。

3. 制作模型

学生自己动脑筋、想办法,用硬纸张采用合适的比例制作该桥台的模型。

模块 7　轴测投影图

学习目标

知识目标

(1)了解轴测投影的相关概念、形成原理和投影特性。

(2)了解轴测投影的分类及应用。

能力目标

能正确绘制正轴测投影图和斜轴测投影图。

7.1 轴测投影的基本知识

正投影图能够准确、完整地把物体的真实大小和形状展现出来，通过前面几个模块的介绍，我们可以看到，正投影图在工程图中的应用十分广泛，但如果想把一个比较复杂的物体的形状和大小展现出来，用正投影图就显得有局限性，这时我们就需要用更直观的图形来表示，即轴测投影图。

7.1.1 轴测投影概述

1. 正轴测投影和斜轴测投影

轴测投影采用单面投影图，是平行投影法之一，它是按平行投影法把形体投射至单一投影面上所得到的投影图。轴测投影可分为正轴测投影和斜轴测投影两种。

(1)正轴测投影。如图 7-1(a)所示，使三个坐标轴方向都倾斜于一个投影面 P(轴测投影面)，然后用正投影的方法向该投影面投影，称为正轴测投影，由这种方法画出来的图称为正轴测投影图，简称正轴测图。

(2)斜轴测投影。如图 7-1(b)所示，采用斜投影的方法向轴测投影面进行投影，称为斜轴测投影，由这种方法画出来的图称为斜轴测投影图，简称斜轴测图。

2. 轴测投影的几个概念

(1)轴测轴。直角坐标轴 OX、OY、OZ 在轴测投影面上的投影分别为 O_1X_1、O_1Y_1、O_1Z_1，称为轴测投影轴，简称轴测轴，如图 7-1 所示。

(2)轴间角。轴测轴之间的夹角，$\angle X_1O_1Y_1$、$\angle Y_1O_1Z_1$、$\angle X_1O_1Z_1$ 称为轴间角。

(3)轴向伸缩系数。在空间三坐标轴上，分别取长度 OA、OB、OC，它们的轴测投影长度为 O_1A_1、O_1B_1、O_1C_1，令

$$p=\frac{O_1A_1}{OA},q=\frac{O_1B_1}{OB},r=\frac{O_1C_1}{OC}$$

则 p、q、r 分别称为 OX、OY、OZ 轴的轴向伸缩系数。

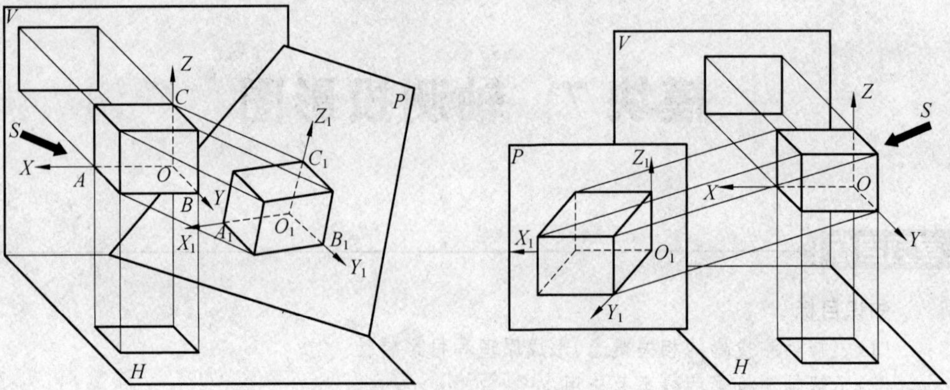

(a)正轴测投影　　　　(b)斜轴测投影

图 7-1　轴测投影的形成

3. 轴测图的分类

轴测图按投影方向的不同可分为正轴测图和斜轴测图两大类。每类按轴向伸缩系数的不同又各分为三种类型。

轴测图
- 正轴测图　($S\perp P$)
  - 正等测：$p=q=r$
  - 正二测：$p=r\neq q$，或 $p=q\neq r$，或 $q=r\neq p$
  - 正三测：$p\neq q\neq r$
- 斜轴测图　($S\angle P$)
  - 斜等测：$p=q=r$
  - 斜二测：$p=r\neq q$，或 $p=q\neq r$，或 $q=r\neq p$
  - 斜三测：$p\neq q\neq r$

4. 轴测投影的特性

轴测投影具有以下几个特性。

(1)物体上相互平行的线段的轴测投影仍相互平行。

(2)物体上平行于坐标轴的线段的轴测投影仍与相应的轴测轴平行。

(3)物体上两平行线段或同一直线上的两线段长度之比，在轴测投影上保持不变。

(4)凡物体上与坐标轴不平行的线段，具有不同的伸缩系数，不能直接画出。

7.1.2　常用的轴测投影

常用的轴测投影见表 7-1。

表 7-1　常用的轴测投影

项目		正轴测投影			斜轴测投影		
特性		投射线与轴测投影面垂直			投射线与轴测投影面倾斜		
轴测类型		等测投影	二测投影	三测投影	等测投影	二测投影	三测投影
简称		正等测	正二测	正三测	斜等测	斜二测	斜三测
应用举例	伸缩系数	$p_1=q_1=r_1=0.82$	$p_1=r_1=0.94$ $q_1=p_1/2=0.47$	视具体要求选用	视具体要求选用	$p_1=r_1=1$ $q_1=0.5$	视具体要求选用
	简化系数	$p=q=r=1$	$p=r=1$ $q=0.5$			无	

续表

项　目		正轴测投影			斜轴测投影		
应用举例	轴间角	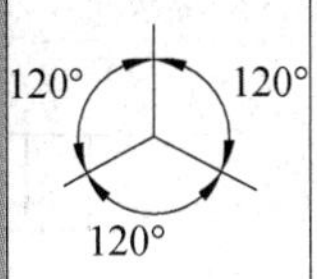	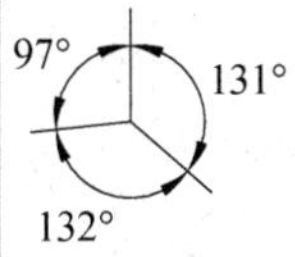	视具体要求选用	视具体要求选用	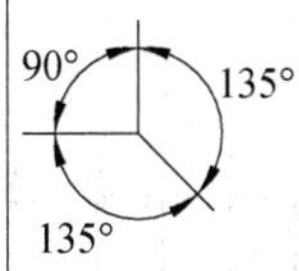	视具体要求选用
	例图	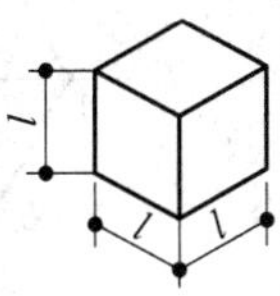	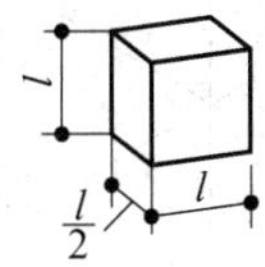			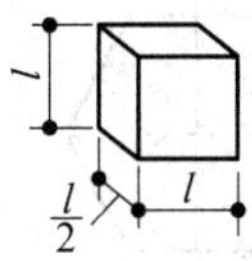	

7.2 正等测图

7.2.1 正等测投影图的轴间角、轴向伸缩系数

正等测图中的三个轴间角都等于 120°，其中 Z 轴画成铅垂方向，如图 7-2 所示。轴向伸缩系数 $p_1=q_1=r_1=0.82$，为作图方便，通常采用简化的轴向伸缩系数 $p=q=r=1$。用简化的轴向伸缩系数绘出的正等测图约为实际大小的 1.22 倍（由 1/0.82 得出），但对于图形的形状没有影响，绘图时各轴向的尺寸都用实长度量，不用计算，比较方便。

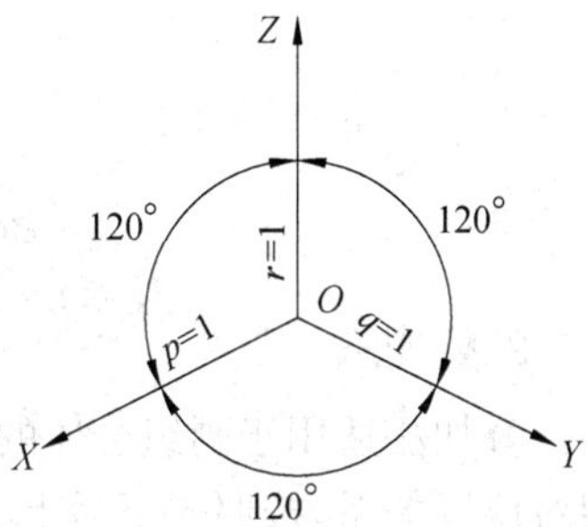

图 7-2　正等测图的轴间角和轴向伸缩系数

7.2.2 正等测投影图的画法

画轴测图常用的方法有坐标法、叠加法和切割法。其中坐标法是最基本的画法，而其他方法都是根据物体的形体特点对坐标法的灵活运用。

1. 坐标法

首先按坐标值确定平面体各特征点的轴测投影，然后连线成物体的轴测图，这种作图方法称为坐标法。坐标法是画轴测图的基本方法，其他作图方法都是以坐标法为基础的。

【例 7-1】 画图 7-3(a)所示的正六棱柱的正等测图。

【分析】 由于六棱柱的前后、左右都有对称轴线，故可把坐标原点设在顶面的中心处，由上向下作图，这样较为简便。

【作图步骤】

(1)在投影图中确定直角坐标系，如图 7-3(b)所示。

(2)在适当位置画出轴测轴，如图 7-3(c)所示。

(3)求六棱柱上顶面各顶点的轴测投影，如图 7-3(d)、(e)所示。

(4)求六棱柱下底面可见点的轴测投影，如图 7-3(f)所示。

(5)加深加粗图线，完成全图，如图 7-3(g)所示。

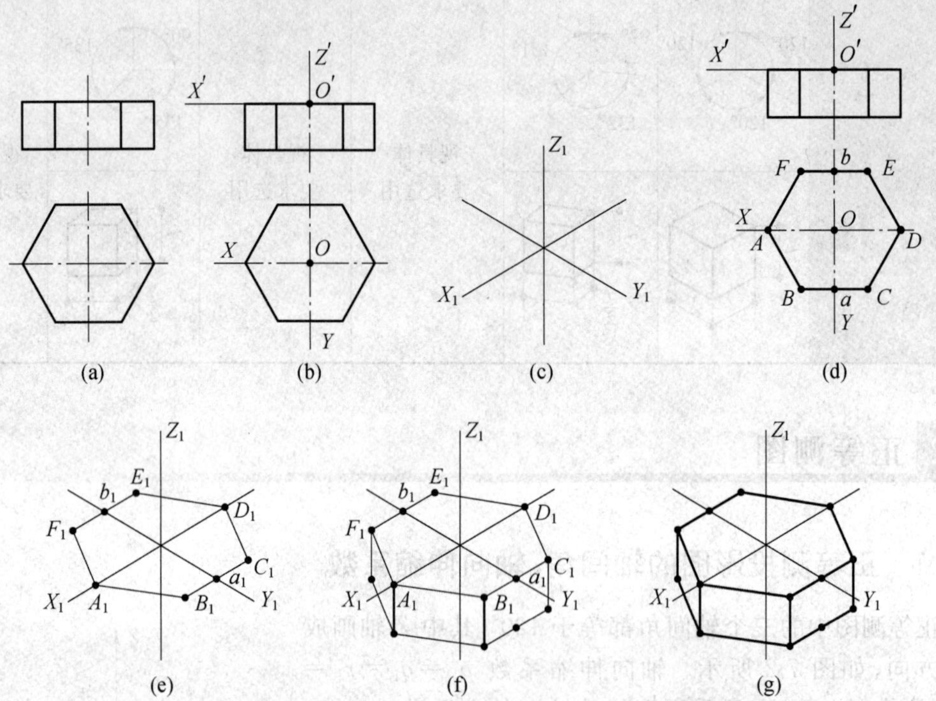

图 7-3　正六棱柱的正等测图的作图步骤

2. 叠加法

叠加法适用于画组合体的轴测图。先将组合体分解成几个基本体，根据基本体组合的相对位置关系，按照先下后上、先后再前的方法叠加画出轴测图，这种方法称为叠加法。

【例 7-2】 如图 7-4(a)所示，已知独立基础的两面投影，作独立基础的正等测图。

【分析】 独立基础是由三个等高的四棱柱叠加而成，符合叠加法作图特点，可以按照先下后中再上的顺序来绘制轴测图，注意绘制时对三个四棱柱的定位。

【作图步骤】

(1)在视图上确定各坐标轴，如图 7-4(a)所示。

(2)绘制最下面的四棱柱。建立 X、Y、Z 轴测轴，然后从 O 点沿着 Y 轴分别向前后方各量取宽度尺寸 y_3，沿着 X 轴分别向左右方各量取长度尺寸 x_3，沿着 Z 轴向上量取高度尺寸 z，画出最下面的四棱柱，同时找到 A 点，如图 7-4(b)所示。

(3)绘制中间的四棱柱。从 A 点沿着 Y 轴分别向前后方向量取宽度尺寸 y_2，沿着 X 轴向左右方各量取长度尺寸 x_2，沿着 Z 轴向上量取高度尺寸 z，画出中间的四棱柱，同时找到 B 点，并且将最下面的四棱柱被遮住的轮廓线擦掉，如图 7-4(c)所示。

(4)绘制最上面的四棱柱。从 B 点沿着 Y 轴分别向前后方量取宽度尺寸 y_1，沿着 X 轴向左右方各量取长度尺寸 x_1，沿着 Z 轴向上量取高度尺寸 z，画出最上面的四棱柱，擦掉不可见的棱线和作图辅助线，加深加粗图线，完成作图，如图 7-4(d)所示。

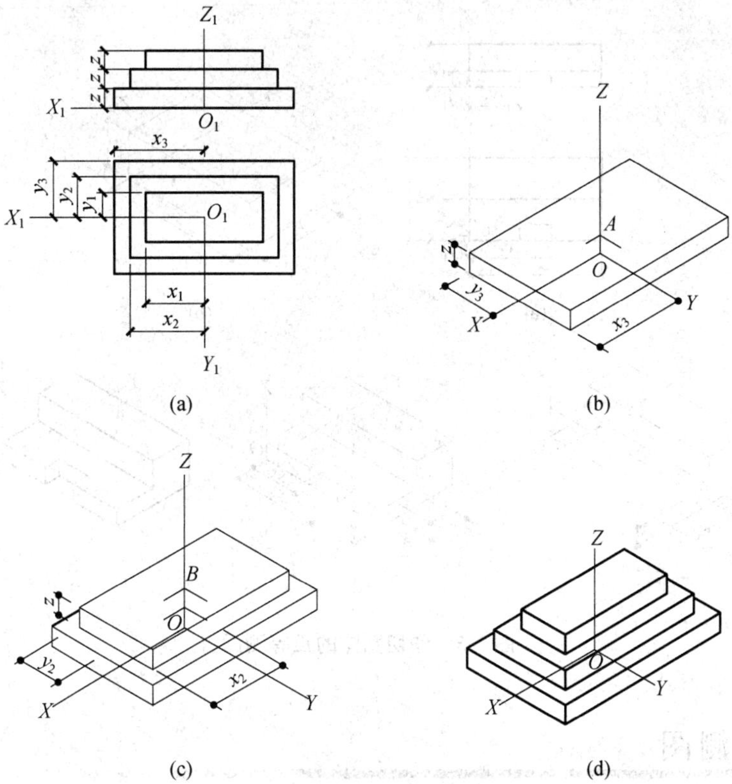

图 7-4　作独立基础的正等测图

3. 切割法

对于切割而成的形体，画轴测图，宜先画出被切割物体的原体，然后依次画出被切割的部分，这种方法称为切割法，用切割法作图时要注意切割位置的确定。

【例 7-3】 如图 7-5(a)所示，已知切割体的两面投影，作这个形体的正等测图。

【分析】 该形体是由一个四棱柱切割掉两个小四棱柱而形成的。作正等轴测图，应先画出原体，再画被切割掉的形体。

【作图步骤】

(1)在视图上确定各坐标轴，如图 7-5(a)所示。

(2)画原体。建立 X、Y、Z 轴测轴，然后从 O 点沿着 Y 轴向后量取宽度尺寸 y_3，沿着 X 轴向左量取长度尺寸 x_3，沿着 Z 轴向上量取高度尺寸 z_2，绘制出四棱柱原体，如图 7-5(b)所示。

(3)画被切割的前上方部分。从 O 点沿着 Y 轴向后量取宽度尺寸 y_2 找到切割的位置，切割体的长度与原体一样。沿着 Z 轴向上量取高度尺寸 z_1 找到切割位置，绘出要被切割掉的第一个四棱柱，如图 7-5(c)所示。

(4)画前上方被切割的四棱柱。从 O 点沿着 Y 轴向后量取 y_1 长度找到切割位置，沿着 X 轴向左量取 x_1 长度和 x_2 长度找到切割位置，切割体高度与原体高度相同，绘出被切割的第二个四棱柱，如图 7-5(d)所示。

(5)擦掉作图辅助线，加深加粗图线，完成作图，如图 7-5(e)所示。

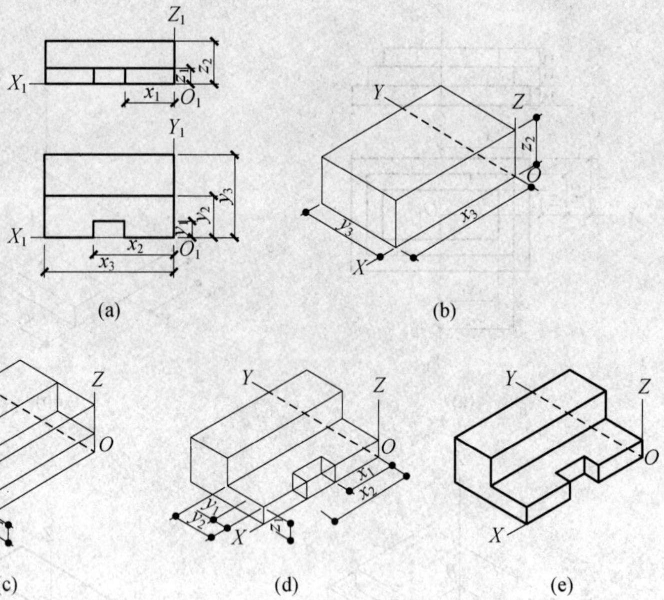

图 7-5 作切割体的正等测图

7.3 斜二测图

7.3.1 斜二测投影图的轴间角、轴向伸缩系数

图 7-6 所示是用平行斜投影得到的斜轴测投影，它以平行于 XOZ 面的 P 面为轴测投影面。在这种轴测斜投影中，凡是平行于 XOZ 坐标面的平面图形，其斜轴测投影反映实形，故称为正面斜轴测投影。

斜二测的轴向伸缩系数 $p=r=1$，$q=0.5$；轴间角为 90°和 135°，一般使 OZ 轴处于铅垂位置，OX 轴水平放置，OY 轴与水平成 45°，如图 7-7 所示。

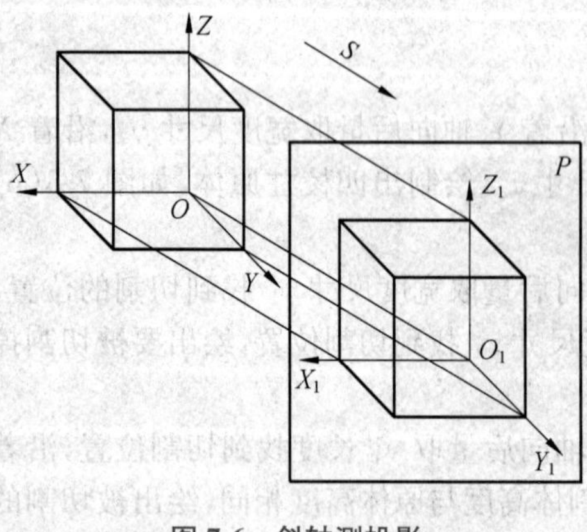

图 7-6 斜轴测投影

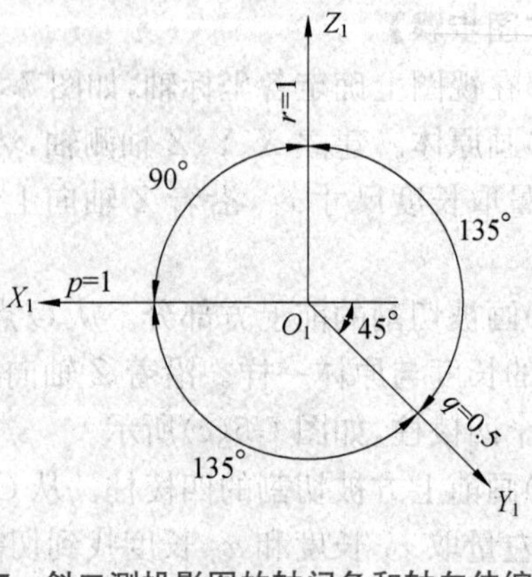

图 7-7 斜二测投影图的轴间角和轴向伸缩系数

7.3.2　斜二测投影图的画法

斜二测图与正等测图的作图方法相同，两者的轴间角和轴向伸缩系数有所不同。由于斜二测图的 $X_1Y_1Z_1$ 坐标面平行于轴测投影面，所以斜二测图所有平行于正面的平面均为实形。本节以叠加法和特征面法为例讲解斜二测图的画法。其中，特征面法适用于绘制柱类形体的轴测图，它是指先画出柱类形体的一个底面（特征面），然后过底面多边形顶点作同一轴测轴的平行且相等的棱线，再画出另一个底面。

【例 7-4】　如图 7-8(a)所示，已知挡土墙的两面投影，用斜二测图法作挡土墙的轴测图。

【分析】　挡土墙可以看成由两部分叠加而成，一部分是直十棱柱，另一部分是直三棱柱。先画出直十棱柱的斜二测轴测图，再用叠加法绘制叠加的直三棱柱，绘制过程中要注意 Y 轴方向的轴向伸缩系数是 0.5。

【作图步骤】

(1)在视图上确定各坐标轴，如图 7-8(a)所示。

(2)画特征面。建立 X、Y、Z 轴测轴，然后从 O 点沿着 X 轴向左量取 x_1、x_2 和 x_3 三个长度尺寸，沿着 Z 轴向上量取 z_1、z_2 和 z_3 三个高度尺寸，绘制直十棱柱的特征底面，如图7-8(b)所示。

(3)画棱线。从特征图形的各顶点平行于 Y 轴向后画 $y_3/2$ 宽度尺寸，如图 7-8(c)所示。然后将棱线的各端点连接为另一特征底面，擦掉不可见的部分，如图 7-8(d)所示。

(4)画三棱柱。从 O 点沿着 Y 轴向后量取 $y_1/2$ 宽度尺寸找到叠加直三棱柱的位置作平行于轴测面的直三角形，如图 7-8(d)所示。

(5)画出叠加的直三棱柱，擦掉被遮住的棱线和底面边线，加深加粗图线，完成作图，如图 7-8(e)所示。

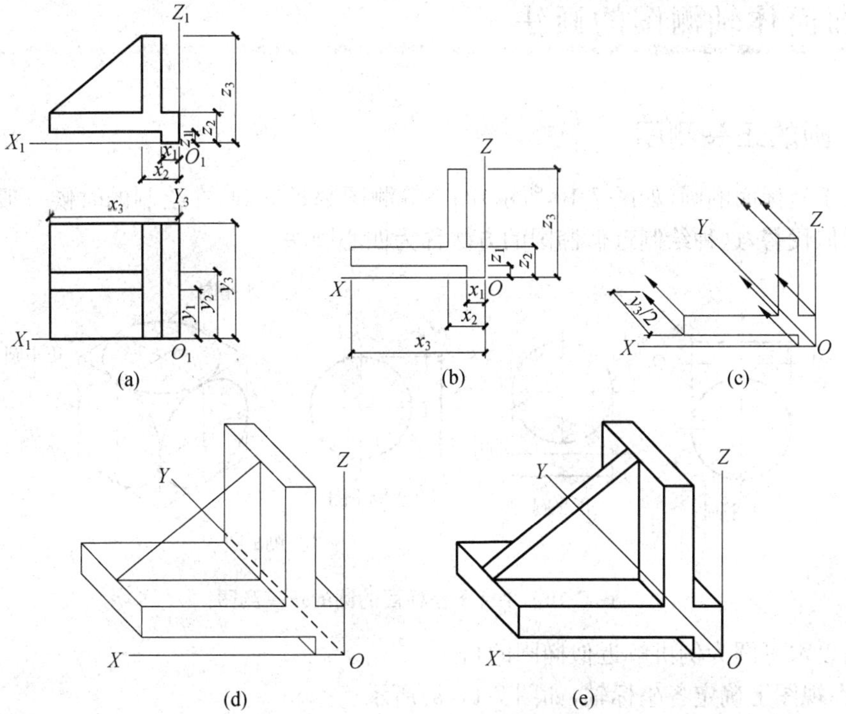

图 7-8　作挡土墙的正面斜二测图

【例 7-5】 如图 7-9(a)所示,已知 T 形梁的两面投影,试徒手作出这个 T 形梁的正面斜二轴测草图。

【分析】 这个 T 形梁是一个柱体结构,特征面形状为一个八边形。绘制时用特征面法来画,由于画的是草图,所以在画的过程中,画各尺寸的近似尺寸,草图近似满足斜二测图的基本参数。

【作图步骤】

(1)在视图上确定各坐标轴,如图 7-9(a)所示。

(2)画特征面。将 X、Y、Z 轴测轴的方向大概定出,然后从 O 点开始画,先画出 T 形梁底面的特征形状,如图 7-9(b)所示。

(3)画棱线和底面。从特征面的各顶点沿着 X 轴方向画出这段梁的可见棱线,将另外一个底面上可见的轮廓线连接起来,如图 7-9(c)所示。

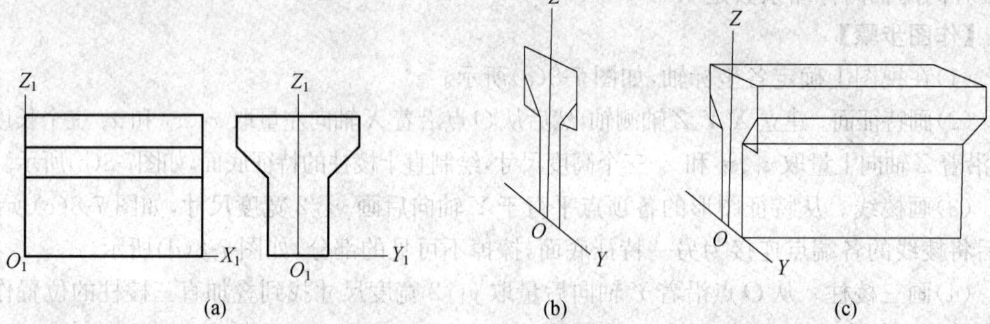

图 7-9　徒手作 T 形梁的正面斜二测草图

7.4 曲面体轴测图的画法

7.4.1 圆的正等测图

平行于坐标面的圆(如图 7-10 所示)的正等测图都是椭圆,在绘制的时候一般是用四段圆弧来近似代替,这种绘制近似椭圆的方法称为四心圆法。

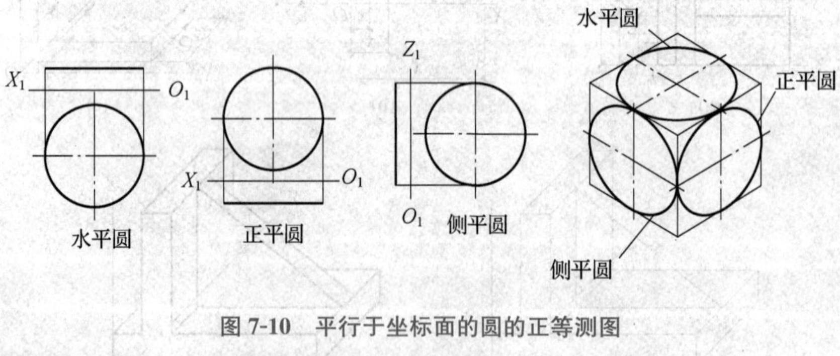

图 7-10　平行于坐标面的圆的正等测图

下面以水平圆为例讲解近似椭圆的画法。

(1)在视图上确定各坐标轴,如图 7-11(a)所示。

(2)先画对应的轴测轴方向，接着绘制水平圆的外切正方形的轴测图(是菱形)，如图 7-11(b)所示。

(3)找到四边的中点，即 A、B、C、D 四点。

(4)找出四段圆弧的圆心，即 1、2、3、4 四点，如图 7-11(c)所示。

(5)以 1 点为圆心，$1A$ 为半径作圆弧；以 2 点为圆心 $2B$ 为半径作圆弧；以 3 点为圆心，$3A$ 为半径作圆弧；以 4 点为圆心，$4D$ 为半径作圆弧。连接 4 段圆弧，擦掉多余的弧线，加深加粗图线，完成作图，如图 7-11(d)所示。

平行于另外两个投影面的圆的正等测图画法和水平圆的画法是一样的，只不过所对应的轴测轴不一样，得到的椭圆方向也不一样。

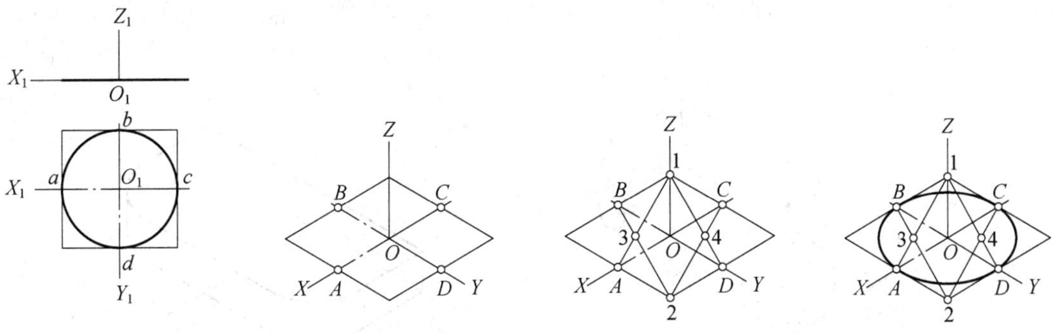

(a)　(b)　(c)　(d)

图 7-11　作水平圆的正等测图

7.4.2　圆角的正等测图

在工程中常常会出现板结构或柱结构倒圆角的情况，一般都是 1/4 圆角，圆角的轴测图画法和前面所讲的过程是一致的；只是画近似椭圆的时候，不需要将 4 段圆弧都画出来，每个圆角部位只需选择某一段圆弧即可，下面举例讲解。

【例 7-6】　如图 7-12(a)所示，已知组合柱的两面投影，作组合柱的正等测图。

【分析】　组合柱的原体是一个比较矮的四棱柱，其左右两个角倒了圆角，每个圆角都是 1/4 圆柱体。在绘制的时候，四棱柱的正等测图比较好画，关键是绘制两个角上的 1/4 圆弧。

【作图步骤】

(1)在视图上确定各坐标轴，如图 7-12(a)所示。

(2)画下底面。建立 X、Y、Z 轴测轴，画出四棱柱底面的轴测图，再画菱形，找到切点 A、B、C、D 的位置和圆心 1、4 的位置，如图 7-12(b)所示。

(3)画上底面。从需要定位的各点(如圆心和切点等)沿 Z 轴向上画出组合柱的高度，以便找到另外一个底面上的圆心、切点和顶点等位置，如图 7-12(c)所示。

(4)画下底面直线和圆弧，作两个底面圆弧的公切素线，擦掉作图辅助线和不可见棱线、底面边线，加深加粗图线，完成作图，如图 7-12(d)所示。

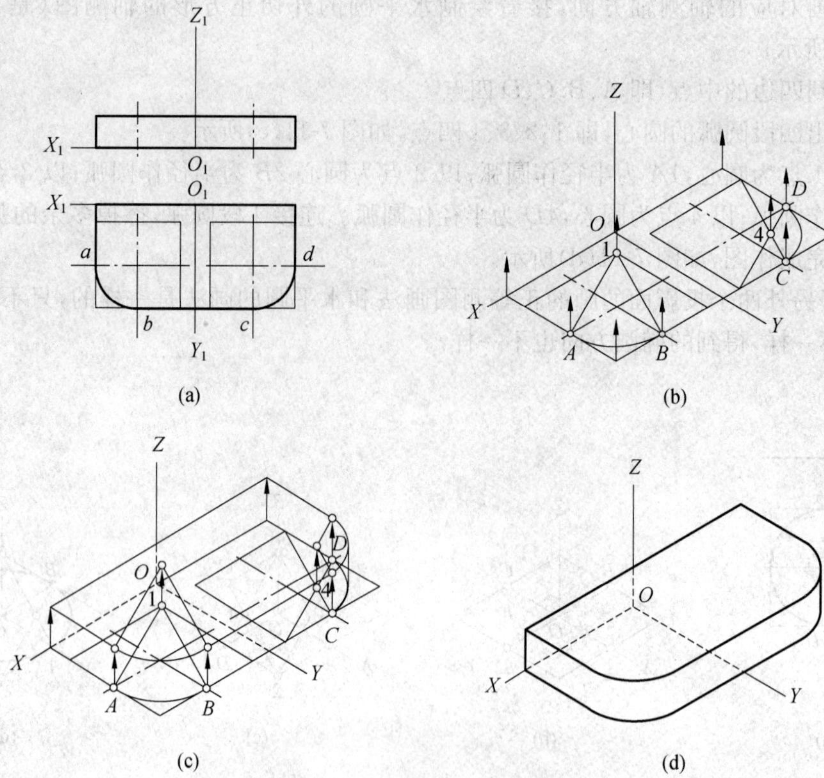

图 7-12　作组合柱的正等测图

7.4.3　曲面体的正等测图

曲面体正等测图的画法与平面体相似。曲面体多为圆柱体，作圆柱体的轴测图只需先绘制两个底面的圆的轴测图，再画出公切素线就可以了。

【例 7-7】 如图 7-13(a)所示，已知一个竖放的圆柱体的两面投影，作出这个圆柱体的正等测图。

【分析】 这个圆柱体是竖放的，两个底面都是水平圆，其轴测图都是全等的椭圆。在绘制的时候可以先画两个底面的水平圆的轴测图，再画两个椭圆的公切素线。

【作图步骤】

(1)在视图上确定各坐标轴，如图 7-13(a)所示。

(2)画下底面圆。建立 X、Y、Z 轴测轴，绘制出圆柱体底面水平圆外切正方形的轴测图，并找到 A、B、C、D 四个切点的位置和 1、2、3、4 四个圆心的位置，如图 7-13(b)所示。

(3)画上底面圆。从需要定位的各点(如圆心和切点等)沿 Z 轴向上找到圆柱体的高度，以便找到另外一个底面上的圆心和切点等的位置，如图 7-13(c)所示。

(4)画出底面上的 4 段圆弧，作两个底面上水平圆的公切素线，擦掉不可见圆周线，加深加粗图线，完成作图，如图 7-13(d)所示。

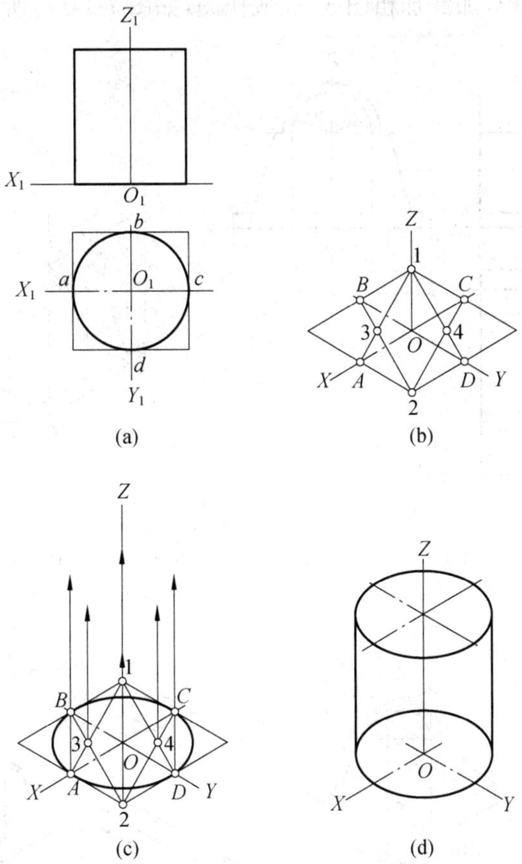

图 7-13　作圆柱体的正等测图

【例 7-8】 如图 7-14(a)所示，已知涵洞的三面投影，作涵洞的正等测图。

【分析】 涵洞可以看成由两个柱体叠加而成。一个是十二棱柱，特征面是一个十二边形，另一个是半圆环柱，叠加在十二棱柱的上方。在绘制涵洞的轴测图时，应先绘制十二棱柱和半圆环柱的特征面形状，然后画出棱线，最后连接另一个特征面。

【作图步骤】

(1)在视图上确定各坐标轴，如图 7-14(a)所示。

(2)画十二边线特征面。建立 X、Y、Z 轴测轴，然后从 O 点沿 Y 轴向正负方向量取 y_1、y_2、y_3 和 r_1 四个宽度尺寸，沿着 Z 轴向上量取 z_1 和 z_2 两个高度尺寸，绘制出十二棱柱的特征底面，如图 7-14(b)所示。

(3)画半圆环柱特征面。由 z_2 高度位置找到半圆环柱的圆心位置，然后向上、下、前、后四个方向各量取 R_1 长度作菱形，找到圆弧的两个圆心点 1、2 和三个切点 A、B、C 点的位置。以 1 点为圆心，$1B$ 为半径作圆弧；以 2 点为圆心，$2B$ 为半径作圆弧，得到半圆环柱外圆所对应的底面特征形状，如图 7-14(c)所示。

(4)同理，用此方法作半圆环柱内圆底面特征形状，如图 7-14(d)所示。

(5)同理，用此方法作出半圆环柱所对应的另外一个底面的特征形状。然后将外表面的公切素线连接起来，并且从需要定位的各点沿 X 轴向右绘制这段涵洞长度的棱线，将不可见线条和作图辅助线擦掉，加深加粗图线，完成作图，如图 7-14(e)所示。

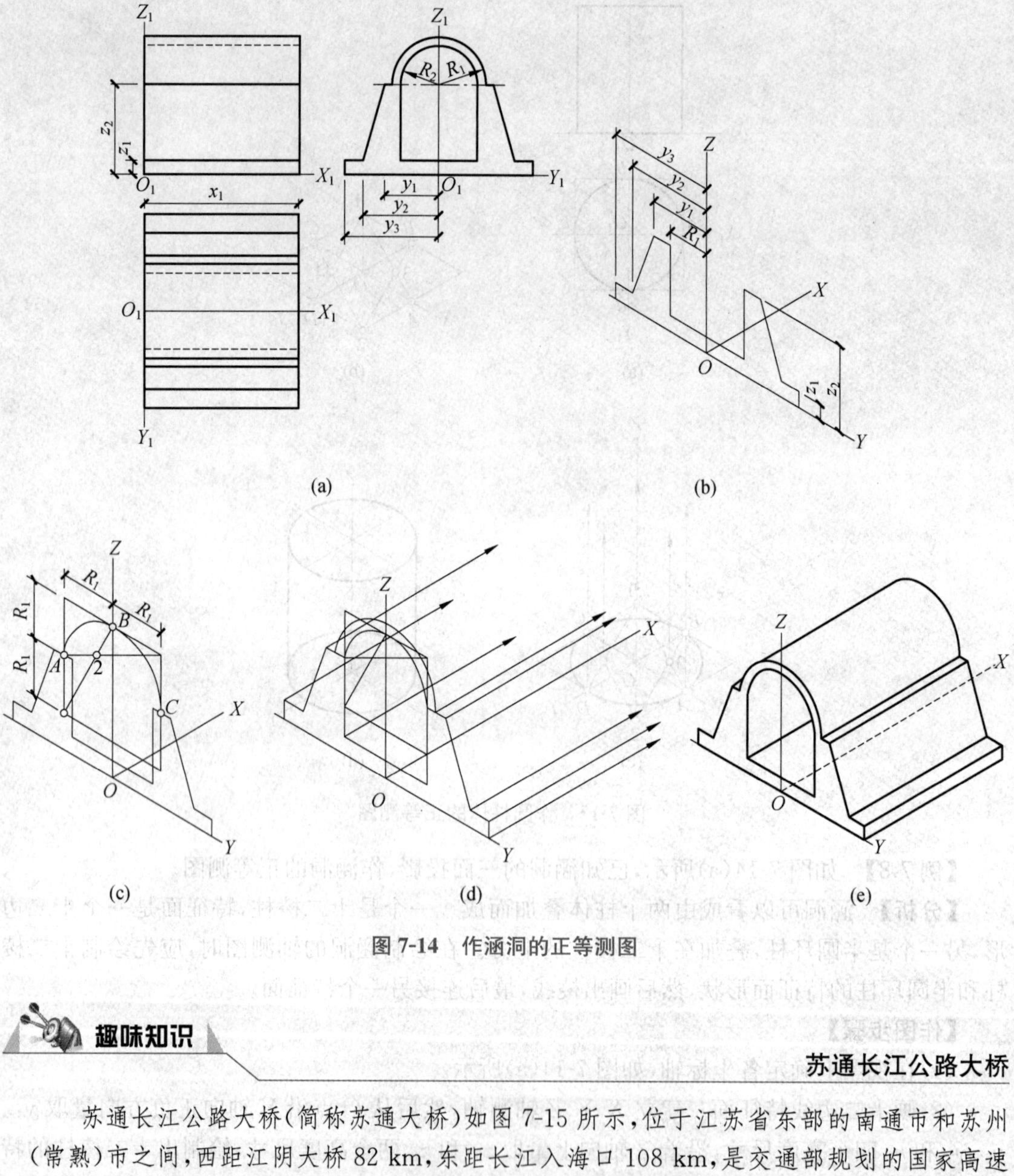

图 7-14 作涵洞的正等测图

趣味知识

苏通长江公路大桥

苏通长江公路大桥(简称苏通大桥)如图 7-15 所示，位于江苏省东部的南通市和苏州(常熟)市之间，西距江阴大桥 82 km，东距长江入海口 108 km，是交通部规划的国家高速公路沈阳至海口通道和江苏省公路主骨架的重要组成部分。苏通大桥路线全长为 32.4 km，主要由跨江大桥和南、北岸接线三部分组成。其中，跨江大桥长为 8 146 m，北接线长约 15.1 km，南接线长约 9.2 km。跨江大桥由主跨为 1 088 m 的双塔斜拉桥及辅桥和引桥组成。主桥主孔通航净空高为 62 m，宽为 891 m，满足 5×10^4 t 级集装箱货轮和 4.8 万吨级船队通航需要。工程于 2003 年 6 月 27 日开工，2008 年 6 月 30 日建成通车。

自 2009 年以来，苏通大桥日均车流量超过 4 万辆。苏通大桥的建成显著促进了长江三角洲地区的一体化和沿海发展战略的实施，扩大了上海国际大都市的腹地范围，大大减少了长江三角洲地区重点城市之间的出行时间和燃油消耗，促进了南通等地的经济发展及大桥两岸地区的产业结构升级。以南通市为例，其到长江三角洲地区的核心城市上海的出行时间由 2.18 h 缩短到 1.38 h，出行时间减少 36.7%。苏通大桥的建立对消除长江两岸经济发展的差异，推动区域经济平衡发展及文化融合起到了关键的作用，促进了项目服务区域的经济、社会可持续发展。

图 7-15　苏通大桥

苏通大桥的成功建成树立了工程师追求技术卓越与不断革新的典范。苏通大桥在国际上首创了静力限位与动力阻尼组合的新型桥梁结构体系及关键装置与设计方法，使得千米级斜拉桥在世界上首次得以建成；开发了内置式钢锚箱组合索塔锚固结构和大型群桩基础结构及设计方法，并在苏通大桥等多座国际重大桥梁工程中得到广泛应用；在国际上首创了大型深水群桩基础施工控制技术；在国际上首次提出了千米级斜拉桥的施工控制目标、总体方法、过程与内容及控制精度标准，基于几何控制法原理在国际上首次系统地建立了多构件三维无应力几何形态和设计、制造、安装全过程控制方法，应用该方法使得苏通大桥实现的控制精度高于国际同类标准，攻克了千米级斜拉桥施工控制技术难题。以上这些技术的革新和应用有力地支撑了苏通大桥的建设，实现了千米级斜拉桥关键技术的突破，为世界斜拉桥技术的发展做出了重要贡献。

工程实训

本工程实训的目的是通过动手制作实物模型，使学生理解轴测投影与三面投影的关系，为识读专业工程图打好基础。其制作步骤及方法如下。

1. 制作立体模型

如图 7-16(a)所示，用硬纸板做出一个长为 20 cm，宽为 18 cm，高为 16 cm 的长方体，制作好以后，将长方体分两次进行切割，最后成型图如图 7-16(d)所示。

2. 将立体模型进行三面投影

将刚刚制作而成的立体模型进行三面投影，绘制此立体模型的三面投影图，并将模型的边长标注在三面投影上面，锻炼联想能力及看图能力。最后，应得的三面投影图如图 7-17 所示。

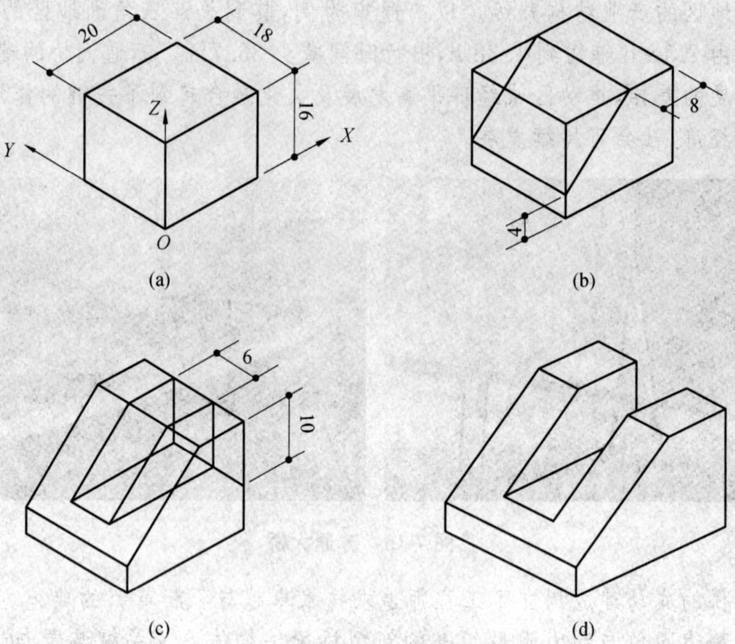

图 7-16　立体模型制作过程示意图

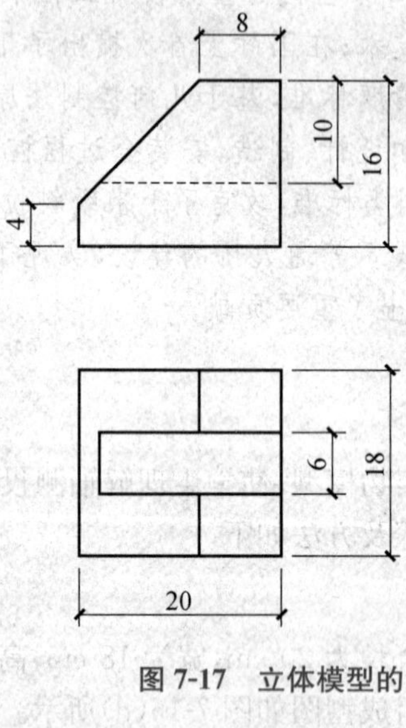

图 7-17　立体模型的三面投影图

模块 8　剖面图和断面图

学习目标

知识目标

(1)掌握剖面图和断面图的概念。

(2)理解剖面图和断面图的形成原理。

(3)掌握剖面图和断面图的标注与分类。

能力目标

(1)能识读各种剖面图和断面图。

(2)能按照标准规定表达工程构件。

(3)能绘制各种剖面图和断面图。

道路工程中的各种建筑物形体复杂多样,并涉及许多不同种类的材料,如果只用三面投影图来表达,图中会出现许多虚线,而且表达起来非常困难。图 8-1 所示的隧道洞门,从外部是看不到隧道的内部结构的,而假想地将形体剖切开,就可以将端墙的厚度、倾斜度、洞顶水沟的断面形状、仰坡的坡度表达清楚了。这就是剖面图和断面图要解决的问题。道路工程中许多建筑物如桥台、涵洞、挡土墙、T 形梁等同样需要通过剖面图、断面图及一些规定的方法来进行表达。

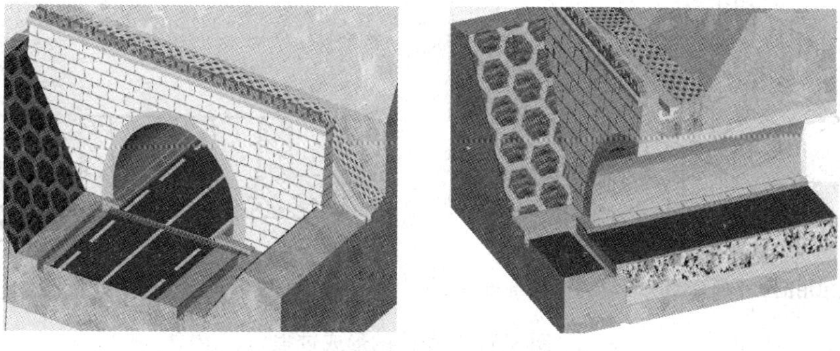

图 8-1　隧道洞门

8.1 剖面图

8.1.1　剖面图的形成

在绘制形体的投影图时,可见的轮廓线用实线表示,不可见的轮廓线用虚线表示。当一个形体的内部构造比较复杂时，如果都用虚线表达这些看不见的部分，必然形成图面中实线与虚线交错、混淆不清的现象，不利于标注尺寸，也不方便读图和施工。图 8-2 所示为钢筋混凝土双柱杯形基础的三面投影图，这个基础有安装柱子用的杯口，在 *V*、*W* 投影面上都出现了虚线，使图面不清晰。这时用剖面图便可以很好地解决这个问题。

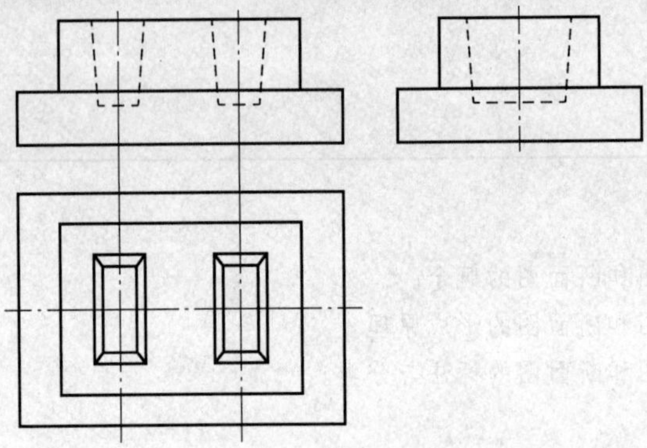

图 8-2　钢筋混凝土双柱杯形基础的三面投影图

剖面图是假想用一个剖切平面将形体剖切开，移去介于观察者和剖切平面之间的部分，将剩余部分向投影面所作的正投影图。剖切平面通常为投影面的平行面或垂直面，剖面图的形成过程如图 8-3 所示。在图 8-3(a)中，假想用一个通过基础前后对称面的正平面 *P* 将基础剖切开，移去介于观察者和剖切平面之间的部分及剖切平面 *P* 后，再将留下的后半部分基础向 *V* 面作正投影，得到图 8-3(b)所示的剖面图。图中反映了剖切到的建筑形体的材料图例和构造，同时也反映出剖切位置后方的所有可见形体投影。显然，原来不可见的虚线在剖面图上已变成实线，为可见轮廓线。

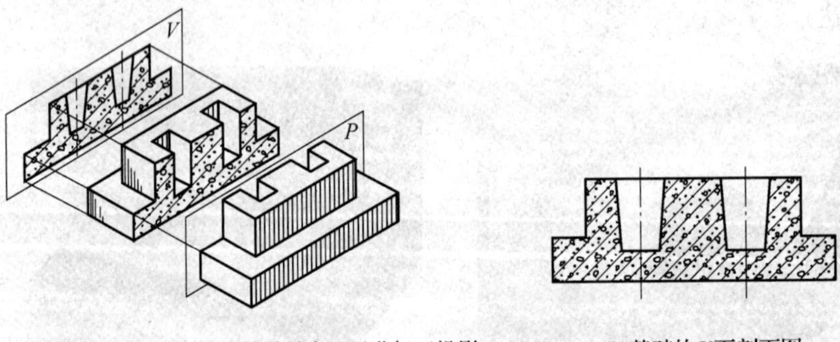

(a)假想用剖切平面*P*剖切开基础并向*V*面进行正投影　　(b)基础的*V*面剖面图

图 8-3　剖面图的形成过程

在剖面图中，要将被剖切的断面部分画上材料图例以表示材质。图 8-3(b)表示出了该基础是由钢筋混凝土材料构成的。

8.1.2　剖面图的表达

1. 确定剖切平面的位置

作形体的剖面图，首先应确定剖切平面的位置，使剖切后得到的剖面图能清晰地反映实形，便于读者理解内部的构造组成，并且此剖面图对剖切形体来说应具有足够的代表性。故在选择剖切平面位置时除应注意使剖切平面平行于投影面外，还需要使其经过形体中有代表性的位置，如孔、洞、槽位置(孔、洞、槽若有对称性，则应经过其中心线)。

2. 剖面图及其数量

在剖面图中剖切到的轮廓用实线表示。剖面图的剖切是假想的，所以在画剖面图以外的投影图时仍以完整形体画出。

确定剖面图数量原则上是以较少的剖面图反映尽可能多的内容。剖面图的数量通常与形体的复杂程度有关。较简单的形体可只画一个，而较复杂的形体则应画多个剖面图，以能反映形体内外特征，便于识读理解为目的。如图 8-4 所示，选用两个剖面图就较好地反映形体的空间状况。

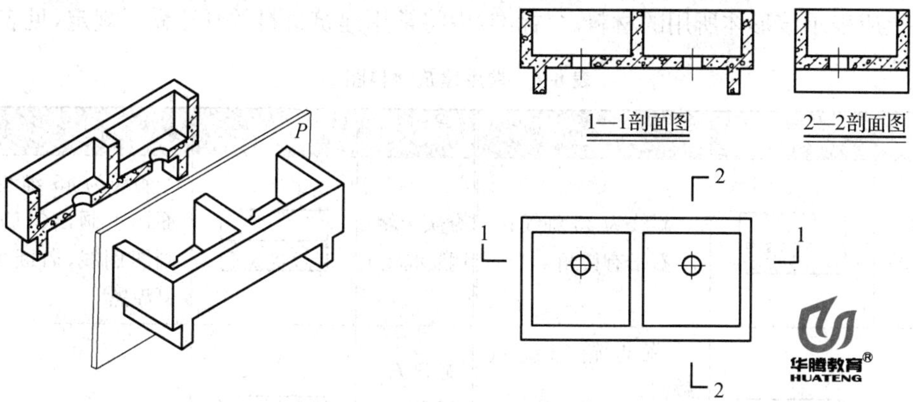

(a) (b)

图 8-4 剖面图的数量

3. 剖面符号和画法

由于剖面图本身不能反映剖切平面的位置，因此必须在其他投影图上标出剖切平面的位置及剖切形式。在建筑工程图中用剖切平面符号表示剖切平面的位置及其剖切后的投影方向。剖切符号由剖切位置线及剖视方向线组成，均以粗实线绘制，如图 8-5 所示。

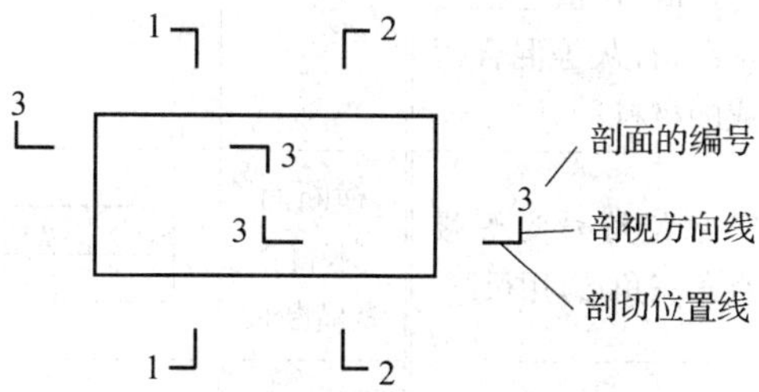

图 8-5 剖面图的剖切符号

(1)剖切位置线是表示剖切平面的剖切位置的。剖切位置线用粗实线绘制，长度为 6～10 mm。

(2)剖视方向线是表示剖切形体后向哪个方向作正投影的。剖视方向线用粗实线绘制，与剖切位置线垂直，长度宜为 4～6 mm。剖面剖切符号不宜与图面上的图线相接触。

(3)剖面的剖切符号用阿拉伯数字，按顺序由左至右、由下至上连续编排，编号应注写在剖视方向线的端部，且应将此编号标注在相应的剖面图的下方。

(4)需要转折的剖切位置线，在转折处如与其他图线发生混淆，应在转角的外侧加注与该符号相同的编号。

(5)剖面图如与被剖切图样不在同一张图纸内，可在剖切位置线的另一侧注明其所在图纸的图纸号，也可在图上集中说明。

(6)通常对下列剖面图不标注剖面剖切符号：通过形体（或构件配件）对称平面、中心线等位置剖切形体所绘制的剖面图。

4. 画材料图例

在剖切时，剖切平面将形体切开，从剖切开的截面上能反映形体所采用的材料。因此，在截面上应表示该形体所用的材料。《标准》中将常用建筑材料的画法做了规定，见表 8-1。

表 8-1　常用建筑材料图例

材料名称	断面代号	画法说明	材料名称	断面代号	画法说明
天然土/混凝土		斜线为 45°细线；石子有棱角	夯实土壤/钢筋混凝土	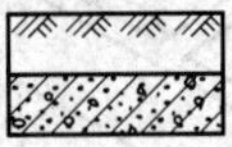	斜线为 45°细线，在剖面图上画出钢筋时，不画图例线，若断面较窄可涂黑
砂、灰土/石材	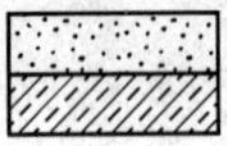	靠近轮廓线点较密；斜线为 45°细线，用尺画（包括岩层及贴画、铺地等石材）	砂砾石、碎砖、三合土/毛石	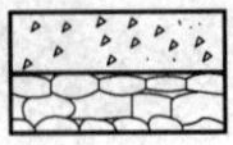	石子有棱角，徒手画
普通砖/焦渣、矿渣	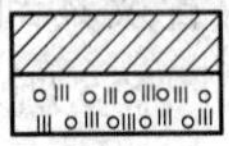	斜线为 45°细线，当断面较窄，不易画出图例线时，可涂黑；焦渣、矿渣包括与水泥、石灰等混合而成的材料	金属/多孔材料	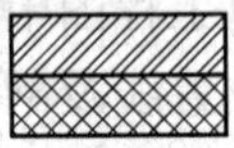	斜线为 45°细线
水	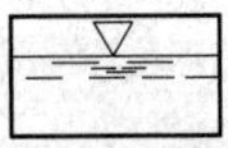	水位符号为等腰直角三角形，用尺画	横断面木材/纵横断面		徒手画
松散材料/网状材料		底线用尺画，其余徒手画	防水材料/橡胶/塑料	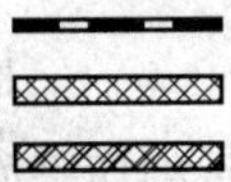	用尺画

5. 绘制剖面图应注意的问题

(1)剖切是假想的。剖面图是为了表达工程形体内部结构而被假想切开后的图形，并不是工程形体真的被切开和移去一部分，因此"假想"只对所画剖视图有效，其他视图仍应完整画出。

(2)剖面图中的虚线。用剖面图配合其他基本视图表达工程形体时,剖面图中的虚线一般省略不画,如图 8-6 所示。在必须画虚线才能清楚地表示工程形体时才画虚线。

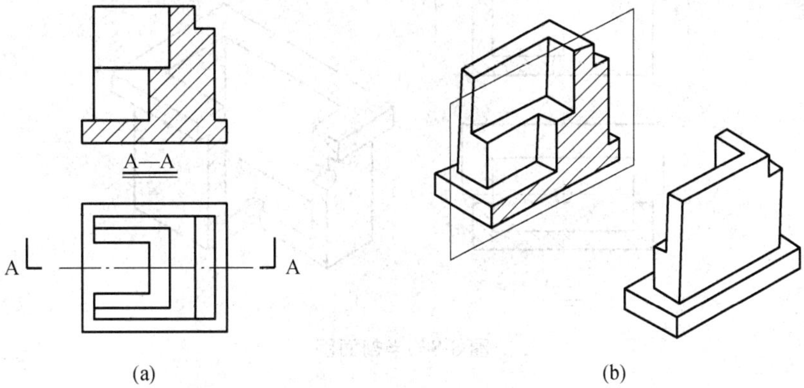

图 8-6　桥台全剖面图

(3)剖面材料符号应一致。在剖视图上画剖面材料符号时,几个剖视图上的材料符号画法要一致。剖面线的倾斜方向(45°)与间隔距离应相同。

8.1.3　剖面图的分类

剖面图按照剖切平面的位置、数量、方向、范围,可以分为以下几种类别,在应用中应该根据物体的形状和要求来选择。

1. 全剖面图

不对称的建筑形体,或虽然对称但外形比较简单,或在另一个投影中已将它的外形表达清楚时,可假想用一个剖切平面将形体全部剖开,然后画出形体的剖面图,该剖面图称为全剖面图,如图 8-7 所示。

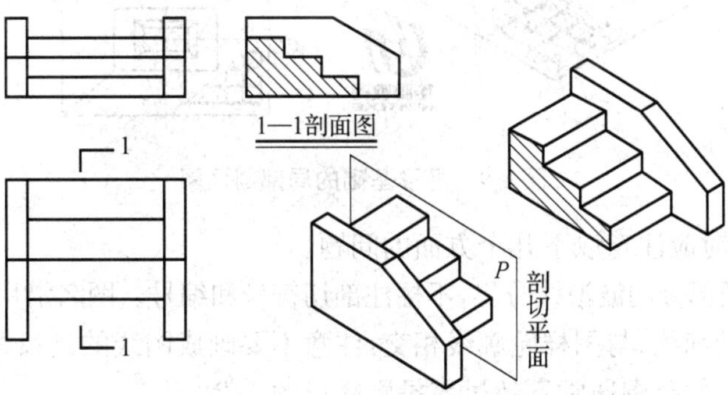

图 8-7　全剖面图

2. 半剖面图

如果形体左右对称或前后对称,而且内外形状都比较复杂时,为了同时表达形体的内外形状,应采用半剖面图。半剖面图就是以图形对称线为分界线进行画图,它相当于把形体剖去 1/4 之后,画出一半表示外形投影,另一半表示内部剖面的图形,如图 8-8 所示。注意对称的物体并不一定做半剖，但不对称的绝对不能做半剖。

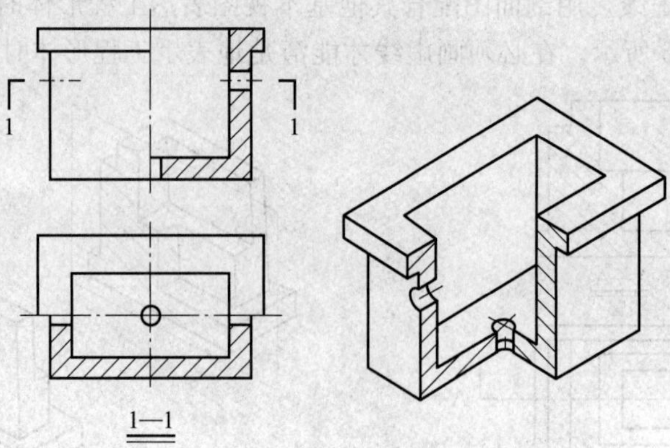

图 8-8　半剖面图

3. 局部剖面图

当形体仅需要部分采用剖面图就可以表示内部构造时，可采用将该部分剖开形成局部剖面的形式，称为局部剖面图。局部剖面图的剖切平面也是投影面平行面。图 8-9 所示为杯形基础的局部剖面图，为了保留较完整的外形，将其水平投影的一角剖开画成局部剖面图，以表示基础内部的钢筋配置情况。基础的正面投影是个全剖面图，画出了钢筋的配置情况，此处将混凝土视为透明体，不再画混凝土的材料图例，这种图在结构施工图中称为配筋图。

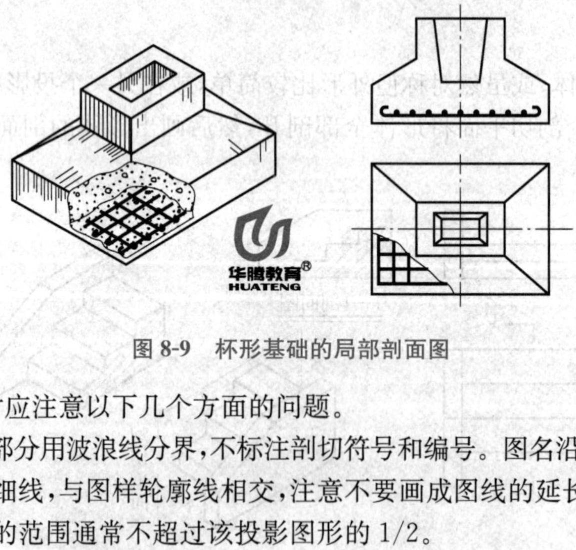

图 8-9　杯形基础的局部剖面图

画局部剖面图时应注意以下几个方面的问题。

(1)局部剖面图部分用波浪线分界，不标注剖切符号和编号。图名沿用原投影图的名称。

(2)波浪线应是细线，与图样轮廓线相交，注意不要画成图线的延长线。

(3)局部剖面图的范围通常不超过该投影图形的 1/2。

4. 分层剖面图

对于一些具有分层构造的工程形体，可按实际情况用分层剖开的方法得到其剖面图，称为分层剖面图。图 8-10 表示人行道分层局部剖面图，图中以波浪线为界，将剖切到的地面一层一层地剥离开来。在画分层剖面图时，应按层次以波浪线分界，波浪线不应与任何图线重合。

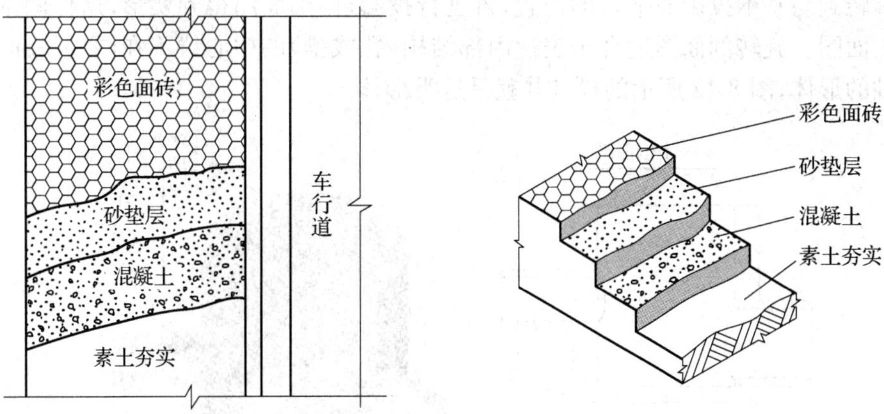

图 8-10　人行道分层局部剖面图

5. 阶梯剖面图

用两个或两个以上相互平行的剖切平面剖切形体所得到的剖面图称为阶梯剖面图。

如图 8-11 所示，该形体上有两个前后位置不同、形状各异的孔洞，两孔的轴线不在同一正平面内，用一个剖切平面难以同时通过两个孔洞轴线。为此采用两个互相平行的平面 P_1 和 P_2 作为剖切平面，并将形体完全剖开，将剩余部分向 V 面投影就形成了阶梯剖面图。

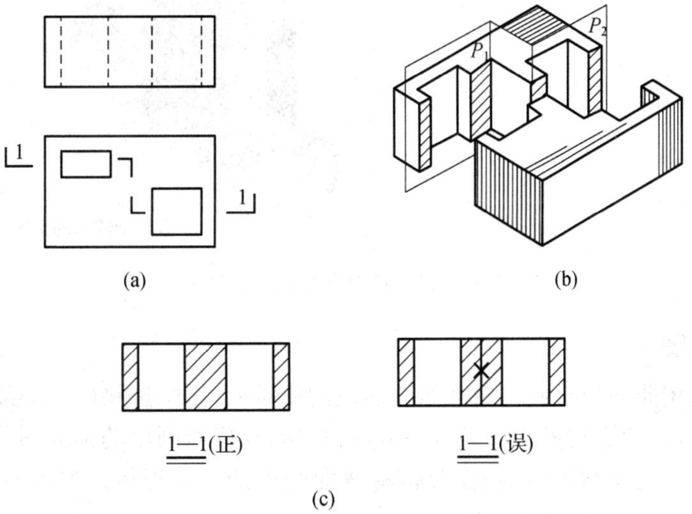

图 8-11　形体的阶梯剖面图

画阶梯剖面图时应注意以下几个方面的问题。

(1)剖切是假想的，不应画出转折处的分界线。

(2)在标注时，在两剖切平面转角的外侧加注与剖切符号相同的符号。

(3)当剖切位置明显，又不致引起误解时，转折处允许省略标注数字(或字母)。

6. 旋转剖面图

用两个相交的剖切平面(交线垂直于一基本投影面)剖切形体后，将倾斜于基本投影面的剖面旋转到与基本投影面平行的位置，再进行投影，使剖面图得到实形，这样的剖面图叫作旋转剖面图。旋转剖面图适合于表达内部结构（孔或槽）的中心线不在同一平面上，且具有回转轴的形体，图 8-12 所示的检查井就是这类形体。

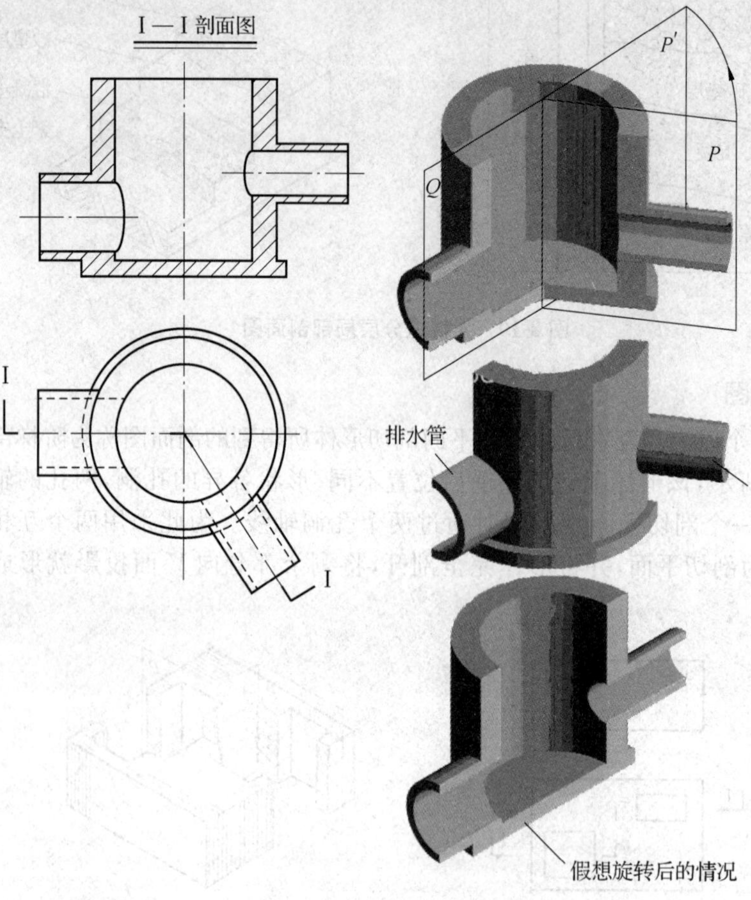

图 8-12　检查井旋转剖面图

7. 展开剖面图

剖切平面是用曲面或平面与曲面组合而成的铅垂面，沿构造物的中心线剖切，再将剖切平面展开（或拉直），使之与投影面平行，并进行投影，这样所画出的剖面图称为展开剖面图。展开剖面图适用于道路路线、纵断面及带有弯曲结构的工程形体。如图 8-13 所示，在作弯桥的剖面图时，便可采用展开剖面图。

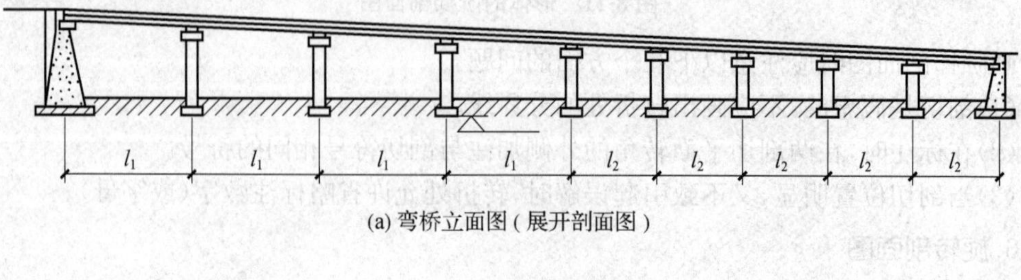

(a) 弯桥立面图（展开剖面图）

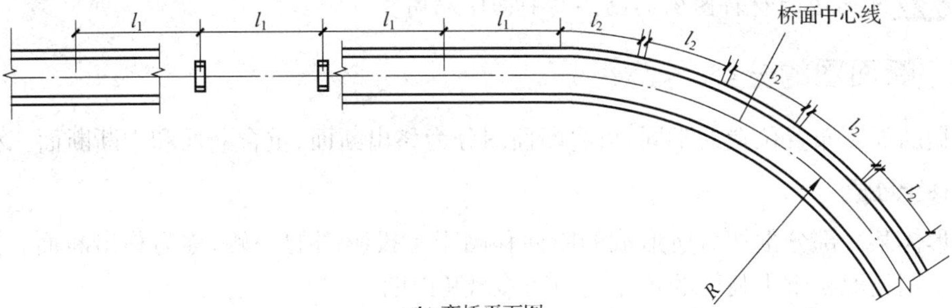

(b) 弯桥平面图

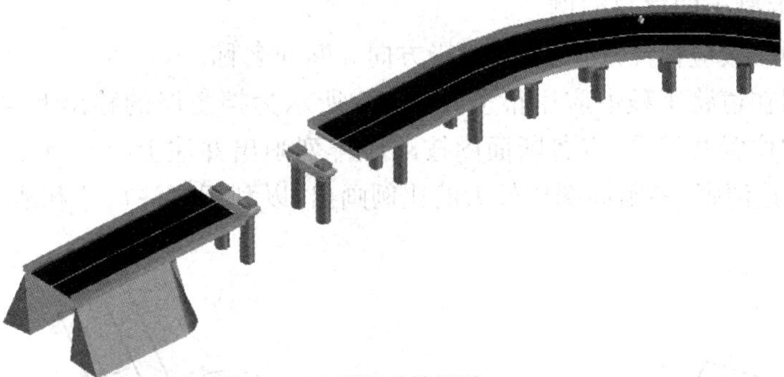

(c) 弯桥的效果图

图 8-13 弯桥

总之，剖面图是工程中应用最多的图样，必须熟练掌握其作图方法，并能准确理解和识读各种剖面图，提高对工程图的识读能力。

8.2 断面图

8.2.1 断面图的形成与表达

1. 断面图的形成

假想用剖切平面将形体切开，仅画出剖切平面与形体接触的部分，即断面的形状，所得到的图形称为断面图，简称断面。断面图常用于表达建筑工程中梁、板、柱的某一部位的断面实形，也用于表达建筑形体的内部形状，如图 8-14 所示。

2. 断面图的表达

(1)剖切位置线用粗实线绘制，长为 6～10 mm。

(2)编号宜采用阿拉伯数字，按顺序连续编排，并注写在剖切位置线的一侧，编号所在的一侧即为该断面的投射方向。

(3)图名位于剖面图的下方或一侧，写上与该图相对应的剖切符号的编号。在图名下方画与之等长的粗实线，如图 8-14 所示。

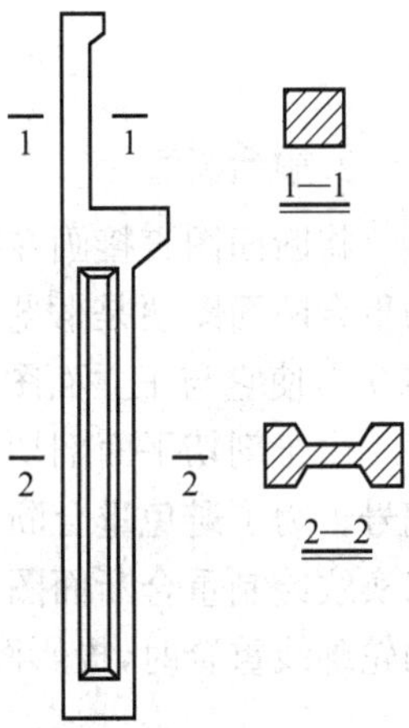

图 8-14　断面图

注意 断面图的材料图例的画法与剖面图相同。

8.2.2 断面图的分类

根据断面图布置位置的不同，可将断面图分为移出断面、重合断面和中断断面三种。

1. 移出断面

将形体某一部分剖切后所形成的断面移画于主投影图的一侧，称为移出断面。图 8-14 表示出了钢筋混凝土牛腿柱的正立面图和移出断面图。

移出断面图的轮廓要画成粗实线，轮廓线内画图例符号，图 8-14 中的 1—1、2—2 断面图，画出了钢筋混凝土的材料图例。

移出断面图一般应标注剖切位置、投影方向和断面名称。

移出断面图在道路工程中应用很多，图 8-15 所示为挡土墙的移出断面图，在挡土墙平面图上标出剖切位置及编号，将各断面图按顺序排列画出并注上 Ⅰ—Ⅰ、Ⅱ—Ⅱ 等视图名称，图 8-15 为表达清晰，各断面图用较大的比例画出，以利于标注尺寸和清晰地显示其内部构造。

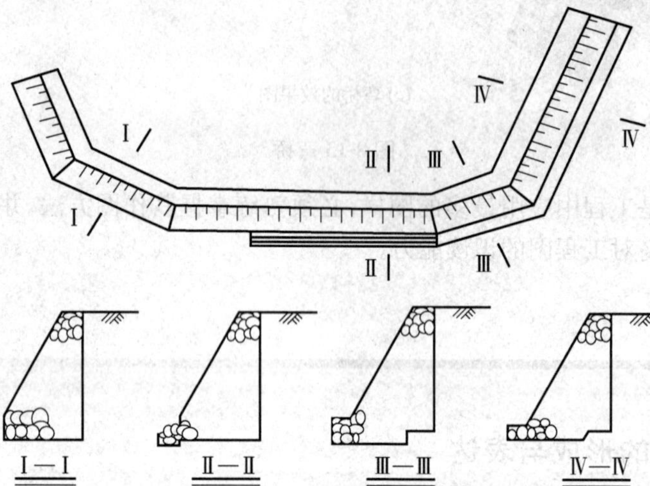

图 8-15 挡土墙的移出断面图

2. 重合断面

将断面图直接画在投影图中，二者重合在一起，称为重合断面图。图 8-16 所示的角钢的重合断面图便是假想用一个垂直于角钢轴线的剖切平面剖切角钢，然后将断面向右旋转 90°，使它与正立面图重合后画出来的。

由于剖切平面剖切到哪里，重合断面就画在哪里，因而重合断面图不需标注剖切符号和编号。为了避免重合断面图与投影图轮廓线相混淆，当断面图的轮廓线是封闭的线框时，用细实线绘制重合断面图的轮廓线，并画出相应的材料图例；当重合断面图的轮廓线与投影图的轮廓线重合时，投影图的轮廓线仍需完整画出，不应断开，如图 8-16 所示。

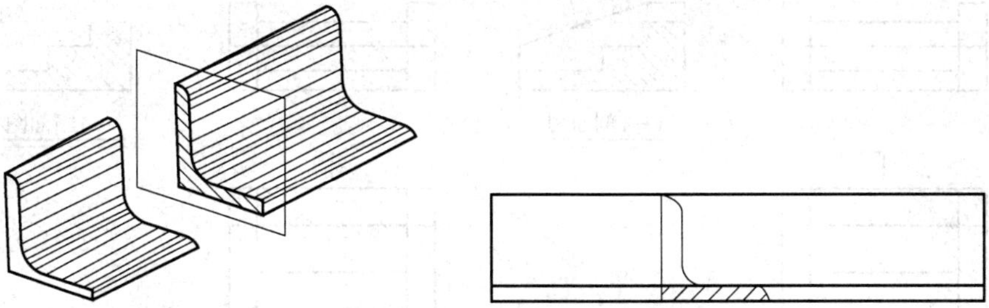

图 8-16　角钢的重合断面图

在道路工程中，重合断面图常用于表示路面结构坡度，如图 8-17 所示。有时在重合断面轮廓线内直接画出材料图例可使视图表达得更清晰。图 8-18 所示为桥台锥坡及挡土墙重合断面图。

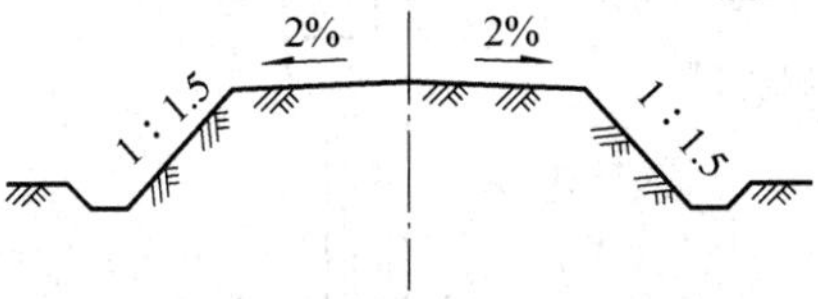

图 8-17　重合断面图表示的路面结构坡度

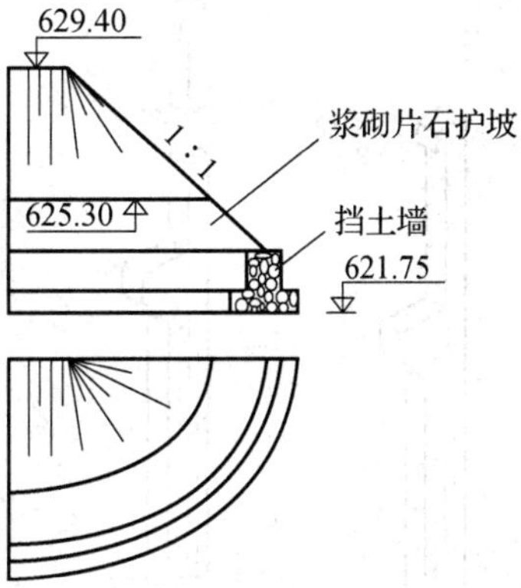

图 8-18　桥台锥坡及挡土墙重合断面图

3. 中断断面

有些构件较长，可以将投影图断开，将断面图画在构件中间断开处，这种断面图称为中断断面图，如图 8-19 所示。中断断面图常用来表示长度较长而横断面形状不发生变化的杆件。中断断面图也不需要任何标注。

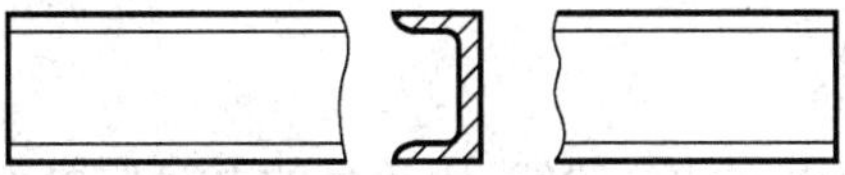

图 8-19　中断断面图

8.2.3　剖面图和断面图的区别

剖面图和断面图有如下区别。

(1)绘图范围不同。

①断面图只画出形体被剖开后断面的投影，即面的投影。

②剖面图除画出形体被剖开后断面的投影，还应画出剩余部分形体的投影，即体的投影。

剖面图与断面图的区别如图 8-20 和图 8-21 所示。

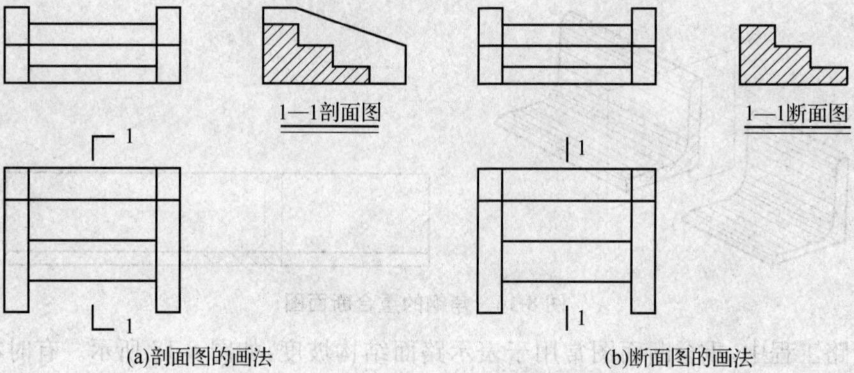

图 8-20　剖面图与断面图的区别(一)

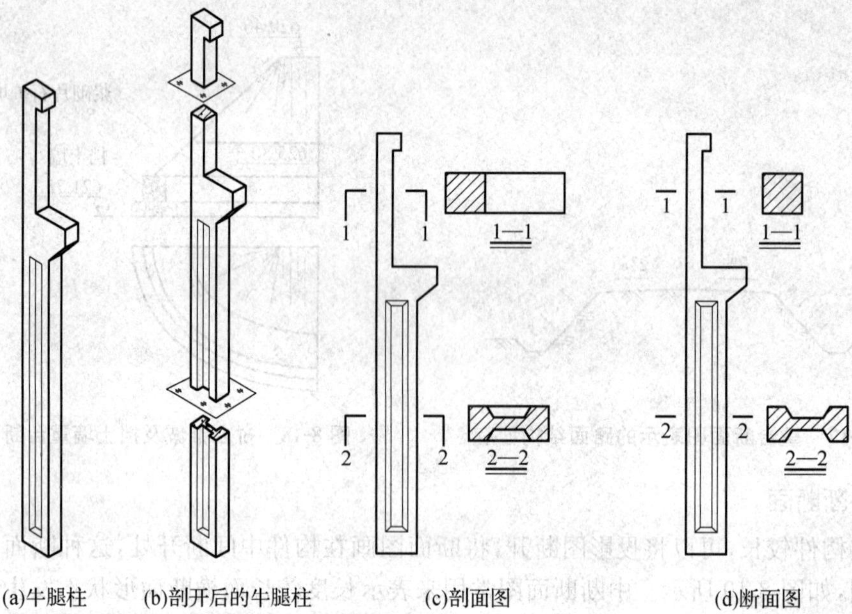

图 8-21　剖面图与断面图的区别(二)

(2)剖切符号的标注不同。

断面图的剖切符号只画出剖切位置线,用编号的书写位置表示投射方向;而剖面图还要画出投射方向线。

(3)剖面图中的剖切平面可转折,而断面图中的剖切平面不可转折。

趣味知识

京沪高速铁路

京沪高速铁路简称京沪高铁,又名京沪客运专线,如图 8-22 所示。它作为京沪快速客运通道,是中国"四纵四横"客运专线网中的"一纵",也是我国中长期铁路网规划中投资规模大、技术水平高的一项工程,是新中国成立以来建设里程长、标准高的高速铁路。京沪高铁线路由北京南站至上海虹桥站,全长 1 318 km,纵贯北京、天津、上海三大直辖市和冀、鲁、皖、苏四省,连接环渤海和长江三角洲两大经济区。总投资约 2 209 亿元,设 23 个车站。基础设施设计速度为 380 km/h,目前运营速度降低为 310 km/h,2008 年 4 月 18 日正式开工,2011 年 6 月 30 日通车。

图 8-22　京沪高铁

京沪高铁全线铺设无缝线路和无砟轨道。铁路线路、牵引供电、通信信号等基础设施采取多种减振降噪、低能耗、少电磁干扰的环保措施。全线实行防灾安全实时监控,运用具有世界先进水平的动力分散型电动车组,由集行车控制、调度指挥、信息管理和设备监测于一体的综合自动化系统统一指挥,以确保实现高速度、高密度、高舒适性、高能力、强兼容、高正点率、高安全性的现代化旅客运输。

京沪高铁整个设计都充满着人性化。为了防止京沪高铁开通后对周边环境造成噪声污染,京沪高铁现有规划线路 80%以上采用高架道路(安徽段 78%)。同时,很多沿线城市设立的新站点也都距离市区原站点 10 km 以上。而在建设过程中,铁轨都采用一次性铺设无缝线路,消除过去的"咯噔"声,此外还在沿线采用加装消声器、铺设减振垫、设置全新声屏障等措施,降低噪声对附近居民的影响。在经过市区的路段时,用特别坚固的声屏障严密组成类似于隧道一般的隔声罩。

京沪高铁起着串起京沪两地,释放既有线货运能力,促进沿线经济发展的作用。

工程实训

本工程实训的目的是通过动手绘制图纸,理解剖面图和断面图的概念与区别,进而熟悉剖面图和断面图的应用。工程实训的步骤及方法如下。

1.给出模型

教师提前准备好一系列模型,给出的模型可以是实物模型,也可以是图片,图片为立体图,如图 8-23 所示。剖面图或断面图的形成过程如图 8-24 所示。

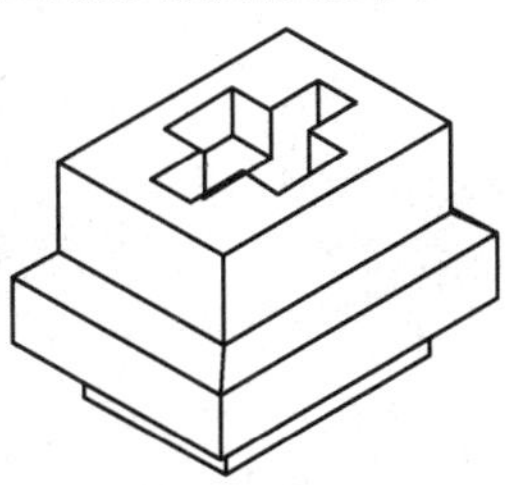

图 8-23　实物模型

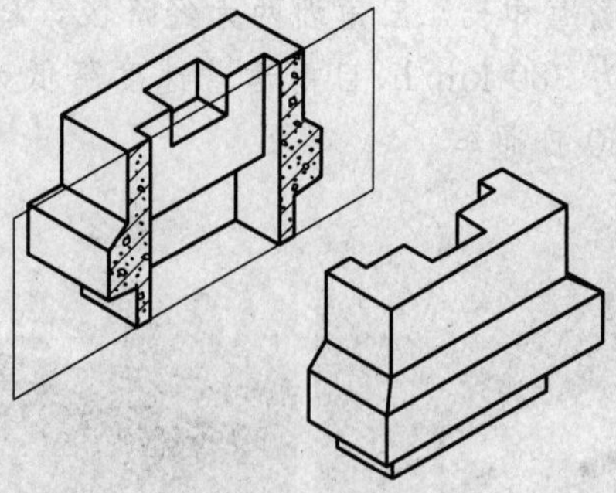

图 8-24　剖面图或断面图的形成

2. 实物制作与绘制图形

准备好绘图工具，然后教师指定学生作出某一模型的某一截面的剖面图或者断面图，最后进行分析，并总结作图的经验和应注意的问题。剖面图和断面图如图 8-25 所示。

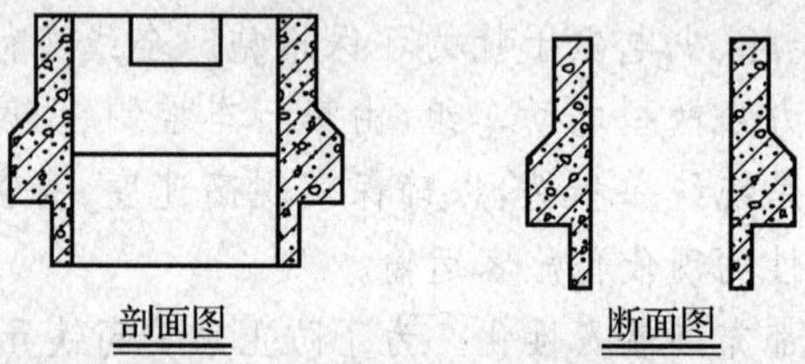

图 8-25　剖面图和断面图图例

模块9 钢筋混凝土结构图

学习目标

知识目标

(1)了解钢筋的名称、代号及钢筋的种类。

(2)掌握钢筋混凝土结构的图示方法。

(3)掌握钢筋混凝土结构图的识读方法。

能力目标

能正确识读和绘制钢筋混凝土结构图。

9.1 钢筋混凝土概述

混凝土是由水泥、砂、石子和水按一定比例拌和,经搅拌、成型、养护硬化后得到的一种人工石料。它的抗压强度较高,但抗拉强度较低,容易因受拉而断裂。为提高混凝土构件的抗拉能力,常在构件的受拉区加入一定数量的钢筋,由钢筋承受拉力,混凝土承受压力。这种配有钢筋的混凝土构件称为钢筋混凝土构件。钢筋混凝土简支梁受力示意图如图9-1所示。

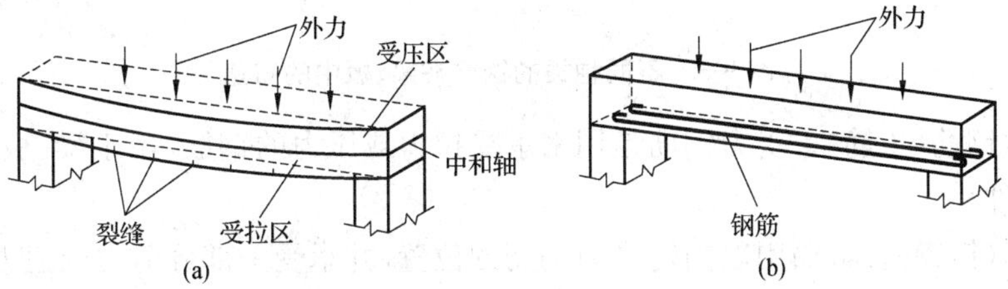

图9-1 钢筋混凝土简支梁受力示意图

在道路工程中,大量采用了钢筋混凝土构件,如桥墩的墩帽,桥台的道碴槽和顶帽,钢筋混凝土梁、柱、盖板,钢筋混凝土轨枕等。图9-2为桩柱式桥墩模型。

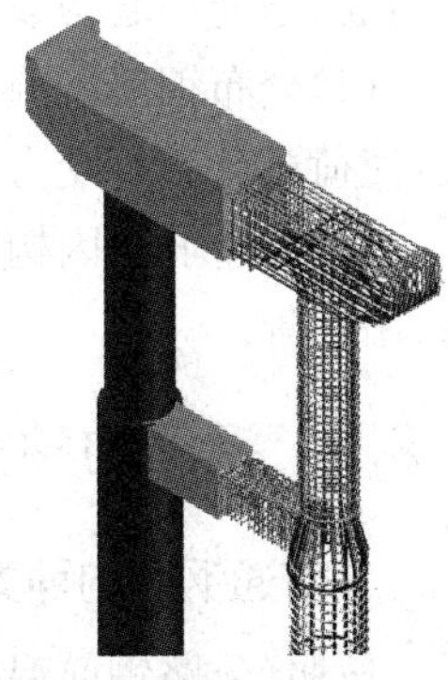

图9-2 桩柱式桥墩模型

钢筋混凝土构件的形状、大小、配筋数量及形式和构件的布局、连接等,一般都要经过设计和计算,然后再用图表达出来。这种图称为钢筋混凝土结构图。钢筋混凝土构件的制作,是先将不同直径的钢筋按照需要的长度截断(叫作下料),根据设计要求进行弯曲成型(叫作钢筋加工),再将弯曲后的成型钢筋绑扎或焊接在一起形成钢筋骨架(叫作钢筋安装),然后将其置于模板内,最后浇筑混凝土,待其凝固拆模后即可成型。钢筋混凝土构件的制作分为在工程现场就地浇筑和在工程现场以外的工厂预制好，然后运到现场进行安装两种，分别称为现浇构件和预制构件。此外，如在制作时通过对钢筋的张拉，预加给混凝土一定的压力以提高构件的强度和抗裂性能，就成为预应力钢筋混凝土构件。

9.2 钢筋的基本知识

9.2.1 钢筋的分类和作用

钢筋在混凝土中不是单根游离放置的，而是将各钢筋用铁丝绑扎或焊接成钢筋骨架或网片。钢筋按其在整个构件中所起的作用不同，可分为下列几种。不同种类的钢筋在梁、板中的布置如图 9-3 所示。

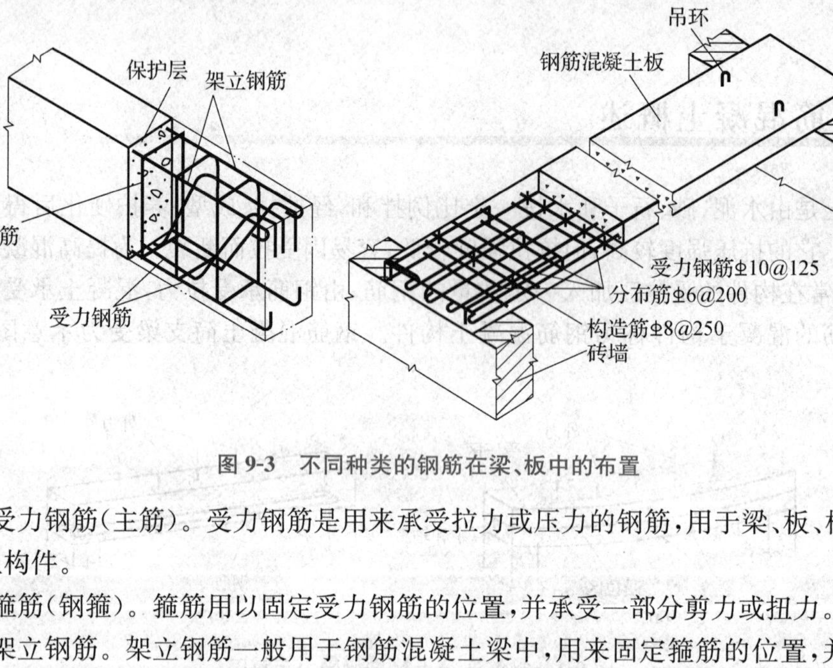

图 9-3 不同种类的钢筋在梁、板中的布置

(1)受力钢筋(主筋)。受力钢筋是用来承受拉力或压力的钢筋，用于梁、板、柱等各种钢筋混凝土构件。

(2)箍筋(钢箍)。箍筋用以固定受力钢筋的位置，并承受一部分剪力或扭力。

(3)架立钢筋。架立钢筋一般用于钢筋混凝土梁中，用来固定箍筋的位置，并与梁内的受力筋、箍筋一起构成钢筋骨架。

(4)分布钢筋。分布钢筋一般用于钢筋混凝土板或深梁结构中，用以固定受力钢筋的位置，使荷载分布给受力钢筋，并防止因混凝土收缩和温度变化而出现裂缝。

(5)构造筋。因构件的构造要求和施工安装需要配置的钢筋，称为构造筋，如预埋锚固筋、吊环等。

9.2.2 钢筋的种类、符号及保护层

1. 普通钢筋的种类、符号

按照《公路钢筋混凝土及预应力混凝土桥涵设计规范》(JTG D 62—2004)的规定，公路

混凝土桥涵的钢筋分为普通钢筋（钢筋混凝土构件中的钢筋和预应力混凝土构件中的非预应力钢筋）和预应力钢筋，其中普通钢筋有三种，其种类、符号见表 9-1。

表 9-1　普通钢筋的种类、符号

钢筋种类	公称直径/mm	符　　号	外观形状
HRB 300	d=6～22	ϕ	光圆
HRB 335	d=6～50	Φ	带肋
HRB 400	d=6～50	⊕	带肋
KL400	d=8～40	Φ^{R}	带肋

2.钢筋的保护层

由于钢筋直接放置在空气中容易发生锈蚀，因此将钢筋放置在混凝土中可以起到防止钢筋锈蚀的作用。为了保证钢筋与混凝土之间的黏结力，钢筋外缘到构件表面留有一定厚度的混凝土，这部分混凝土称为钢筋的保护层，此厚度称为净距，如图 9-4 所示。

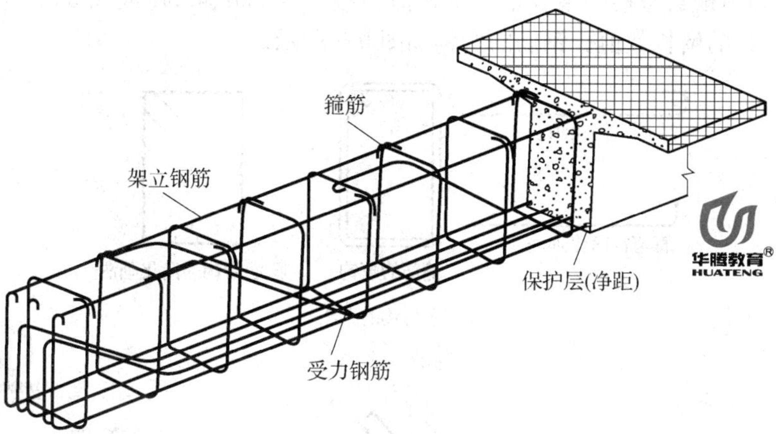

图 9-4　保护层(净距)示意图

普通钢筋及预应力直线形钢筋最小混凝土保护层厚度见表 9-2。

表 9-2　普通钢筋及预应力直线形钢筋最小混凝土保护层厚度　　　单位：mm

序号	构件类型	环境条件		
		Ⅰ	Ⅱ	Ⅲ、Ⅳ
1	基础、桩基承台 (1)基坑底面有垫层或侧面模板(受力主筋) (2)基坑底面无垫层或侧面模板(受力主筋)	40 60	50 75	60 85
2	墩台身、挡土结构、涵洞、梁、板、拱圈、拱上建筑(受力主筋)	30	40	45
3	人行道构件、栏杆(受力主筋)	20	25	30

续表

序号	构件类型	环境条件		
		Ⅰ	Ⅱ	Ⅲ、Ⅳ
4	箍筋	20	25	30
5	缘石、中央分隔带、护栏等国道构件	30	40	45
6	收缩、温度、分布、防裂等表层钢筋	15	20	25

注 1：在环境条件中，Ⅰ为温暖或寒冷地区的大气环境与无侵蚀性的水或土接触的环境；Ⅱ为严寒地区的大气环境、适用于除冰盐环境、滨海环境；Ⅲ为海水环境；Ⅳ为受侵蚀性物质影响的环境。

注 2：当受拉区主筋的混凝土保护层厚度大于 50 mm 时，应在保护层内设置直径不小于 6 mm，间距不大于 100 mm 的钢筋网。

9.2.3 钢筋的弯钩和弯起

对于光圆外形的受力钢筋，为了增加它与混凝土的黏结力，把钢筋的端部做成弯钩，弯钩的形式有半圆钩、直弯钩和斜弯钩三种。加工时，其断料长度要比钢筋平直段端点长出一段，这段长度即为钢筋弯钩的增长值。增长值一般为 6.25d、4.9d 或 3.5d。这时钢筋的长度要计算其弯钩的增长数值。钢筋的弯钩如图 9-5 所示。

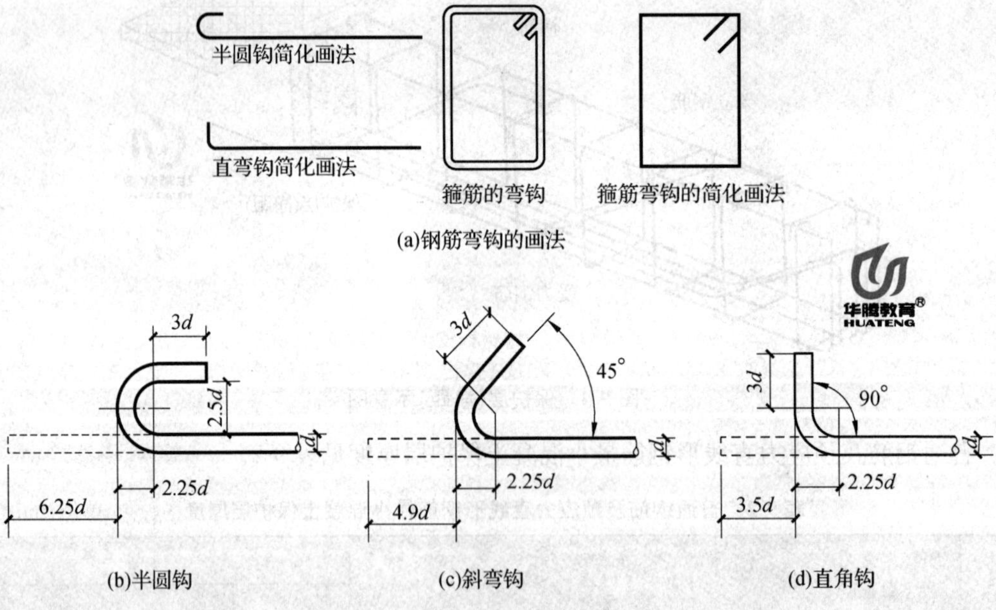

图 9-5 钢筋的弯钩

根据构件的受力要求，有时需将排列在构件下部的部分受力钢筋弯到构件上部去，这一部分向上的弯起称为钢筋的弯起。弯起时弧长比两切线之和短一些，其计算长度应减去折减数值，如图 9-6 所示。

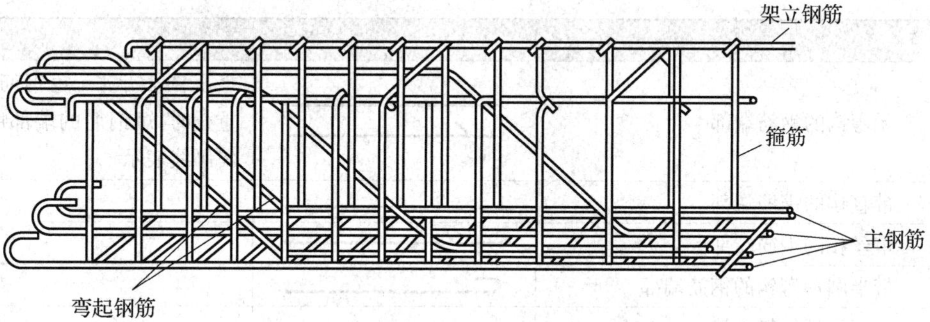

图 9-6 钢筋的弯起

为了简化计算，钢筋弯钩的增长数值和弯起的折减数值均编有表格备查，见表 9-3 和表9-4。

表 9-3 光圆钢筋弯钩增长数值 单位：mm

钢筋直径	6	8	10	12	14	16	18	19	20	22	24
180°弯钩	38	50	63	75	88	100	113	119	125	138	150
135°弯钩	29	39	49	59	68	78	88	93	98	107	117
90°弯钩	21	28	35	42	49	56	63	67	70	77	84

表 9-4 光圆钢筋弯起长度折减数值 单位：mm

钢筋直径	6	8	10	12	14	16	18	19	20	22	24
45°弯起	3	3	4	5	6	7	8	8	9	9	10
90°弯起	6	9	11	13	15	17	19	20	21	24	26

如图 9-7 所示，4 号 ϕ22 钢筋长度为 728＋65×2，查表 9-3 得弯钩增长长度为138 mm，查表 9-4 得 90°弯转长度折减数值为 24 mm，即 728＋65×2＋2×(13.8－2.4)＝880.8≈881(mm)。

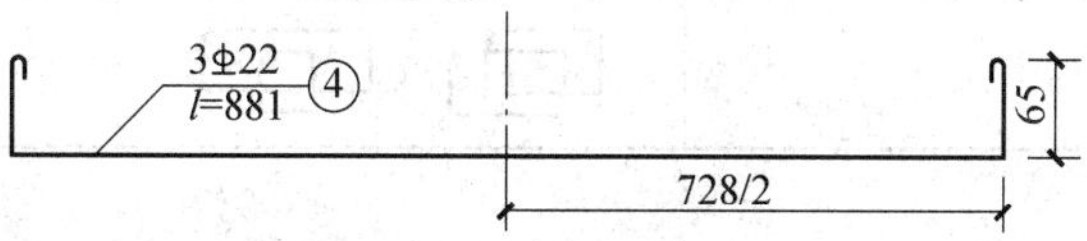

图 9-7 钢筋长度的计算

9.2.4 钢筋的表示法

在表达钢筋混凝土构件的配筋图时，为了突出钢筋的布置情况，将可见的钢筋混凝土构件的轮廓线用细实线表示，不可见的轮廓线用细虚线表示，钢筋混凝土构件内的可见钢筋用粗实线或黑圆点(断面图)表示，不可见的钢筋用粗虚线表示，预应力钢筋用粗的双点画线表示。

钢筋的一般表示方法见表 9-5。

表 9-5 钢筋的一般表示方法

序号	名 称	图 例	说 明
1	钢筋横断面	•	

续表

序号	名　称	图　例	说　明
2	无弯钩的钢筋端部		下图表示长、短钢筋投影重叠时，短钢筋的端部用 45°斜画线表示
3	带直钩的钢筋端部		
4	带丝扣的钢筋端部	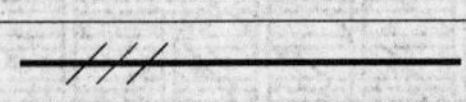	
5	带半圆形弯钩的钢筋端部		
6	无弯钩的钢筋搭接		
7	带直钩的钢筋搭接		
8	带半圆弯钩的钢筋搭接		
9	花篮螺栓钢筋接头	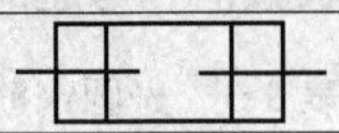	
10	机械连接的钢筋接头		用文字说明机械连接的方式(如冷挤压或直螺纹等)
11	在平面图中配置钢筋时，底层钢筋的弯钩应向上或向左，顶层钢筋的弯钩则向下或向右	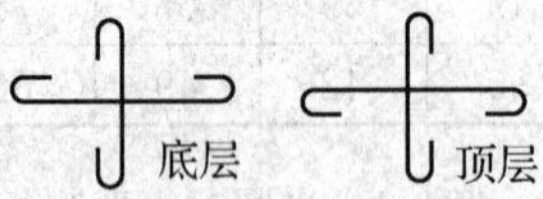	
12	配双层钢筋的墙体，在配筋立面图中，远面钢筋的弯钩应向上或向左，而近面钢筋的弯钩则向下或向右	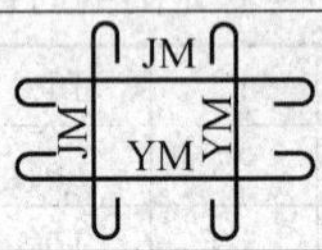	
13	如在断面图中不能清楚地表示钢筋配置，应在断面图外面增加钢筋大样图	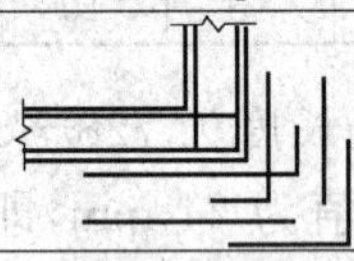	
14	图中所表示的钢筋、环筋，应加画钢筋大样及说明	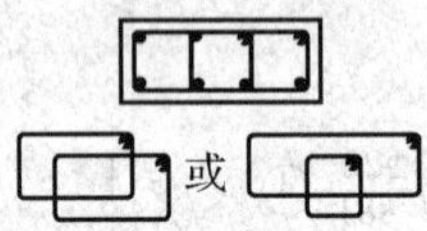	

9.3 钢筋布置图的内容

钢筋混凝土结构图包括两类图样：一类称为构件构造图(或模板图)，即对于钢筋混凝土结构，只画出构件的形状和大小，不表示内部钢筋的布置情况；另一类称为钢筋布置图，即主要表示构件内部钢筋的布置情况，也称为钢筋构造图或钢筋结构图，简称钢筋图。

钢筋布置图采用正投影原理绘制，根据钢筋混凝土结构的特点，在表示方法和标注尺寸等方面有其独特之处。

9.3.1 钢筋布置图的图示

1. 立面图和断面图

钢筋布置图不一定将三个投影图都画出来，而是根据需要来决定。例如，画钢筋混凝土梁的钢筋图，一般不画平面图，只用立面图和断面图来表示。立面图、断面图主要用来表示钢筋的配置关系。凡是钢筋排列有变化的部位，一般都应画出它的断面图，如图 9-8 所示，钢筋混凝土梁的配筋，便是用了 1—1 和 2—2 两个断面图配合立面图来表示钢筋的配置关系。对于板形构件，钢筋的配置关系则常用平面图和断面图表示。

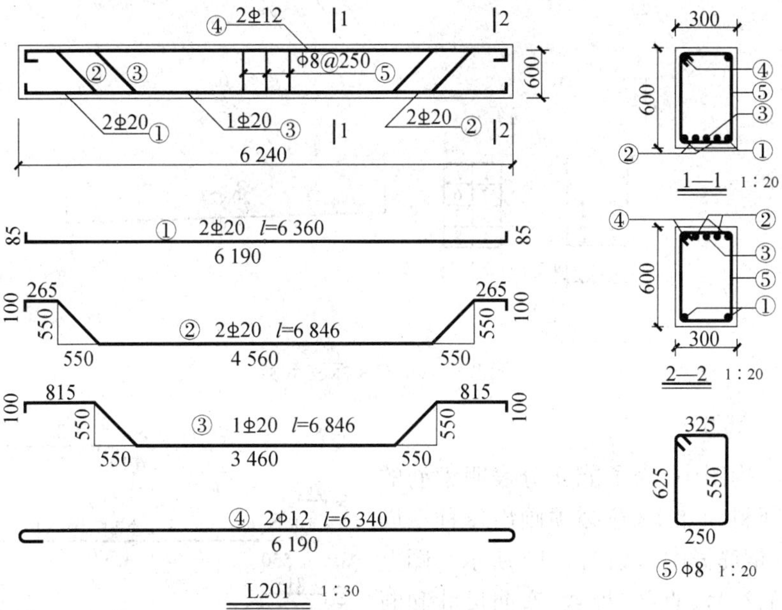

图 9-8 钢筋混凝土梁的配筋

为了突出表示构件中钢筋的布置情况，规定将混凝土当作透明体，使其内部的钢筋清晰可见。将构件的外形轮廓线用细实线画出，钢筋用粗实线画出，钢筋的断面用小黑圆点表示。在断面图中，不画材料图例。断面图的比例根据需要可以相对立面图放大一些。如图 9-8 所示，当构件的钢筋层次较多，布置又较复杂时，可以采用分层平面图来表示。在立面图和断面图上应标注构件的外形尺寸：梁的长度为 6 240 mm，断面宽度为 300 mm，高度为600 mm。

当钢筋间距和净距太小时，若严格按比例画图，则线条会重叠不清，这时可适当夸大绘制，以表达清楚为度。在立面图中遇到钢筋重叠时，也要放宽尺寸，使图面表达清晰。

2. 钢筋的编号和尺寸标注格式

在钢筋结构图中为了区分各种类型和不同直径、不同长度、不同形状的钢筋，要求对各种钢筋进行编号，并标注其数量、直径、长度和间距等，编号用阿拉伯数字表示。对钢筋编号时，宜先编主、次部位的主筋，后编主、次部位的构造筋。如图 9-9 所示，在桥梁构件中，钢筋编号及尺寸标注的一般格式如下。

(1)编号标注在引出线右侧的细实线圆圈内，圆圈的直径为 4～8 mm，其格式为：11Φ6 表示直径为 6 mm 的 HRB335 钢筋共 11 根，l=64 表示每根钢筋的断料长度为64 cm，@12 表示钢筋轴线之间的距离为 12 cm。

(2)尺寸单位。在路桥工程图中，钢筋直径的尺寸单位采用毫米(mm)，其余尺寸单位均采用厘米(cm)，图中无须注出单位。

(3)钢筋的编号和根数也可采用简略形式标注，根数注在N字之前，编号注在N字之后。在钢筋断面图中，编号可标注在对应的方格内。

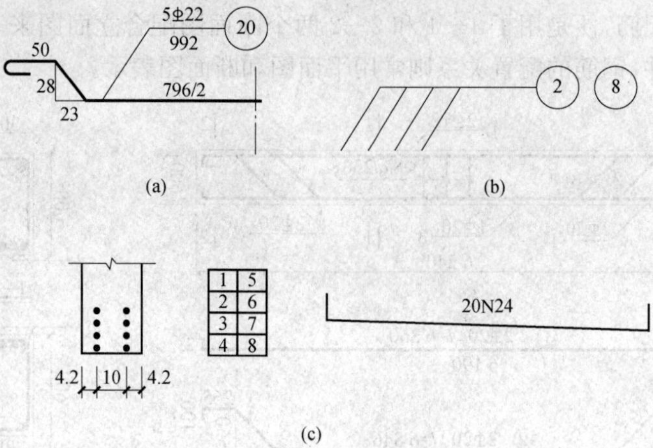

图 9-9　编号 N 标注示例

3. 钢筋成型图

在钢筋结构图中，为了能充分表明钢筋的形状以便于断料和加工，还必须画出每种钢筋加工成型图(钢筋详图)，如图 9-10 所示。图上应注明钢筋的符号、直径、根数、弯曲尺寸和断料长度等。有时为了节省图幅，可把钢筋成型图图画成示意略图放在钢筋数量表内。

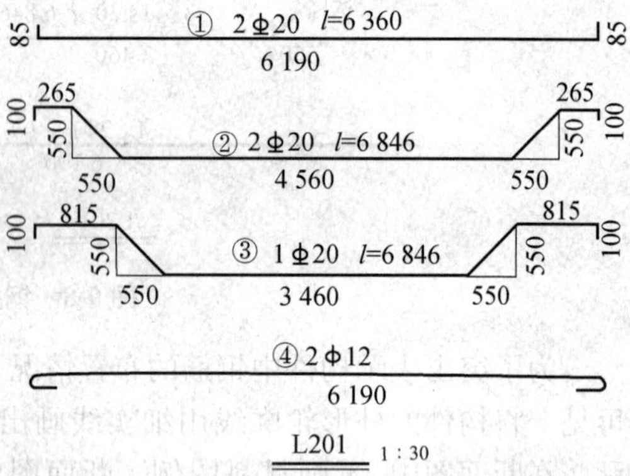

图 9-10　钢筋成型图

4. 钢筋数量表

在钢筋结构图中，还附有钢筋数量表，其内容包括钢筋的编号、直径、每根长度、根数、总长及质量等，必要时可加画略图，见表 9-6。

表 9-6　钢筋混凝土梁钢筋数量表

构件名称	构件数	编号	规格	简图	长度/mm	每根根数	总根数	总长/m	质量/kg	总重/kg
L201	4	①	Φ20		6 360	2	8	50.880		
		②	Φ20		6 848	2	8	54.768		
		③	Φ20	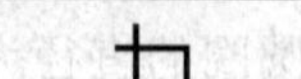	6 848	1	4	27.384		
		④	ϕ12	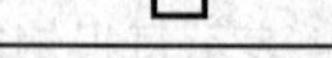	6 340	2	8	50.720		
		⑤	ϕ8		1 766	25	100	176.600		

9.3.2 钢筋结构图读图举例

阅读钢筋图的方法步骤为：首先做概括了解；其次是分析视图，了解构件的外形尺寸及预埋件、预留孔的大小与位置等；最后必须根据钢筋图的图示特点和尺寸注法的规定，重点看懂构件中每一类型钢筋的位置、规格、直径、长度、数量、间距，以及整个钢筋骨架的构造情况。

(1)概括了解。看标题栏，了解构件名称，看图了解该图所采用的表达方法。

(2)分析视图。钢筋布置图不一定将三个投影图都画出来，而是根据需要来决定。例如，画钢筋混凝土梁的钢筋图，一般不画平面图，只用立面图和断面图来表示。立面图、断面图主要用来表示钢筋的配置关系。凡是钢筋排列有变化的部位，一般都应画出它的断面图，对于板形构件则常用平面图和断面图表示。

(3)深入阅读。如图9-11所示，梁的钢筋布置情况是用立面图和断面图及钢筋成型图来表示的，由图可以看出该梁断面为矩形，梁宽为38 cm，高为45 cm，梁长为420 cm。

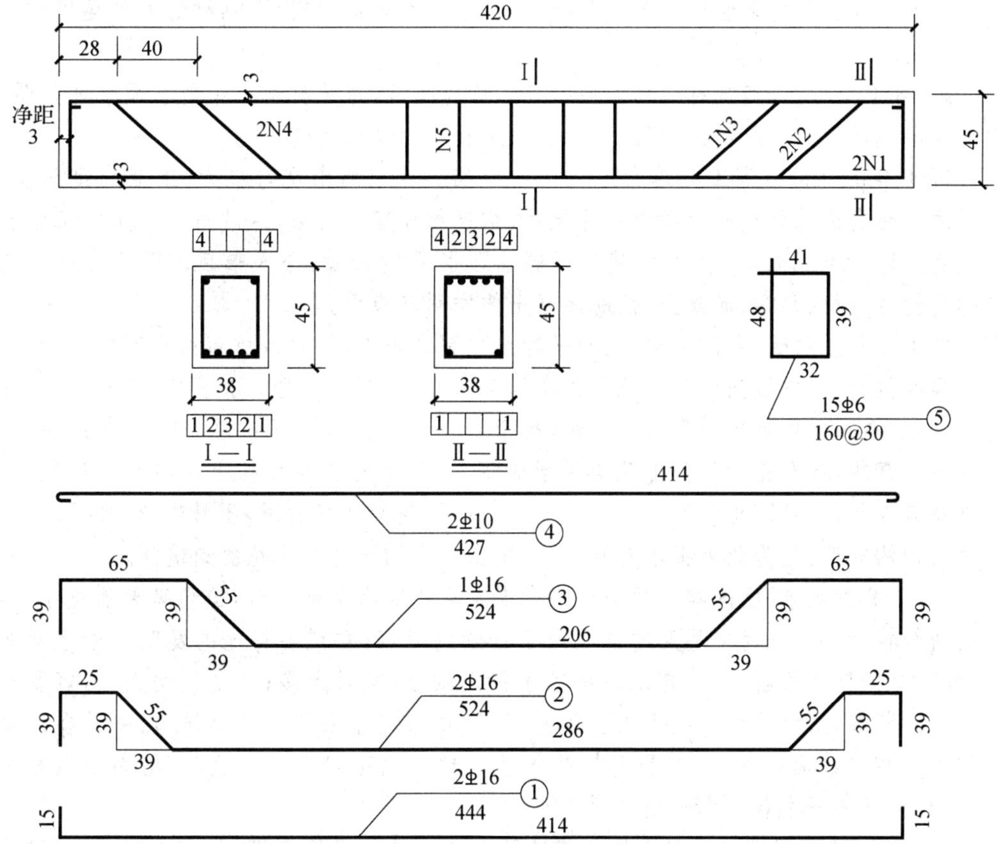

图9-11 梁的配筋图

梁内共有五种钢筋，其中①、②、③号钢筋为受力筋，均为HRB335钢筋，直径为16 mm。①号是直筋，有2根，布置在梁的底部两侧；②号是弯筋，也是2根，在跨中位于梁的底部，两端弯起后位于梁的上部；③号也是弯筋，只有1根，弯起部位与②号钢筋稍有不同；④号是架立筋，为 HRB335 钢筋，直径为 10 mm，有两根位于梁的上部两侧；⑤号是箍筋，为 HRB335 钢筋，直径为 6 mm，沿梁的长度每隔 30 cm 布置一根，共有 15 根。

在立面图中箍筋可不全画，只示意性地画出四五根即可。立面图中各钢筋的编号和数量可用简略形式标注，如 1N3 表示 1 根③号钢筋，2N1 表示 2 根①号钢筋，Ⅱ—Ⅱ断面是梁的端部断面图。在断面图中钢筋的编号就标注在对应的小方格内，这样就清楚地表示出②号和③号钢筋在跨中是位于梁的底部，在两端是位于梁的顶部。该梁上、下及侧面保护层的厚度(净距)均为 3 cm。

趣味知识

钢筋混凝土的诞生

建筑材料是随着人类社会的进步而发展的，它和人类文明有着十分密切的关系，在人类历史发展的各个阶段，建筑材料都是显示这个阶段文化的主要标志之一。建筑材料的发展是一个悠久而又缓慢的过程。每当出现新的建筑材料时，土木工程就有飞跃式的发展。土木工程在历史上经历了三次飞跃发展，分别是砖瓦的出现、钢材的大量运用和混凝土的兴起。

到 18 世纪为止，建筑材料的发展一直都极为缓慢，建筑材料无论是在质上还是量上，都没有出现很大的飞跃，仍长期限于砖、石、木材作为结构材料。

1760 年开始的欧洲工业革命改变了这一切。城市的出现与扩大，工业的迅速发展，交通的日益发达需要建造大规模的建筑物、构筑物和建筑设施，这就推动了土木工程材料的发展。19 世纪后，工业生产的建筑材料有了长足的进步，令人瞩目。而这种巨变的集中标志就是钢材、水泥、混凝土、钢筋混凝土的发明与应用。

在水泥刚发明时，人们用水泥、砂子和水配制成砂浆，凝固后成为人造石块，这种石块抗压强度很高，但抗拉强度只有抗压强度的 1/10，应用范围有限。法国有一个叫蒙尼亚的园艺师，他在工作中需要经常搬动花盆，稍不留神就会打破泥瓦花盆。1867 年的一天，蒙尼亚突发奇想，他在花盆外箍上几道铁丝做保护，然后在铁丝外抹上一层水泥砂浆，这样既可掩盖铁丝，又可防止铁丝生锈。蒙尼亚制造的花盆结实耐用，不易破碎，外观也不错，很受人们的欢迎，他为此申报了专利，自己也由一个园艺师变为花盆制造商。

到了 19 世纪末，俄国建筑师别列柳布斯基在研究高层建筑时，迫切需要质量小、强度高的新结构材料。他对蒙尼亚的发明做了仔细的考察，发现要将他的发明应用于建筑领域，有两个问题必须解决：一是水泥和砂子都太细小，耗材太多；二是铁丝太细，容易被拉长而导致断裂，所以受力不能太大。于是，别列柳布斯基采取了两个措施：一是在水泥浆料中加入相当数量的石块，二是用钢筋代替铁丝。他随即进行了试验，结果令人相当满意，这样钢筋混凝土就正式诞生了。

1904 年，俄国用钢筋混凝土结构建造了一个高数十米的灯塔，具有自重轻、建造成本低、抗气候变化能力强的优点，引起了世界建筑界的广泛赞誉，从此以后世界建筑史进入了钢筋混凝土的时代。1928 年，人们制成了预应力钢筋混凝土，产生了混凝土技术的第二次革命；1965 年前后，混凝土外加剂，特别是减水剂的应用，使混凝土的工作性显著提高，引发了混凝土技术的第三次革命。

目前，混凝土技术正朝着超高强、轻质、高耐久性、多功能和智能化方向发展。

工程实训

本工程实训的目的是通过阅读和绘制钢筋混凝土结构图，使学生了解钢筋的代号和名称及钢筋的种类，掌握钢筋混凝土结构的图示方法。

某办公大楼，如图9-12所示。图9-13所示是该办公楼大门处编号为L-1的现浇梁的配筋图。在图9-13中，立面图左边与圈梁相连，右边的细实线和图内的两条细实线表示雨篷。此外，图中还表示了支承梁的柱子Z-1和Z-2，两柱的轴间距为5 100 mm。由1—1断面可知，梁的截面尺寸为220 mm×550 mm。

从立面图和截面图可知，梁下部共有3根直径为18的HRB335钢筋，其中编号为②的钢筋右端弯成直角，长为150 mm；编号为①的钢筋在梁的两端弯起，其右端也是弯成直角，长为150 mm。梁的上部有两根右端弯成直角、直径为16 mm、编号为④的HRB335钢筋。梁的中部配有两根编号为③、直径为16 mm的HRB335钢筋。立面图中画出3个编号为⑤的箍筋，箍筋是直径为10 mm的HRB300钢筋，每隔150 mm放置1根。请认真阅读现浇梁配筋图并填写钢筋表。

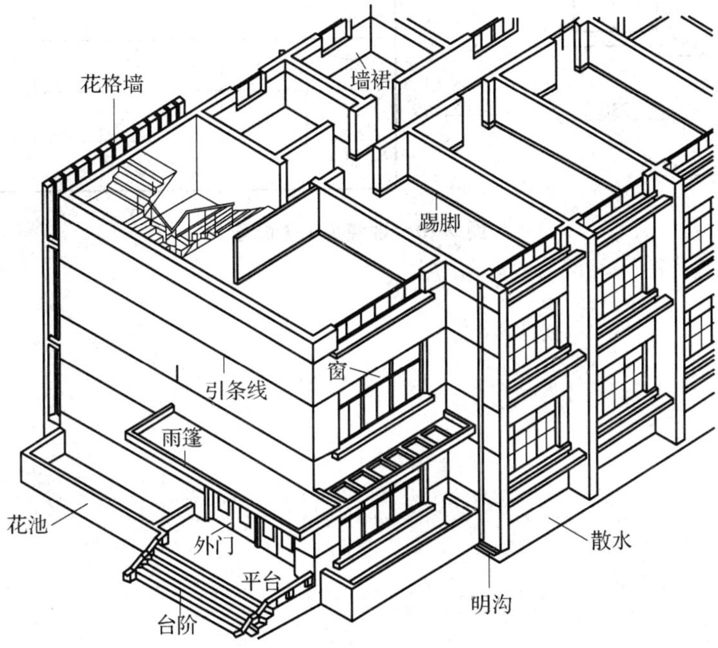

图9-12 办公大楼

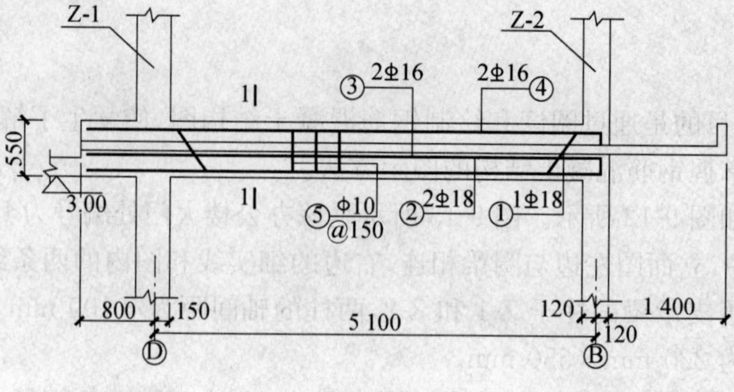

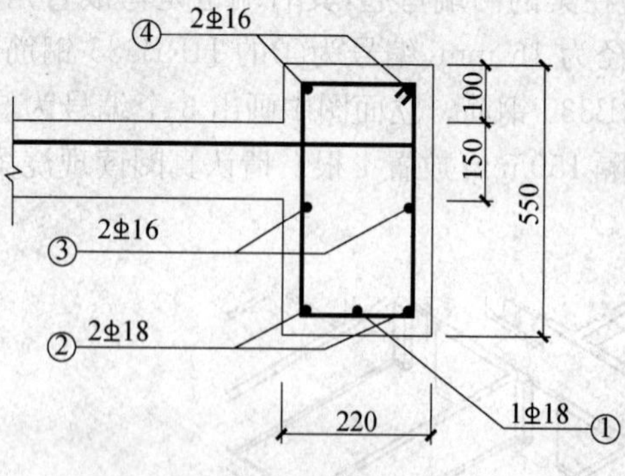

钢筋表

钢筋编号	钢筋规格	简图	长度/mm	根数	总长/m	重量
①						
②						
③						
④						
⑤						

图 9-13 现浇梁 L-1 配筋

模块 10　道路路线工程图

学习目标

知识目标

(1)掌握道路路线工程图的组成。

(2)掌握道路路线工程图的图示特点和主要内容。

(3)掌握道路工程常用的各种图形的绘制方法和技巧。

能力目标

能够正确地识读道路路线工程图。

10.1 道路路线工程图概述

道路是保证车辆和行人安全、顺利通行而人为修建的带状工程结构物。道路工程图是建造道路的技术依据，是用来说明道路路线的走向、线形设计、沿线的地形地物、路线的高程和坡度、路基状况、路面结构，以及线路交叉、立交的构筑物（如桥梁、涵洞、挡土墙、公路、铁路等）的位置内容的图样。

由于道路的位置和形状受道路所在地区的地形、地貌，以及地质等自然条件的综合影响，因此道路路线分竖向高度变化（上坡、下坡、竖曲线）和平面弯曲变化（左向、右向、平曲线），从总体来看道路路线是一条空间曲线，如图 10-1 所示。

图 10-1　盘山公路

根据不同的组成和功能特点，道路分为公路和城市道路两种。位于城市以外的道路称为公路，位于城市范围内的道路称为城市道路。本模块将主要介绍公路路线工程图的内容及图示方法。

道路路线工程图以路线平面图（地形图）、路线纵断面图（立面图）和路基横断面图（侧面图）三种工程图来表达道路的空间位置、线型和尺寸，如图 10-2 所示。

(1)路线平面图。路线平面图是上面绘有道路中心线的地形图。

(2)路线纵断面图。路线纵断面图是通过公路中心线用假想的铅垂剖切面进行纵向剖切，然后展开绘制而得到的断面图。

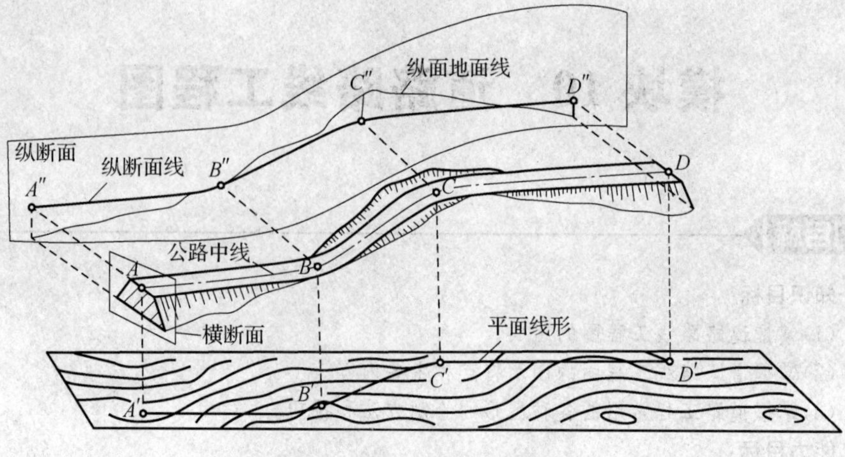

图 10-2　道路路线工程图的形成

(3)路基横断面图。路基横断面图是用假想的剖切平面垂直于道路中心线剖切而得到的，其作用是表达路线各中心桩处路基横断面的形状和横向地面的高低起伏状况。

10.2 路线平面图

路线平面图主要用于表达路线的走向和平面线形（直线和左、右弯道曲线），沿线路两侧一定范围内的地形（如山丘、平地、河流等）、地物（如村镇、房屋、耕地、果园等）情况。路线平面图是指将路线画在地形图上，用等高线表示地形，用图例表示地物。

图 10-3 所示为某公路 K0＋000 至 K1＋700 段的路线平面图，其内容包括地形、地物、路线和平曲线要素表。

共58页	第1页
K0+000~K1+700	

平曲线要素表

No.	α		R	T	L	E
	Z	Y				
JD_1	12°30′18″		5 500	602.00	1 200.34	32.91

比例 1∶2 000

××开发总公司	××至××段	公路路线平面图	设计	复核	审核	图号	日期

图 10-3　路线平面图

10.2.1　路线平面图的图示特点和主要内容

1. 路线平面图的图示特点

路线平面图是将道路的路线画在用等高线表示的地形图上。在地形图上，用加粗的粗实线(1.4～2.0)b 画出路线中心线，以此表示路线的水平状况及长度里程，但不表示路线的宽度。

2. 路线平面图的主要内容

如图 10-3 所示，路线平面图的主要内容包括地形和路线两部分。

1)地形部分

路线平面图中的地形部分是路线布线设计的客观依据，它必须反映下述几点内容。

(1)比例。路线平面图的地形图是经过勘测而绘制的，为了使图样表达得清晰合理，不同的图形采用不同的比例。城镇区一般采用 1∶1 000～1∶500，山岭重丘区一般采用1∶2 000～1∶1 000，微丘和平原区一般采用 1∶5 000～1∶2 000。

(2)方向。为了表示路线所在地区的方位和路线的走向，也为了在拼接图纸时提供核对的依据，在路线平面图上应画出指北针或坐标网。指北针在图上是用“①”符号表示的，箭头所指方向为正北方向。符号“X2 500 Y1 000”表示两垂直线的交点坐标在坐标网原点以北 2 500 m，原点以东1 000 m，如图 10-3 所示。该图采用了坐标网表示法，并且从图中可以看到该路线走向为从西南到东北方向。

(3)地形。路线平面图中地形起伏的情况主要用地形图来表示。地形图是从上往下看的地貌(地形)及地物的样子。地貌是地面的各种起伏、曲折形态的总称，也可以称作地形，如高山、洼地、山岭等。平面图地貌情况主要用等高线来表示。等高线地形图是把地面上相同高度的点按顺序连接而成的封闭曲线，如图 10-4 所示。

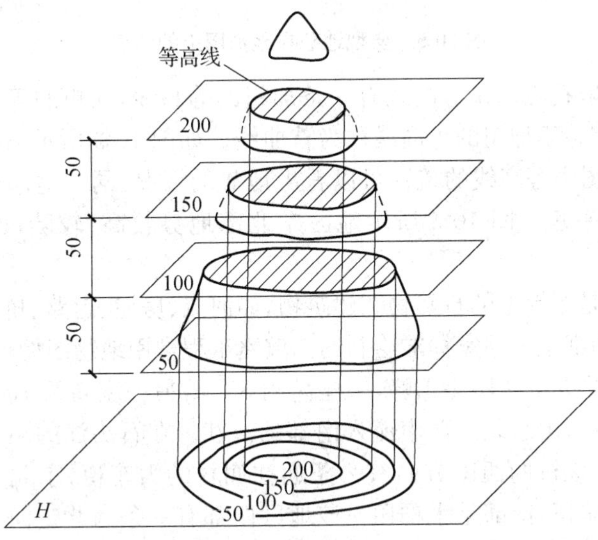

图 10-4　等高线地形图

地形图的画法与普通显示物体的工程图画法一样。按普通工程图的画法，平面图仅能表现物体的大小，即长度、宽度和方位，但表现不了高度和坡度。地形图就不一样，它虽然也是平面图，但是它不仅能显示地貌的形象，而且还能准确地表示出地貌的起伏高度和坡度。

地貌的起伏形态多种多样，但基本地貌通常是山顶（山头）、山岭（山脊）洼地、谷地等。把基本地貌的等高线表示的特点弄清楚了，看地形图就会容易得多。典型地貌在地形图上的特征如图 10-5 所示。

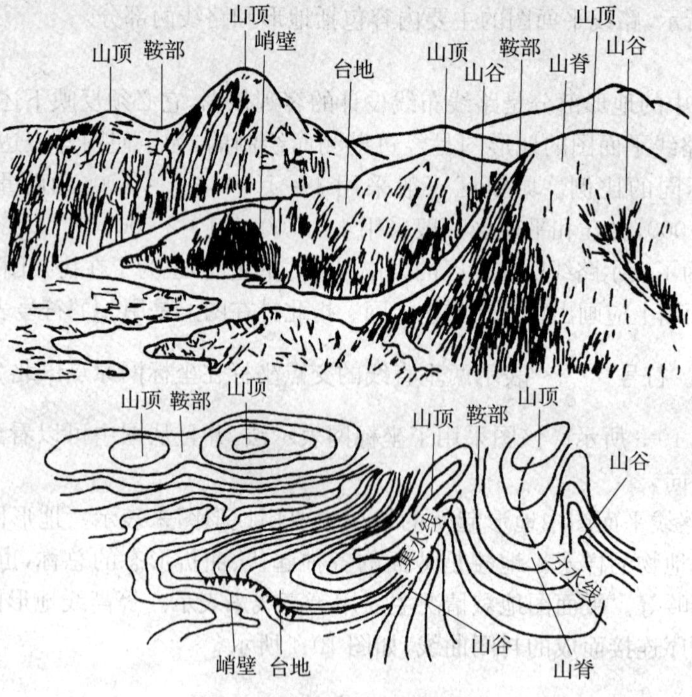

图 10-5　典型地貌在地形图上的特征

在地形图中，一般每隔四条等高线有一条加粗的等高线，加粗的等高线称为计曲线，并标有相应的高程数字。不加粗的等高线称为首曲线。如图 10-3 所示，相邻两根等高线之间的高差为 2 m，根据图中等高线的疏密可以看出地势的情况，同一地形内，等高线越密地势越陡。反之，地势越平坦。图 10-3 所示地区东北部地势较高、较陡，西南部地势较平缓、较低。

(4)地物。地物是指地上的自然物和建筑物，如河流、房屋、道路、桥梁、输电线、植被等，路线平面图中的地物都是按国家标准绘制的。道路工程常用地物图例见表 10-1。对照图例可知，图 10-3 中，东北方有两座小山峰，一座高约 80 m，另一座高约 100 m。在两山之间的山谷中，有一条石头江，由东北向西南流入南部的清江。在石头江的东北岸，小山脚下有一个名为宁乡的小村。该村的西南方向有一条通往谢村的大车道，东北方向还有一条小路。宁乡村周围，北部是旱田，南部是水稻田。该地区西部有一条南北走向、由慧州到宁城的公路，公路东侧是一条慧州到宁城的低压电线。

表 10-1　道路工程常用地物图例

名　称	符　号	名　称	符　号	名　称	符　号
房屋	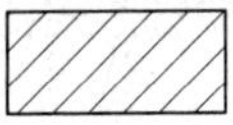	学校		菜地	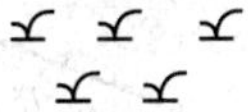
大路	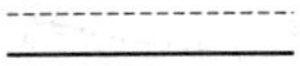	水稻田		堤坝	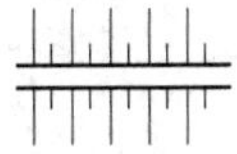
小路	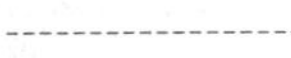	旱田	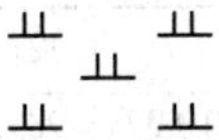	河流	
铁路		果园	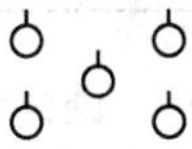	人工开挖	
切线交点		草地	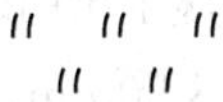	低压电力线 高压电力线	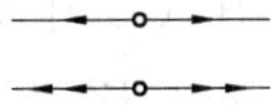
指北针		林地	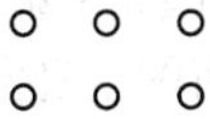	水准点	

2)路线部分

(1)设计路线。在《标准》中规定，道路中心线应采用细点画线表示，路基边缘线应该采用粗实线表示。由于路线平面图所采用的比例太小，线路的宽度无法按实际尺寸画出，所以在路线平面图中，设计路线是用粗实线沿着道路中心表示的。

(2)里程桩。道路路线的总长度和各段之间的长度用里程桩号表示。里程桩号应从路线的起点至终点、由小到大依次编号，并规定在平面图中路线的前进方向是从左向右的。里程桩分公里桩和百米桩两种。

公里桩宜标注在路线前进方向的左侧，用符号“”表示桩位，用“K×××”表示其公里数，且注写在符号的上方；百米桩宜标注在路线前进方向的右侧，用垂直于路线的细短线表示桩位，用字头朝向前进方向的阿拉伯数字表示百米数，注写在短线的端部。如图 10-3 所示，图中“K1”表示距离路线起点 1 km；在 K1 公里桩的前方注写的“2”表示桩号为 K1＋200，说明该点距离路线起点为 1 200 m。

(3)平曲线。道路路线的平面线是由直线段和曲线段组成的，在路线的转折处应设平曲线。最常见的较简单的平曲线为圆曲线，其基本几何要素如图 10-6 所示；JD 为交角点，是路线的两直线段的理论交点；α 为转折角，是路线前进时向左(a_Z)或向右(a_Y)偏转的角度；R 为圆曲线的半径；T 为切线长，是切点与交角点之间的长度；E 为外距，是曲线中点到交角点的距离；L 为曲线长，是圆曲线两切点之间的弧长；L_S 为缓和曲线长。

在路线平面图中，转折处应注写交角点代号并依次编号，如 JD_2 表示第 2 个交角点。还要注出线段的起点 ZY(直圆点)、中点 QZ(曲中点)、终点 YZ(圆直点)的位置。为了将路线上各段平曲线的几何要素值表示清楚，一般还应在图中的适当位置列出平曲线要素表，如图 10-3 和图 10-6 所示。如果设置缓和曲线，则将缓和曲线与前、后段直线的切点，分别标记为 ZH(直缓点)和 HZ(缓直点)；将圆曲线与前、后段缓和曲线的切点，分别标记为 HY(缓圆点)和 YH(圆缓点)。

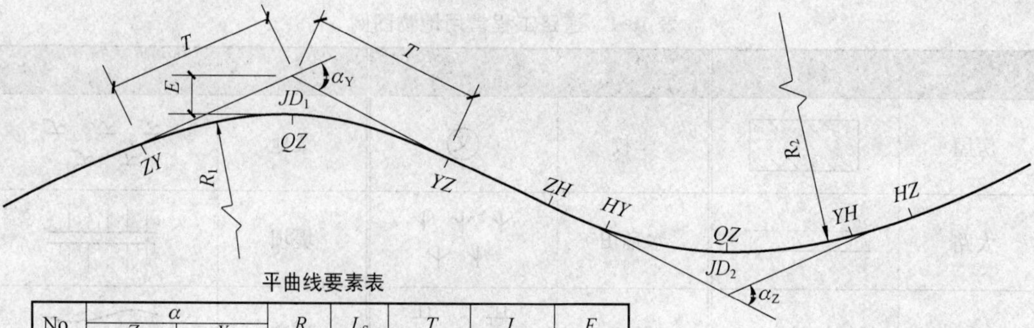

平曲线要素表

No.	α		R	L_S	T	L	E
	Z	Y					
JD_1		37°42′43″	1 200	200	510.27	989.84	69.52
JD_2	26°21′43″		700	160	244.26	482.07	70.51

图 10-6　圆曲线基本几何要素

图 10-3 中新设计的这段公路是从 K0＋000 处开始到 K1＋700，在交角点 JD_1 处向左转折，$\alpha_Z = 12°30'18''$，圆曲线半径 R＝5 500 m，由于圆曲线半径较大，未设置缓和曲线，图中注出了 ZY、QZ、YZ 的位置并列出了平曲线要素表。

(4)结构物和控制点。在路线平面图上还须标示出道路沿线的结构物和控制点，如桥梁、涵洞、通道、立交、水准点和三角点等。道路工程中常用结构物图例见表 10-2。结合此表，可从图 10-3 中了解到道路沿线结构物的位置、类型和分布情况，以及控制点的坐标和高程。例如，表示在 K1＋070 m 处有一座桥；ʘ$\frac{BM2}{53.712}$表示水准点的编号为 $BM2$，高程为 53. 712 m。

表 10-2　道路工程中常用结构物图例(平面图)

序号	名　称	图　例	序号	名　称	图　例
1	涵洞	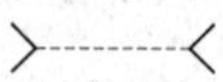	6	通道	
2	桥梁(大、中桥按实际长度绘制)	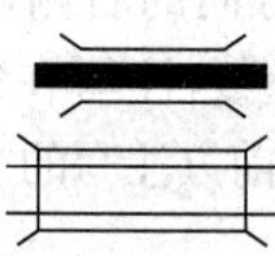	7	分离式立交 (a)主线上跨 (b)主线下穿	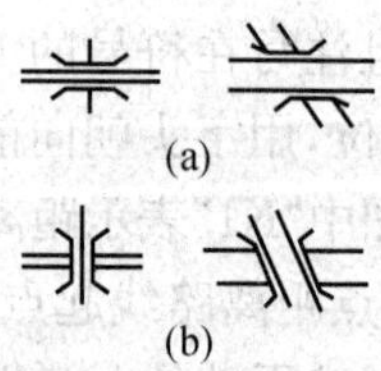
3	隧道		8	互通式立交	
4	养护机构		9	管理机构	
5	隔离墩		10	防护栏	

10.2.2　路线平面图识读方法

可按如下方法进行路线平面图的识读。

(1)查阅图纸的说明，看比例。了解该图是哪一段路线的平面图，采用的比例是多少。

(2)查看图纸右上角的角标，了解该平面图共有几张图纸，所看这张图纸是其中的哪一张。

(3)依据直线、曲线、转角一览表查核转角点坐标网的一系列数值。

(4)根据等高线和图例符号了解路线所在地带的地形、地物情况。

(5)识读平面图形中路线的方位和走向。

(6)在平面图上查阅公路的起始点、里程桩、曲线要素桩、桥涵桩及位置。

(7)检查核实平曲线要素表。

10.2.3　路线平面图绘制方法

可按如下方法进行路线平面图的绘制。

(1)画地形图。按先粗后细的顺序徒手画出等高线，线条要流畅，计曲线宽度宜用 $0.5b$，细等高线线宽为 $0.25b$。

(2)画路线中心线。用圆规和直尺按先曲后直的顺序从左至右绘制路线中心线，其线宽为 $(1.4\sim2.0)b$。

(3)平面图中的植被。地面上生长的各种植物统称为植被。平面图中的植被应朝上或朝北绘制。

(4)路线的分段。路线平面图按从左至右的顺序绘制，桩号按左小右大的顺序编排。由于路线狭长，需将整条路线分段绘制在若干图纸上，使用时再拼接起来。分段处应尽量在直路段整数桩处，每张图纸上只允许画一条线路段，断开的两端用细实线画出垂直于路线的接图线。

(5)角标和图标。在每张图纸的右上角应用线宽为 0.25 mm 的细实线绘出角标，注明图纸总张数、本张图纸的序号及路段起止桩号。在最后一张图纸的右下角应绘制图标，图标外框线的线宽宜为 0.7 mm，图标内分格线的线宽宜为 0.25 mm。

10.2.4　路线平面图的拼接

由于道路很长，不可能将整个路线平面图画在同一张图纸内，通常需分段绘制，使用时再将各张图纸拼接起来，每张图纸的右上角应画有角标，角标内应注明该张图纸的序号和总张数。平面图中路线的分段宜在整数里程桩处断开。相邻图纸拼接时，应注意路线中心对齐、接图线重合，并以正北方向为准，如图 10-7 所示。

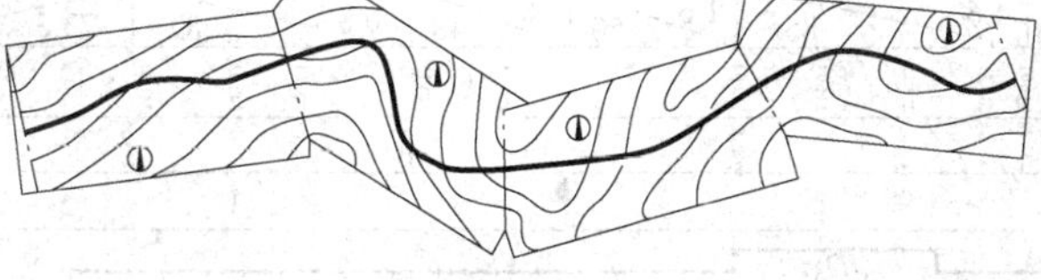

图 10-7　路线平面图的拼接

10.3 路线纵断面图

路线的纵断面图是用来表示路线中心的地面起伏状况，以及路线的纵向设计坡度和竖曲线的。道路路线的纵断面图是用假想的铅垂剖切面沿着道路的中心线进行纵向剖切。如图 10-8 所示，由于道路中心线是由直线和曲线组合而成的，因此纵向剖切面既有平面，又有曲面。为了清晰地表达路线的纵断面情况，特采用展开的方法，将此纵断面展平成为平面，并绘制在图纸上，即为路线的纵断面图。

图 10-8　路线纵断面图剖切示意图

10.3.1　路线纵断面图的图示特点和主要内容

1. 路线纵断面图的图示特点

路线纵断面图包括图样和资料表两部分，一般将图样画在图纸的上方，而将资料以表格形式画在图纸的下方。高程标尺布置在资料表的上方左侧。水平横向表示路线里程，铅垂纵向表示地面线及设计线的标高。

2. 路线纵断面图的主要内容

图 10-9 所示为某公路 K4＋800 至 K5＋275 段的路线纵断面图。其中，图样和资料表两部分的详细内容如下所述。

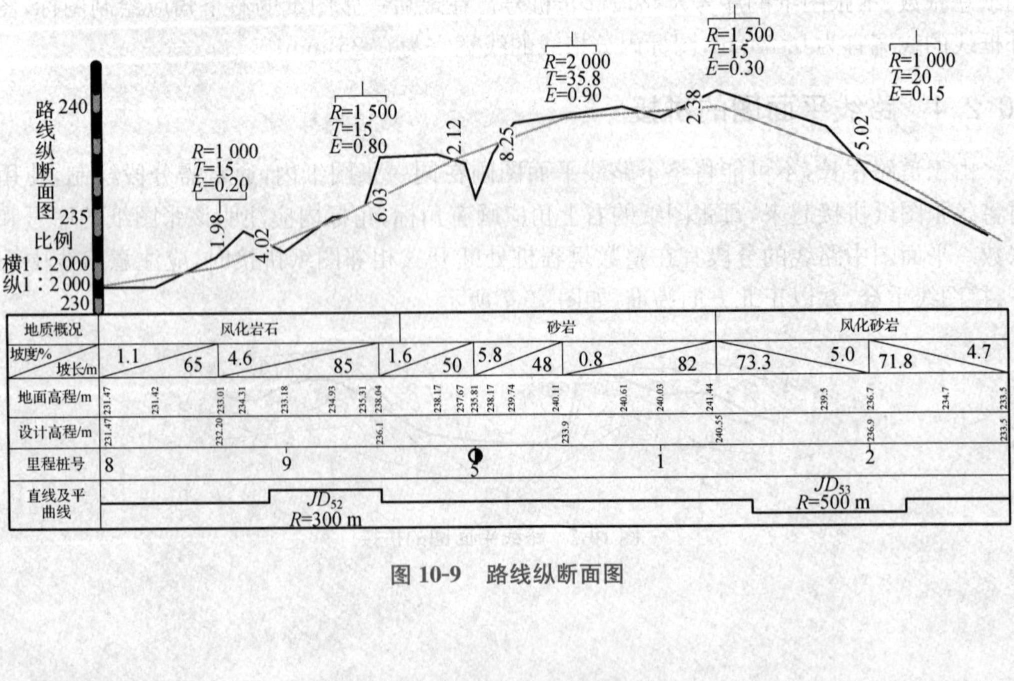

图 10-9　路线纵断面图

1)图样部分

(1)比例。路线纵断面图的横向长度表示路线的长度(里程),纵向高度表示地面及设计线的标高。由于路线和地形的高程变化与路线的长度相比要小得多,为了在路线纵断面图上清晰地显示出高程的变化和设计上的处理,绘制时一般采用的纵向比例比横向比例放大10 倍。横向(里程)比例尺和纵向(高程)比例尺的确定要根据实际工程要求选取,如在山岭地区,横向比例尺一般选择 1∶1 000、1∶2 000 和 1∶5 000,则与之对应的纵向(高程)比例尺选择 1∶100、1∶200 和 1∶500;在丘陵和平原地区,由于地形起伏变化较小,因此横向比例尺一般选择 1∶5 000,则与之对应的纵向比例尺选择 1∶500。

由于路线较长,路线的纵断面图一般都有许多张,所以在第一张图的图标内或左侧纵向标尺处应注明纵、横向所采用的比例尺。

(2)设计线和地面线。为保证汽车安全顺畅地通过,地面纵坡要有一定的平顺性,因此应按道路等级和地形起伏情况,根据《公路工程技术标准》(JTG B01—2014)合理设计坡度线,简称设计线。在纵断面图中,粗实线为公路纵向设计线,是由直线段和竖曲线组成的,设计线上各点的标高通常是指路基边缘的设计高程。不规则的细折线为设计中心线处的地面线,它是根据原地面上沿线各点的实测中心桩高程而绘制的。比较设计线与地面线的相对位置,可确定填挖地段和填挖高度。

(3)竖曲线。在设计线的纵向坡度变更处(变坡点),应按《公路工程技术标准》(JTG B01—2014)的规定设置竖曲线,以利于汽车平稳地行驶。竖曲线分为凸形和凹形两种,在图中分别用"┌┐"和"└┘"符号表示,符号中部的竖线应对准变坡点,竖线两侧标注变坡点的里程桩号和竖曲线中点的高程。符号的水平线两端应对准竖曲线的起点和终点,水平线上方应标注竖曲线要素值(半径 R、切线长 T、外距 E)。如图 10-9 所示,在 K4＋865 处设有 R＝1 000 m 的凹曲线,该竖曲线中点高程为 232.20 m(T＝15 m,E＝0.20 m)。

(4)沿线构造物。道路沿线如设有桥梁、涵洞、立交和通道等构造物时,应在其相应设计里程和高程处,按图例绘制并注明构造物的名称、种类、大小和中心里程桩号。

(5)水准点。沿线设置的水准点都应按所在里程注在设计线的上方或下方,并标出其编号、高程和路线的相对位置。

2)资料表部分

路线纵断面图的资料表是与图样上下对应布置的,这种表示方法能较好地反映出纵向设计线在各桩号处的高程、填挖方量、地质条件和坡度及平曲线与竖曲线的配合关系。资料表主要包括以下栏目和内容。

(1)地质概况。根据实测资料,在该栏中注出沿线各段的地质情况,作为修筑道路路基时的地质资料。

(2)高程资料。表中有设计高程和地面高程两栏,它们应和图样互相对应,分别表示设计线和地面线上各点(桩号)的高程。

(3)填挖高度。设计线在地面线下方时需要挖土,设计线在地面线上方时需要填土,挖或填的高度值应是各点(桩号)对应的设计高程与地面高程之差的绝对值。

(4)坡度及坡长。坡度及坡长即标注设计线各段的纵向坡度和水平长度距离。该栏中的对角线表示坡度方向,左下至右上表示上坡,左上至右下表示下坡,坡度及坡长分注在对角线的上下两侧。如图 10-9 所示,该栏中第一格的标注"1.1/65",表示从 K4＋800 至

K4＋865 坡段设计纵坡为 1.1％，设计长度为 65 m，此段路线是上坡。

(5)里程桩号。沿线各点的桩号是按测量的里程数值填入的，单位为米(m)，桩号从左向右排列。在平曲线的起点、中点、终点和桥涵中心点等处可设置加桩。

(6)直线及平曲线。在路线设计中，竖曲线与平曲线的配合关系，直接影响着汽车行驶的安全性和舒适性，以及道路的排水状况，故《公路路线设计规范》(JTG D20—2006)对路线的平纵配合提出了严格的要求。由于道路路线平面图与纵断面图是分别表示的，所以在纵断面图的资料表中，以简约的方式表示出平纵配合关系。在该栏中，以“—”表示直线段；以“⌒”“⌣”或“└┘”“┌┐”四种图样表示平曲线段，其中前两种表示设置缓和曲线的情况，后两种表示不设置缓和曲线的情况；图样的凸凹表示曲线的转向，上凸表示右转曲线，下凹表示左转曲线。

10.3.2 路线纵断面图的绘制方法

路线纵断面图可按如下方法进行绘制。

(1)路线纵断面图大多画在透明方格纸的背面，以防止擦线或刮图时把方格线擦去或刮掉。方格规格为纵横都是按 1 mm 分格，每 5 mm 处印成粗线。用方格纸画，既可省比例尺，加快绘图速度，又便于进行检查。

(2)路线纵断面图和平面图一样，从左往右按里程顺序分段画出。先画资料表和左边的纵坐标(高程)轴，然后画地面线和设计线，接下来画出涵洞、桥梁等符号。

(3)路线纵断面图的图标应绘制在最后一张图或每张图的右下角，并注明路线名称、纵横比例等。在每张图的右上角应绘制角标，注明图纸序号、总张数及起止桩号。

10.4 路基横断面图

路基横断面图是假设通过路线中心桩用一垂直于路线中心线的铅垂剖切面进行横向剖切，画出该剖切面与地面的交线及其与设计路基的交线，便得到路基横断面图，如图 10-10 所示。路基横断面图主要表达路线沿线各中心桩处的横向地面起伏状况和路基横断面形状、路基宽度、填挖高度、填挖面积等。工程上要求每一中心桩处，根据测量资料和道路设计要求，沿线路前进方向依次画出每一个路基横断面图，作为计算路基土石方工程量和路基施工的依据。

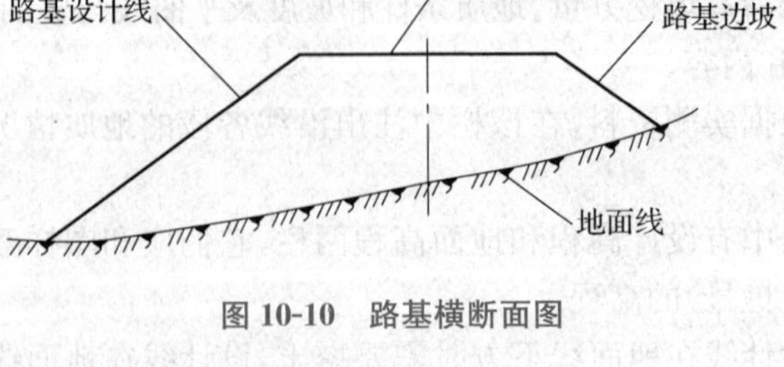

图 10-10 路基横断面图

10.4.1 路基横断面图的形式

如图 10-11 所示，根据设计线与地面线的相对位置的不同，路基横断面图有以下三种形式。

(1)填方路基。填方路基又称路堤，整个路基全为填土区，设计线全部在地面线以上，如

图 10-11(a)所示。在图的下方标注有该断面图的里程桩号、中心线处的填方高度 h_T(m)、填方面积A_T(m^2)、路基中心标高及路基边坡坡度。

(2)挖方路基。挖方路基又称路堑，整个路基全为挖土区，设计线全部在地面线以下，如图 10-11(b)所示。图中注有该断面图的里程桩号、中心线处挖方高度 h_W(m)、挖方面积 A_W(m^2)、路基中心标高及边坡坡度。

(3)半填半挖路基。半填半挖路基指路基断面一部分为填土区，一部分为挖土区，如图 10-11(c)所示。图中注有该断面的里程桩号、中心处填高 h_T(m)或挖高 h_W(m)、填方面积 A_T(m^2)或挖方面积 A_W(m^2)，以及路基中心标高与边坡坡度。

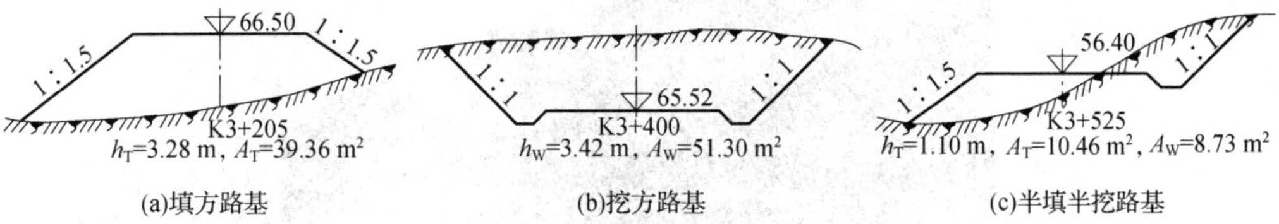

图 10-11　路基横断面图的形式及标注

10.4.2　路基横断面图绘制方法

路基横断面图如图 10-12 所示，其绘制方法如下。

(1)路基横断面图的纵横方向采用同一比例。一般为 1∶200，也可用 1∶100 和 1∶50。要求路面线(包括路肩线)、边坡线、护坡线等均采用粗实线绘制；原有地面线应采用细实线绘制，设计或原有道路中心线应采用细单点长画线绘制。

(2)路基横断面图常绘制在透明方格纸的背面，这样既便于计算断面的挖填方面积，又便于施工放样。

(3)路基横断面图的布置顺序。路基横断面图应按桩号从下至上、从左至右的顺序画出。

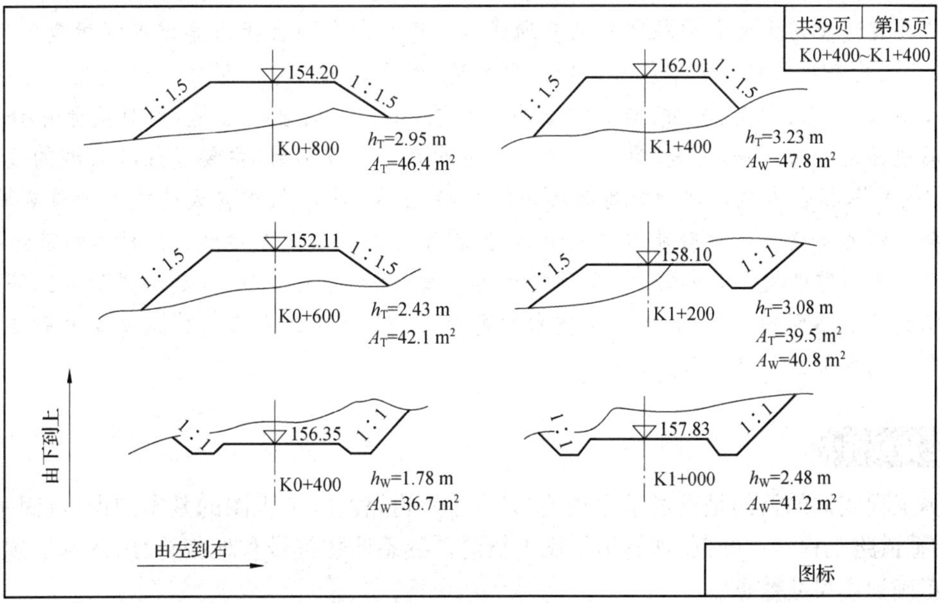

图 10-12　路基横断面图

(4)每张图纸右上角应有角标,注明图纸的序号和总张数,应在最后一张图纸的右下角绘制图标。

趣味知识

中国古代的道路

公元前2000多年前,中国就已经有了可以供牛车和马车行驶的古老道路,如古代丝绸之路遗址和古蜀国栈道遗址(如图10-13所示)。

图10-13 古蜀国栈道遗址

秦始皇统一六国后,秦朝在把过去错综复杂的交通路线加以整修和连接的基础上,又修筑了以驰道为主的全国交通干线。秦朝驰道有统一的质量标准:路面幅宽约70 m;路基要高出两侧地面,有利于排水,并要用铁锤把路面夯实;每隔10 m种一株青松;除路中央三丈为皇帝专用外,两边还开辟了人行旁道;每隔10 m建一座亭,供区段的管理、邮传使用。

除了秦国的驰道外,其他主要的道路工程还有楚国经营的从郢都通往新郑的重要通道、晋国打通的穿越太行山的东西通道、齐鲁两国建设的四通八达的黄淮交通网络、燕国开辟的直达黄河下游和通往塞外的交通线等。唐朝是中国古代道路发展的极盛时期。当时,京城长安的水路运河不仅与东部地区相通,而且是国内与国际的陆路交通的枢纽。出了长安城,向东、向南、向西、向北的陆路交通网,不仅通向全国各地,而且便于中外往来。清朝把驿路分为三等,一是"官马大路",指由北京向各方辐射,主要通往各省城的线路;二是"大路",指自省城通往地方重要城市的线路;三是"小路",指自大路或各地重要城市通往各市镇的支线。清政府通过这些道路,实现了自中央至地方乃至自然村落的政治控制。

现代道路的发展虽然较快,但同样经历了改旧路、辟新道,由自然形成到人工修筑,由土路到改造路面的过程;随着科学技术的进步,经济、文化的发展,政治、军事的需要,道路又发展到今天的高速公路。

工程实训

本工程实训的目的是通过学习相关知识,了解道路路线工程图的基本知识,巩固基本概念,熟悉道路工程常用图例,理解地形图的概念。熟悉地物符号和地貌符号,认真识读图纸,能够正确识读尺寸数据。

阅读图1-5所示的路线平面图,并回答下列问题。

(1)该段路线的起点桩号为________,终点桩号为________,该段路线的大致走向是由________到________方向。

(2)JD_6 的圆曲线半径是________ m,曲线长是________ m,图中路段全长为______ m,图中平曲线(有/无)缓和曲线,JD_6 至曲线距离(外距 E)是________ m。

(3)图中相邻等高线的高差是________ m,该地区白沙河两岸附近的植物是________。

模块 11　桥梁工程图

学习目标

知识目标

(1)了解桥梁工程结构的基本知识、桥梁的组成与分类。

(2)掌握桥位平面图、桥位地质断面图和桥梁总体布置图的内容与特点。

(3)掌握钢筋混凝土桥梁工程图的形成、表达内容及读图方法。

能力目标

能够正确阅读钢筋混凝土桥梁工程图。

11.1 桥梁工程图概述

道路路线在跨越河流湖泊、山川，以及道路互相交叉或与其他路线(如铁路)交叉时，为了保持道路的畅通，就需要修筑桥梁。桥梁既可以保证桥上的交通运行，又可以保证桥下宣泄流水、船只的通航或公路、铁路的运行，是道路工程的重要组成部分。图 11-1 所示为贵州北盘江大桥，铁路凌空飞跃，跨越 300 m 深大峡谷。图 11-2 所示为上海市南浦大桥，大桥全长36 km，为双向六车道高速公路。南浦大桥是黄浦江上第一座建造在上海市区的大桥，宛如一条巨龙横卧浦江之上，使上海人圆了"一桥飞架浦江"的梦想。图 11-3 所示为东海大桥，全长 32.5 km 的东海大桥是上海国际航运中心深水港工程的一个组成部分，被上海市政府列为"一号工程"。图 11-4 所示是广州市内环路高架桥，桥梁从高楼林立的市区穿过，是广州城市交通的重要组成部分，极大缓解了广州的交通压力。

图 11-1　贵州北盘江大桥

图 11-2　上海市南浦大桥

图 11-3　东海大桥

图 11-4　广州市内环路高架桥

桥梁的形式类别多彩纷呈，上述四种桥梁仅仅是桥梁世界里的一瞥。若要深入学习桥梁，能够顺利识读桥梁工程图，就需进一步了解桥梁工程结构的基本知识。

11.1.1　桥梁的基本组成

由图 11-5 所示可见，桥梁一般由上部结构、下部结构（桥台、桥墩和基础）及附属结构三部分组成。

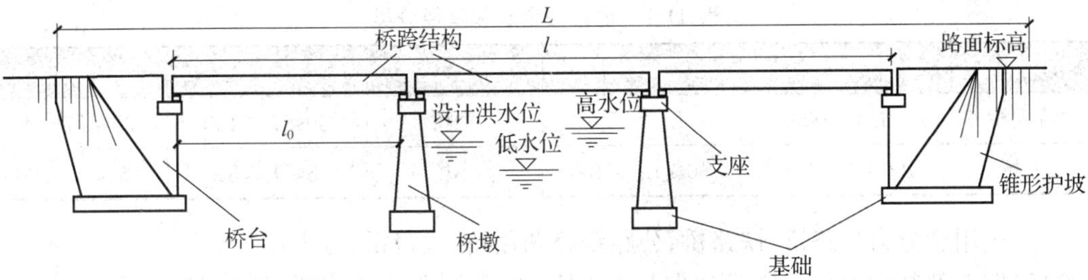

图 11-5　桥梁的基本组成

1）上部结构

上部结构（或称桥跨结构）包括承重结构（主梁或主拱圈）和桥面系，是在路线遇到障碍（如河流、山谷或其他线路等）而中断时，跨越障碍的建筑物。它的主要作用是承受车辆荷载，并通过支座将荷载传给墩台。桥梁跨越幅度越大，上部结构的构造也就越复杂，施工难度也相应增加。

2）下部结构

下部结构包括桥墩、桥台和桥墩台之下的基础，是支承上部结构并将恒载和车辆等活载传至地基的建筑物。设置在桥中间部分的结构称为桥墩。桥台设在桥跨结构两端，除起到支撑和传力作用外，还起到与路堤衔接的作用，防止路堤填土滑坡和塌落。因此，通常需在桥台周围设置石砌的锥形护坡，以保证迎水部分路堤边坡的稳定。桥墩台下的基础是把桥梁上的全部荷载传至地基的结构物，它是确保桥梁能安全使用的关键。

支座是在桥跨结构与桥墩或桥台的支承处设置的传力装置，它不仅要传递很大的荷载，而且要保证桥跨结构能产生一定的变位。

3)附属结构

附属结构包括导流结构物、护岸、锥形护坡等,附属结构通常设置在桥台周围,以保证迎水部分路堤边坡的稳定。

桥梁中涉及的几个概念如下。

(1)水位。河流中的水位是变动的,枯水季节的最低水位称为低水位;洪峰季节河流中的最高水位称为高水位;桥梁设计中按规定的设计洪水频率计算所得的高水位称为设计洪水位。

(2)净跨径。净跨径(l_0)是设计洪水位上相邻两个桥墩(台)之间的净距。

(3)总跨径。总跨径(l)是多孔桥梁中各孔净跨径的总和,它反映了桥下宣泄水流的能力。

(4)桥梁全长。桥梁全长(L)是桥梁两端两个桥台的侧墙或八字墙后端点的距离,对于无桥台的桥梁为桥面行车道的全长。

11.1.2 桥梁的分类

桥梁的形式有很多种,常见的桥梁分类形式有如下几种。

(1)按结构形式分为梁式桥、拱式桥、刚架桥、桁架桥、悬索桥、斜拉桥等。

(2)按建筑材料分为钢桥、钢筋混凝土桥、石桥、木桥等。

(3)按桥梁全长和跨径的不同分为特大桥、大桥、中桥和小桥,见表 11-1。

表 11-1 桥梁按全长和跨径分类

桥梁类型	多孔桥全长 L/m	单孔跨径/m	桥梁类型	多孔桥全长 L/m	单孔跨径/m
特大桥	$L>1\,000$	$L_K>150$	中桥	$30<L<100$	$20\leqslant L_K<40$
大桥	$100\leqslant L\leqslant 1\,000$	$40\leqslant L_K\leqslant 150$	小桥	$8\leqslant L\leqslant 30$	$5\leqslant L_K<20$

(4)按用途分为公路桥、铁路桥、公路铁路两用桥、人行桥、运水桥等。

(5)按上部结构的行车位置分为上承式桥、中承式桥、下承式桥,如图 11-6 所示。

(a)上承式桥 (b)中承式桥 (c)下承式桥

图 11-6 桥梁按上部结构的行车位置分类

①上承式桥。桥面布置在主要承重结构之上的称为上承式桥。

②中承式桥。桥面布置在主要承重结构中间的称为中承式桥。

③下承式桥。桥面布置在主要承重结构之下的称为下承式桥。

11.1.3 桥梁工程图纸的组成

完整的桥梁工程图纸,一般由以下 10 个部分组成。

(1)目录。完整的工程图纸都要装订成册,为方便阅读,编制详细的图名目录。

(2)工程设计说明。工程设计说明一般包括工程概况、设计依据、设计范围、设计指标、施工要求、验收规范等。

(3)桥位平面图。桥位平面图是表达桥梁在道路路线中的具体位置及桥位周围的河流、山谷等地形、地物情况的图样,它是桥梁平面定位放线的依据。

(4)桥位地质断面图。桥位地质断面图是表明桥位所在河床位置的地质断面情况的图样,该图为设计桥梁下部结构的形式和深度提供资料,也是确定桥梁基础施工方案的依据。

(5)桥梁总体布置图。桥梁总体布置图由桥梁立面图、平面图和横剖面图组成。桥梁的形式、构造组成、跨径、孔数、总体尺寸、各部分结构构件的相互位置关系、桥梁各部分的标高、使用材料,以及必要的技术说明等可在桥梁总体布置图中表示出来。

(6)桥梁上部结构及钢筋构造图。桥梁上部结构及钢筋构造图是表达桥梁上部结构(如主梁、拱圈或拱肋、主桁、支座、桥面铺装、栏杆或防撞墙、人行道、伸缩缝、防水排水系统、照明系统等各部分详细结构的形式和尺寸,以及结构内部钢筋的配置情况等)的详图。

(7)桥梁下部结构及钢筋构造图。桥梁下部结构及钢筋构造图是表达桥梁墩台各部分详细结构的形式、尺寸,以及结构内部钢筋的配置情况的详图。

(8)桥梁附属工程结构构造图。桥梁附属工程结构构造图包括锥形护坡、导流护岸、河床铺砌、检查设备、台阶扶梯、导航装置等图纸。

(9)工程数量表。工程数量表包括全桥主要工程数量表、结构各部分工程数量表。

(10)其他图表。大型桥梁或复杂结构还需要有施工顺序图、安装示意图等。

11.2 桥梁工程图的识读与绘制

桥梁的施工不但要满足使用方面的要求,还要满足经济、美观、施工方便等方面的要求。修建前,要进行桥位附近的地形、地质、水文、建材来源等方面的调查,绘制出地形图和地质断面图,供设计和施工使用。

虽然各种桥梁的结构形式和建筑材料不同,但图示方法基本上是相同的。表示桥梁工程的图样一般可分为桥位平面图、桥位地质断面图、桥梁总体布置图、构件图、详图等。在进行桥梁工程图的识读与绘制时,应掌握常用的图示方法、读图步骤和注意事项、绘图要点等。

11.2.1 桥位平面图

桥位平面图主要是表示桥梁的所在位置,桥梁与路线的连接情况,以及桥梁与周围的地形、地物的关系。其画法与路线平面图相同,该图不反映桥梁的具体结构形式和内容,只是所用的比例较大。通过地形测量绘出桥位处的道路、河流、水准点、钻孔及附近的地形和地物,作为设计桥梁、施工定位的根据。图 11-7 所示为某桥的桥位平面图,其除了表示路线平面形状、地形和地物外,还表明了钻孔、里程、水准点的位置和数据。桥位平面图中的植被、水准符号等均应以正北方向为准,而图中文字方向则可按路线要求及总图标方向来决定。

1. 桥位平面图的识读

图 11-7 所示表明某道路经过清水河,计划在清水河上修建一座桥梁。河流左岸是大片的水稻田、旱田、村庄,河流右岸是果树林和较陡峭的山坡。设计的桥梁中心桩号为

K0＋738.00。识读桥位平面图，应注意以下内容。

(1)图幅比例一般为1∶200、1∶500、1∶1 000等。图11-7所示的比例为1∶500。

(2)确定桥梁、路线及地形地物的方位采用平面坐标或指北针定位。

(3)地形地物的图示方法与道路路线平面图相同，即等高线或地形点表示地形情况，图例表示地物情况，水准点用规定的符号表示位置、编号及高程。

(4)路线线形情况、里程桩号、路线控制点等均与道路路线平面图相同。

(5)用图例符号表明桥梁位置和钻探孔的位置及编号。

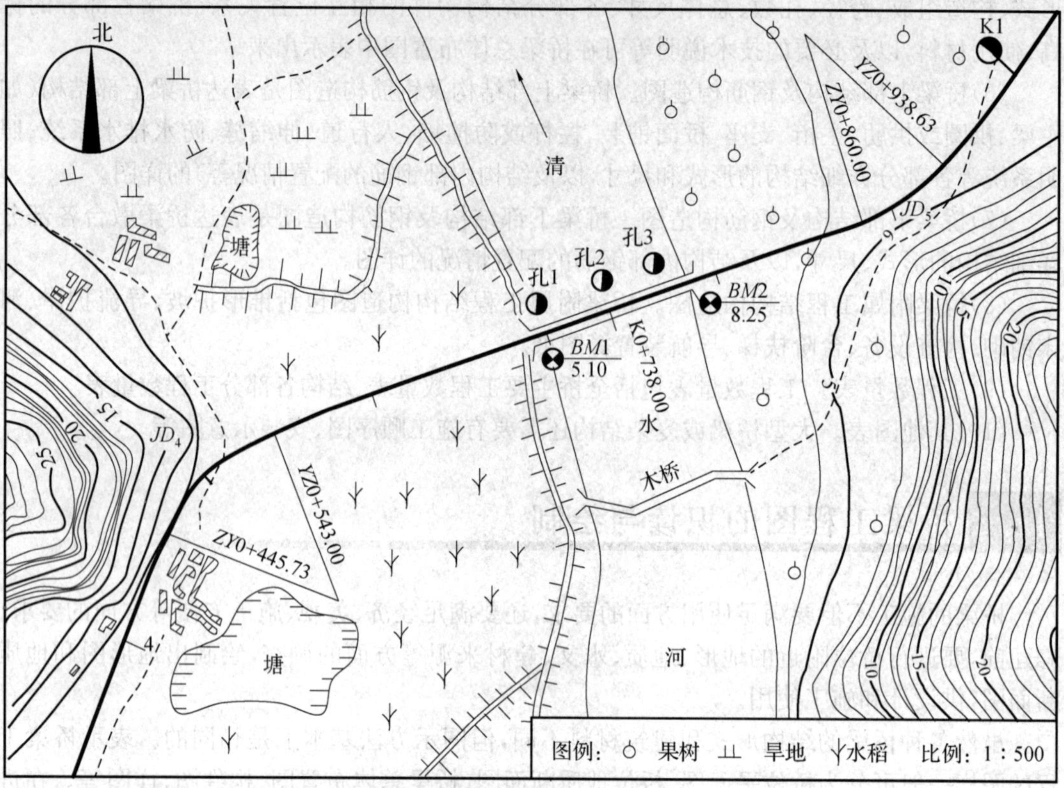

图11-7 某桥的桥位平面图

2.桥位平面图的绘制要点

桥位平面图的绘制要点如下。

(1)测绘地形图或在已有的地形图上按比例绘制道路路线中线，用粗实线绘制。当选用较大比例尺时，用粗实线表示道路边线，用细点画线表示道路中心线，注明里程桩号、控制点坐标等相关参数。

(2)用图例符号(细实线)绘出桥位、钻探孔位、水准点及编号。当选用大比例尺时，桥梁的长、宽均用粗实线按比例画出。

(3)标明图幅名称、比例、图标、指北针等内容。

11.2.2　桥位地质断面图

桥位地质断面图是表明桥梁所在位置的地质断面情况的图样，是根据水文调查和实地钻探所得到的地质水文资料绘制的。如果是地质情况不复杂的河床，也可将地质情况用柱状图绘制在桥型总体布置图中的立面图左侧。桥位地质断面图为设计桥梁下部结构的形式和深度提供资料，也是确定桥梁基础施工方案的依据。

1.桥位地质断面图的识读

图 11-8 所示为某桥桥位地质纵断面图，是将图 11-7 中的桥梁沿中线的位置处切开，然后绘制的纵断面图。

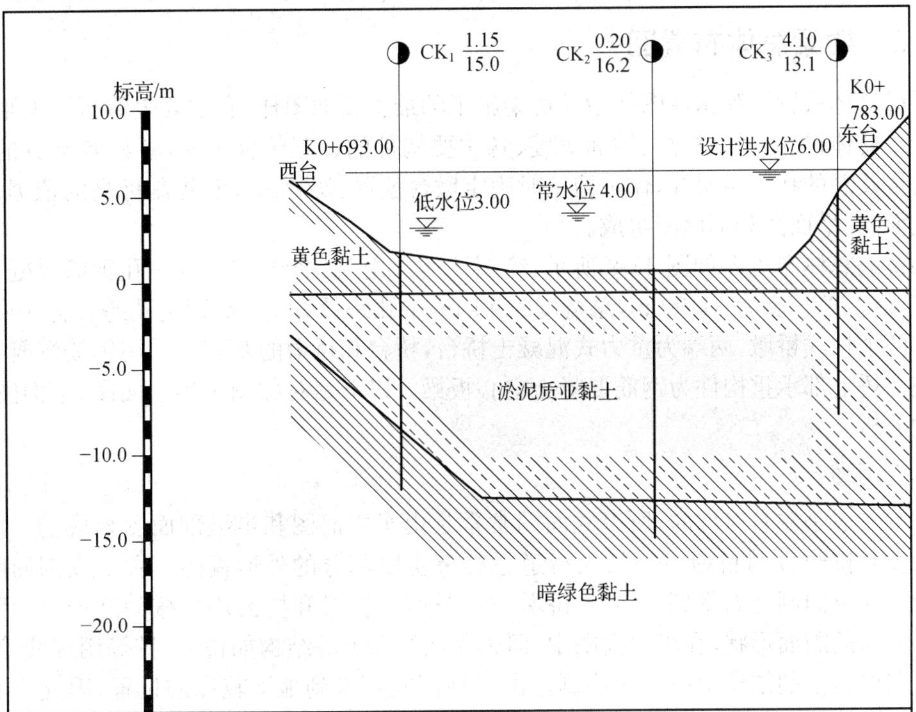

钻孔编号		1		2		3	
孔口标高/m	钻孔深度/m	1.15	15.0	0.20	16.2	4.10	13.1
间距/m			40.00		38.00		

图 11-8　桥位地质纵断面图(水平方向比例为 1∶500)

从图 11-8 中可以看出该河流的水位变化情况，河床地质有黄色黏土、淤泥质亚黏土、暗绿色黏土，以及土层的厚度和变化情况。识读桥位地质断面图应注意以下内容。

(1)为了显示地质及河床深度的变化情况，标高方向的比例比水平方向的比例大。图 11-8 中水平方向的比例为 1∶500，标高方向的比例为 1∶200。

(2)根据不同土层土质，在图中用图例分清土层并注明土质名称；表明河床三条水位线，即常水位、设计洪水位、低水位，并注明具体标高；显示出钻探孔的标号、位置及钻探深度；标示出河床两岸控制点桩号及位置。

(3)图幅下方注明相关数据，一般标注的项目有钻孔编号、孔口标高、钻孔深度、钻孔间的距离。

2. 桥位地质断面图的绘制要点

桥位地质断面图的绘制要点如下。

(1)选择比较适宜的纵、横比例尺,根据钻探结果将每一孔位的土质变化情况分层标出,每层土按不同的土质图例表示出来,并注明土质名称。河床线为粗实线,土质分层线为中实线,图例用细实线画出。

(2)把调查到的水位资料进行标注,标注桥位控制点及桩号,对钻探孔位及相关参数进行标注。

(3)在图样左侧画出高程标尺及图样下方的资料部分。

(4)标注图名、比例、文字说明及其他相关数据等。

11.2.3 桥梁总体布置图

桥梁总体布置图和构件图是指导桥梁施工的最主要的图样,它主要表明桥梁的形式、跨径、孔数、总体尺寸、桥面标高、桥面宽度、各主要构件的相互位置关系,桥梁各部分的标高、材料数量及总的技术说明等,作为施工时确定墩台位置、安装构件和控制标高的依据。其一般由立面图、平面图和剖面图组成。

某桥的总体布置图如图 11-9 所示,绘图比例采用 1∶200,该桥为三孔钢筋混凝土空心板简支梁桥,总长度为 34.90 m,总宽度为 14 m,中孔跨径为 13 m,两边孔跨径为 10 m。桥中设有两个柱式桥墩,两端为重力式混凝土桥台,桥台和桥墩的基础均采用钢筋混凝土预制打入桩。桥上部承重构件为钢筋混凝土空心板梁。以下是对此图中的立面图、平面图、横剖面图的分析。

1. 立面图

桥梁一般是左右对称的,所以立面图常常是由半立面图和半纵剖面图合成的。左半立面图为左侧桥台、1 号桥墩、板梁、人行道栏杆等主要部分的外形视图。右半纵剖面图是沿桥梁中心线纵向剖开而得到的,2 号桥墩、右侧桥台、板梁和桥面均应按剖开绘制。图中还画出了河床的断面形状,在半立面图中,河床断面线以下的结构如桥台、桩等用虚线绘制,在半剖面图中地下的结构均用实线绘制。由于预制桩打入到地下较深的位置,因此不必全部画出,为了节省图幅,可采用断开画法。图中还注出了桥梁各重要部位,如桥面、梁底、桥墩、桥台、桩尖等处的高程及常水位(常年平均水位)。

2. 平面图

桥梁的平面图常采用半剖的形式。图 11-9 中左半平面图是从上向下投影得到的桥面俯视图,主要画出了车行道、人行道、栏杆等的位置。由图中所注尺寸可知,桥面车行道净宽为 10 m,两边人行道各为 2 m。右半部采用剖切画法(或分层揭开画法),假想把上部结构移去后,画出 2 号桥墩和右侧桥台的平面形状与位置。桥墩中的虚线圆是立柱的投影,桥台中的虚线正方形是下面方桩的投影。

3. 横剖面图

根据图 11-9 立面图中所标注的剖切位置可以看出,Ⅰ—Ⅰ剖面是在中跨位置剖切的,Ⅱ—Ⅱ剖面是在边跨位置剖切的,桥梁的横剖面图是由左半部Ⅰ—Ⅰ剖面和右半部Ⅱ—Ⅱ剖面拼成的。桥梁中跨和边跨部分的上部结构相同,桥面总宽度为 14 m,是由 10 块钢筋混凝土空心板拼接而成的,由于板的断面形状太小,因此图中没有画出其材料符号。在Ⅰ—Ⅰ剖面图中画出了桥墩各部分，包括墩帽、立柱、承台、桩等的投影。在Ⅱ—Ⅱ剖面图中画出了桥台各部分，包括台帽、台身、承台、桩等的投影。

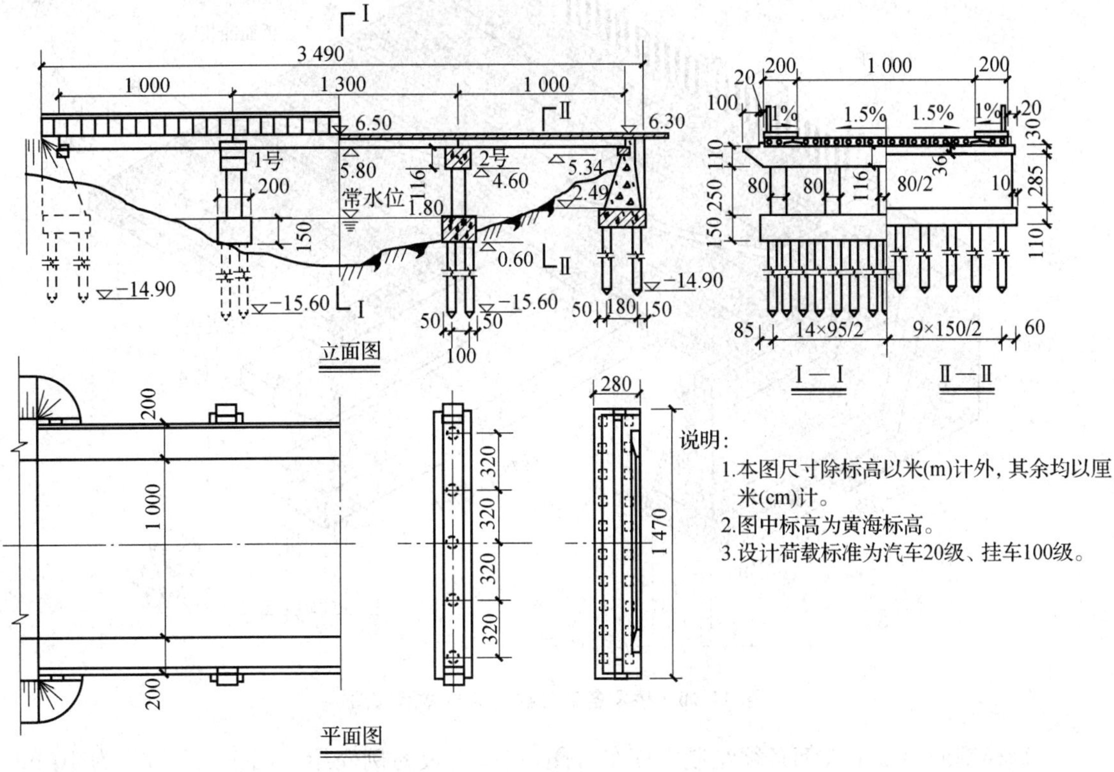

图 11-9 桥梁总体布置图

11.2.4 构件图

桥梁各部分组成的立体示意图如图 11-10 所示，各主要构件可在图中看出。

在总体布置图中，由于比例较小，不可能将桥梁的各种构件都详细地表示清楚。为了实际施工和构件制作的需要，还必须用较大的比例画出各构件的形状大小和内部构造，构件图常用的比例为 1∶50～1∶10，某些局部详图可采用更大的比例。下面介绍桥梁中几种常见的构件图的画法。

1. 钢筋混凝土空心板图

钢筋混凝土空心板是桥梁上部结构中最主要的受力构件，它的两端搁置在桥墩和桥台上。图 11-11 所示是边跨为 10 m 的钢筋混凝土空心板构造图，由立面图、平面图和断面图组成，主要表达空心板的形状、构造和尺寸。整个桥宽由 10 块钢筋混凝土板拼成，按不同位置分为中板（中间共 6 块）、次边板（两侧各 1 块）、边板（两边各 1 块）三种。三种板的厚度相同，均为 55 cm，故只画出了中板立面图。由于三种板的宽度和构造不同，故分别绘制了中板、次边板和边板的平面图，中板宽为 124 cm，次边板宽为 162 cm，纵向是对称的，所以立面图和平面图均只画出了一半，边跨板长名义尺寸为 10 m，但减去板接头缝后实际板长为 996 cm。三种板均分别绘制了跨中断面图，可以看出它们不同的断面形状和详细尺寸。另外，还画出了板与板之间拼接的铰缝大样图，具体施工方法详见说明。

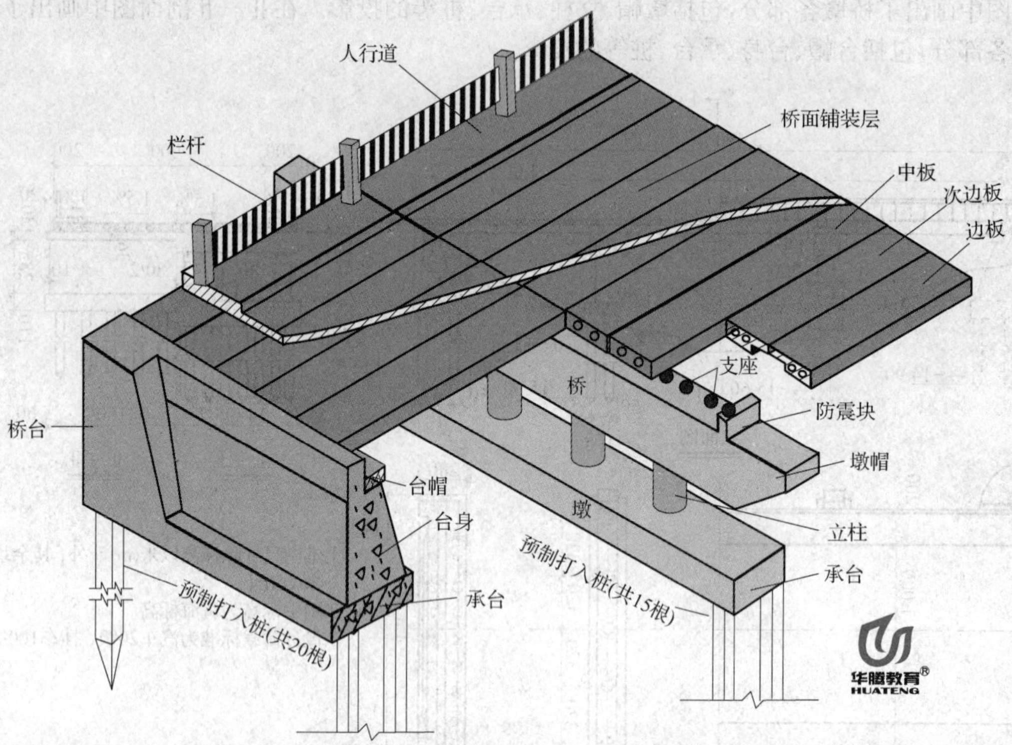

图 11-10　桥梁各部分组成的立体示意图

每种钢筋混凝土板都必须绘制钢筋布置图，现以边板为例介绍。图 11-12 所示为 10 m 边板的配筋图。其立面图是用Ⅰ—Ⅰ纵剖面表示的(既然假定混凝土是透明的，立面图和剖面图已无多大区别，这里主要是为了避免钢筋过多重叠才这样处理)。由于板中有弯起钢筋，因此绘制了跨中横断面Ⅱ—Ⅱ和跨端横断面Ⅲ—Ⅲ，可以看出，②号钢筋在中部时是位于板的底部，在端部时则位于板的顶部。为了更清楚地表示钢筋的布置情况，还画出了板的顶层钢筋平面图。整块板共有 10 种钢筋，每种钢筋都绘出了钢筋详图。几种图互相配合，对照阅读，再结合列出的钢筋明细表，就可以清楚地了解该板中所有钢筋的位置、形状、尺寸、规格、直径、数量等内容，以及几种弯筋、斜筋与整个钢筋骨架的焊接位置和长度。

2. 桥墩图

图 11-13 所示为桥墩构造图，主要表达桥墩各部分的形状和尺寸。这里绘制了桥墩的立面图、侧面图和Ⅰ—Ⅰ剖面图，由于桥墩是左右对称的，故立面图和剖面图均只画出一半。该桥墩由墩帽、立柱、承台和基桩组成。根据所标注的剖切位置可以看出，Ⅰ—Ⅰ剖面图实质上为承台平面图，承台基本呈长方体，长为 1 500 cm，宽为 200 cm，高为 150 cm。承台下的基桩分两排交错(呈梅花形)布置，施工时先将预制桩打入地基，下端到达设计深度(标高)后，再浇筑承台，桩的上端深入承台内部 80 cm，在立面图中这一段用虚线绘制。承台上有 5 根圆形立柱，直径为 80 cm，高为 250 cm。立柱上面是墩帽，墩帽的全长为 1 650 cm，宽为 140 cm，高度在中部为 116 cm，在两端为 110 cm，有一定的坡度，为的是使桥面形成 1.5%的横坡。墩帽的两端各有 1 个 20 cm×30 cm 的抗震挡块，是为了防止空心板移动而设置的。

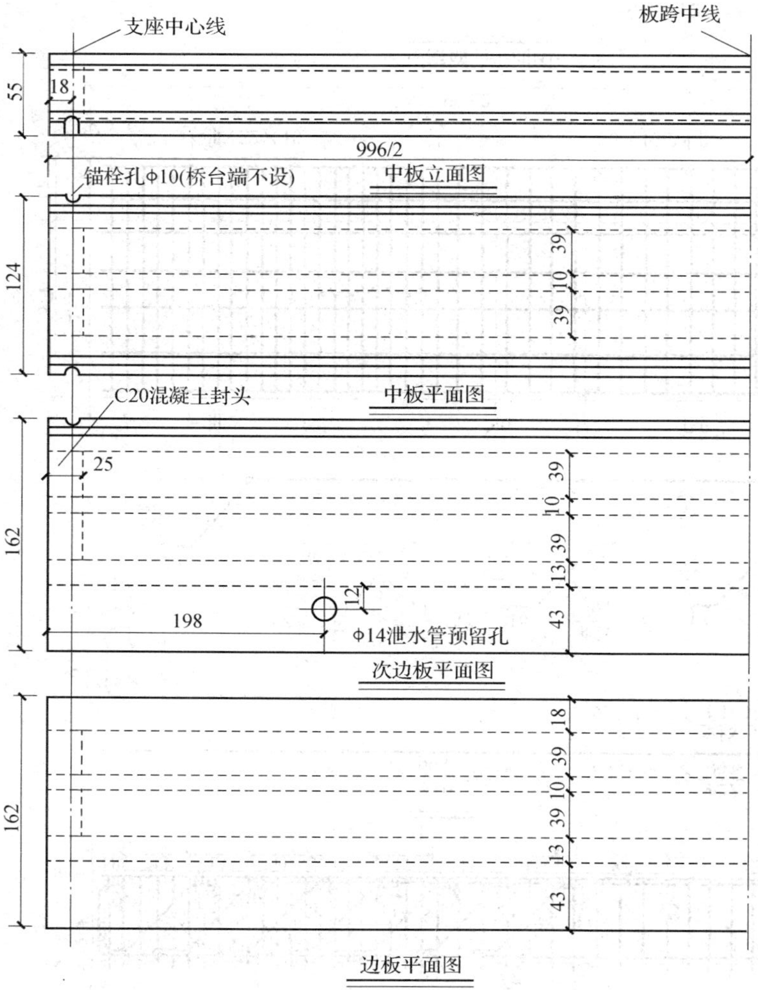

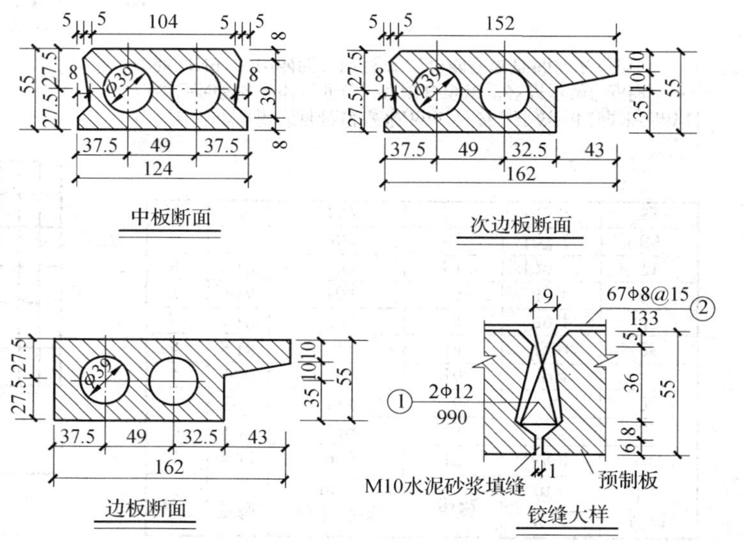

一块空心板混凝土数量表

封头	中板		边板		次边板	
C20混凝土/m^3	C25混凝土/m^3	安装质量/t	C25混凝土/m^3	安装质量/t	C25混凝土/m^3	安装质量/t
0.119	3.874	9.762	4.081	13.3	4.523	11.44

说明：

1.本图尺寸除钢筋直径以毫米(mm)计外,其余均以厘米(cm)计。

2.浇筑铰缝混凝土前先用M10水泥砂浆填底缝，待砂浆强度达50%后方可浇筑铰缝。

3.铰缝钢筋①、②号先绑扎好再放入铰缝内，并与预制板中伸出的箍筋绑扎在一起，②号钢筋每隔15 cm扎一根。

图 11-11　边跨为 10 m 的钢筋混凝土空心板构造图

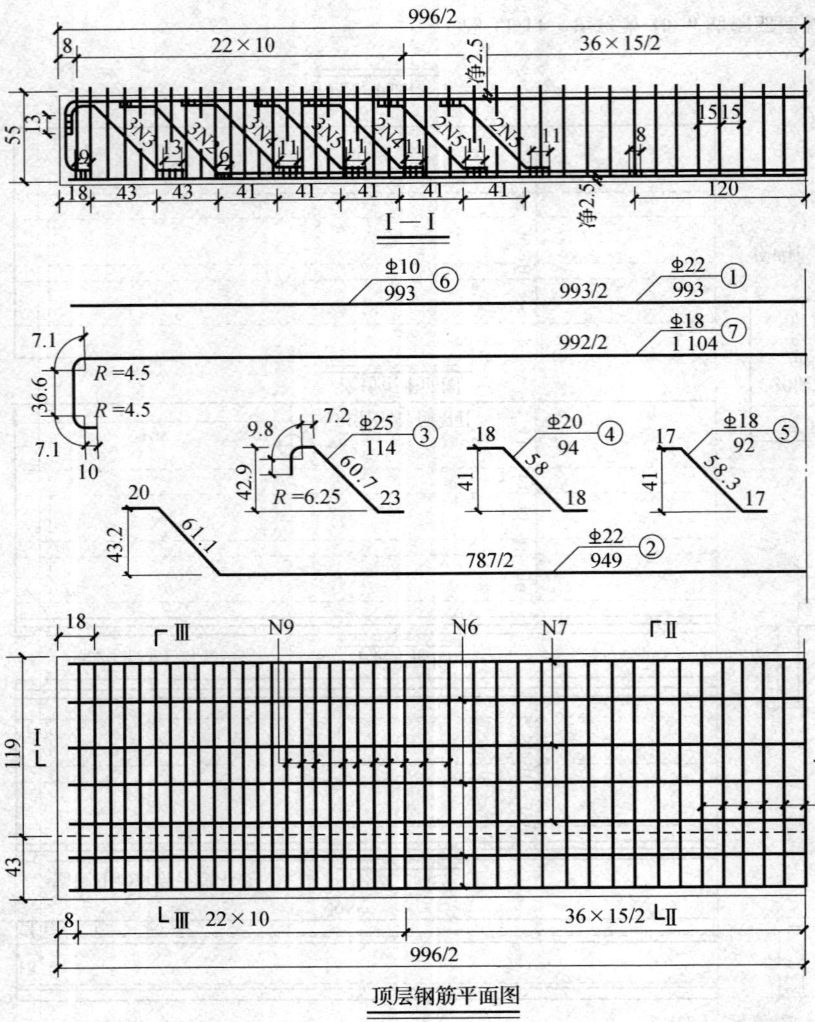

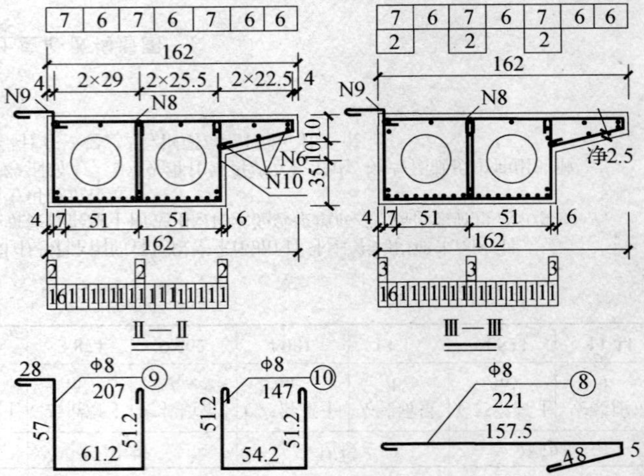

一块板钢筋明细表

编号	直径	每根长度/mm	根数	总长/m	质量/kg
1	Φ22	993	17	168.8	503
2	Φ22	949	3	28.5	85
3	Φ25	114	6	6.8	26
4	Φ20	94	10	9.4	23
5	Φ18	92	14	12.9	26
6	Φ10	993	8	79.4	49
7	Φ18	1 104	3	33.1	66
8	Φ10	22	81	179	71
9	Φ8	207	81	167.7	66
10	Φ8	167	81	135.3	53

说明：
1.本图尺寸除钢筋直径以毫米(mm)计外，其余均以厘米(cm)计。
2.焊接钢筋均采用双面焊，焊接长度按“公路桥规”办理。
3.N8与N9、N10钢筋对应设置，N9钢筋弯直伸入人行道。

图 11-12　10 m 边板的配筋图

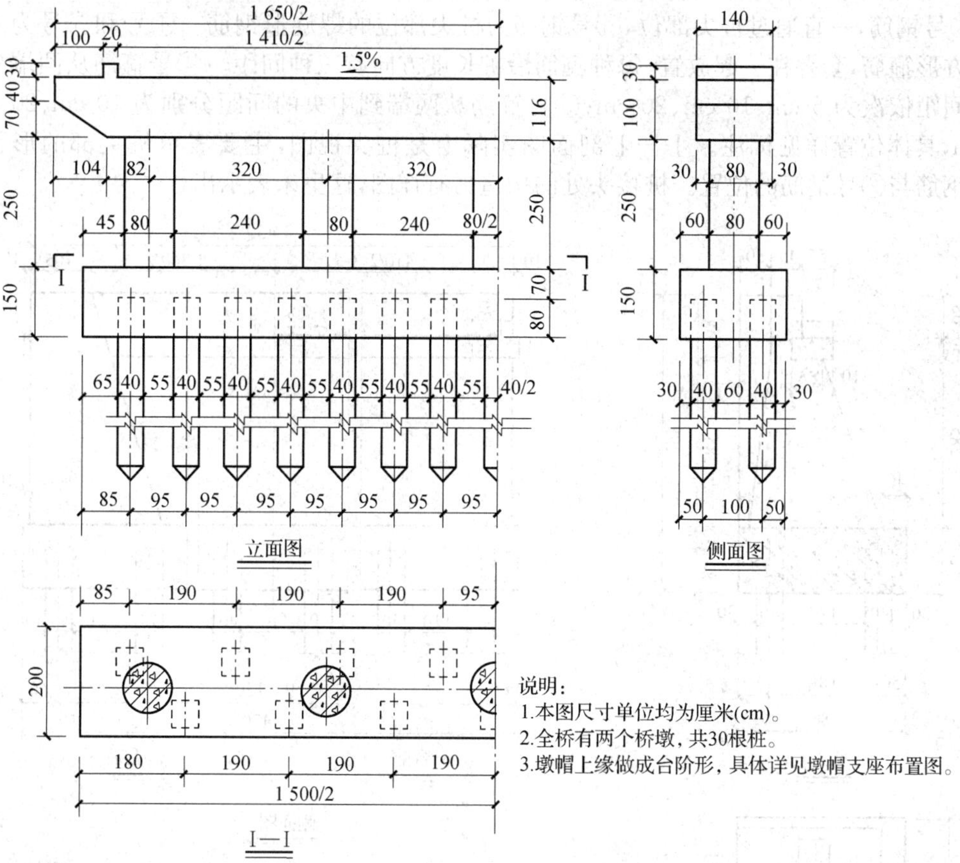

图 11-13　桥墩构造图

3. 桥台图

桥台属于桥梁的下部结构，主要是支承上部的板梁，并承受路堤填土的水平推力。我国公路桥梁桥台的形式主要有实体式桥台(又称重力式桥台)、埋置式桥台、轻型桥台、组合式桥台等。

图 11-14 所示为重力式混凝土桥台的构造图，用剖面图、平面图和侧面图表示。该桥台由台帽、台身、侧墙、承台和基桩组成。此桥台的立面图用 I—I 剖面图代替，既可表达出桥台的内部构造，又可画出材料符号。该桥台的台身和侧墙均用 C30 混凝土浇筑而成，台帽和承台的材料为钢筋混凝土。桥台的长为 280 cm，高为 493 cm，宽为 1 470 cm。由于宽度尺寸较大且对称，所以平面图只画出了一半。侧面图由台前和台后两个方向视图各取一半拼成，所谓台前是指桥台面对河流的一侧，台后则是指桥台面对路堤填土的一侧。为了节省图幅，平面图和侧面图都采用了断开画法。桥台下的基桩分两排对齐布置，排距为 180 cm，桩距为150 cm，每个桥台有 20 根桩。图中桥台的承台等处的配筋图略去。

4. 钢筋混凝土桩配筋图

图 11-15 所示为钢筋混凝土预制桩的配筋图，主要用立面图和断面图及钢筋详图来表达。由于桩的长度尺寸较大，为了布图的方便，常将桩水平放置，断面图可画成中断断面或移出断面。由图可以看出该桩的截面为正方形(4 cm×4 cm)，桩的总长为 17 m，分上下两节，上节桩长为 8 m，下节桩长为 9 m。上节桩内布置的主筋为 8 根①号钢筋，桩顶端有钢筋网 1 和钢筋网 2，共三层，在接头端预埋 4 根⑩号钢筋。下节桩内的主筋为 4 根②号钢筋和

4 根③号钢筋，一直通过桩尖部位，⑥号钢筋为桩尖部位的螺旋形钢筋。④号和⑤号为大小两种方形箍筋，套叠在一起放置，每种箍筋沿桩长度方向有三种间距。④号箍筋从两端到中央的间距依次为 5 cm、10 cm、20 cm；⑤号箍筋从两端到中央的间距分别为 10 cm、20 cm、40 cm，具体位置详见标注。Ⅰ—Ⅰ剖面图实际上是桩尖视图，主要表示桩尖部的形状及⑦号钢筋与②号钢筋的位置。桩接头处的构造另有详图，这里未表示出。

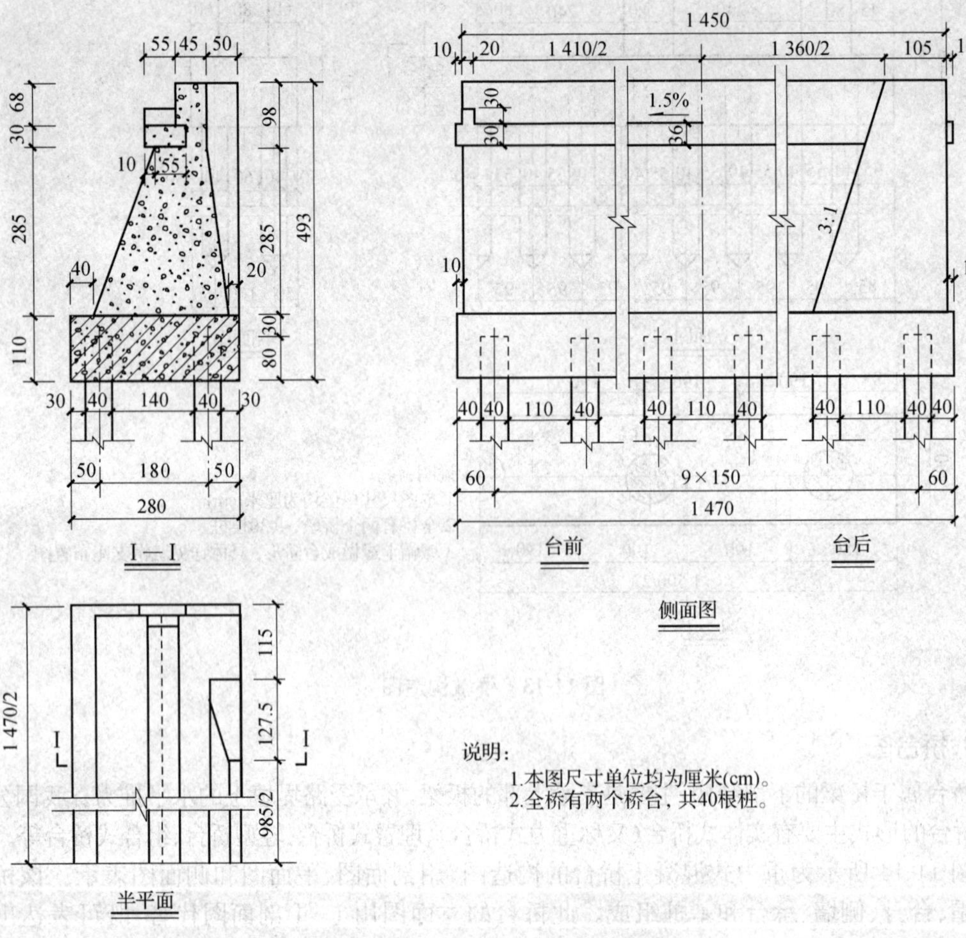

图 11-14　重力式混凝土桥台的构造图

以上介绍了钢筋混凝土预制桩，工程上还常采用钻孔灌注桩。下面以图 11-16 为例介绍桥墩基桩钢筋构造图。桥墩基桩的钢筋布置图中①号、②号分别为柱、桩的主筋，③号、④号分别为柱、桩的定位箍筋，⑤号、⑥号分别为柱、桩的螺旋分布筋，⑦号为钢筋骨架定位筋。

该结构用一个立面图和Ⅰ—Ⅰ、Ⅱ—Ⅱ两个断面就已表达清楚。断面图中钢筋采用了夸张的画法，即将 N3 与 N5、N4 与 N6 间距适当拉大画出。

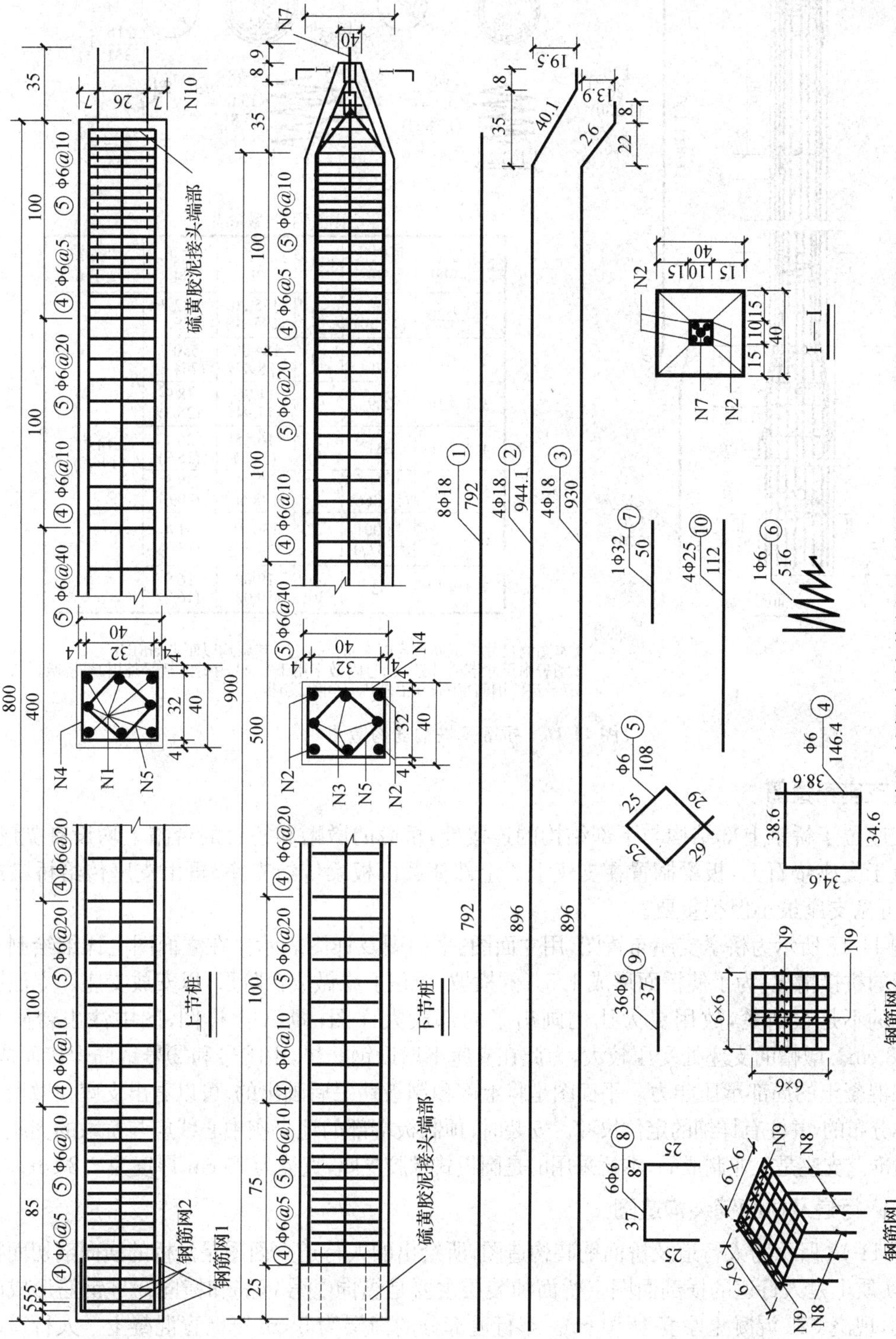

说明：本图尺寸除钢筋直径尺寸单位为毫米(mm)外，其余尺寸单位均为厘米(cm)。

图 11-15 钢筋混凝土预制桩的配筋图

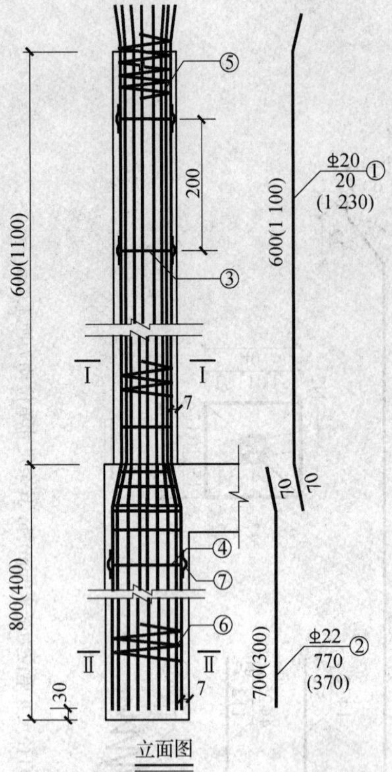

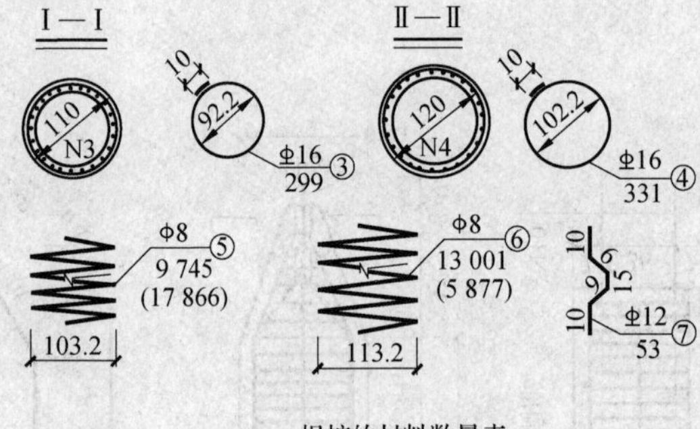

一根桩的材料数量表

编号	直径/mm	每根长/cm	根数	共长/m	共重/kg	25号混凝土/m^3
1	⌀20	730 (1 230)	24	175.20 (295.20)	432.7 (729.1)	14.7 (14.98)
2	⌀22	770 (370)	24	184.80 (88.80)	550.7 (264.6)	
3	⌀16	299	4 (6)	11.96 (17.94)	18.9 (28.3)	
4	⌀16	331	5 (3)	16.55 (9.93)	26.1 (15.7)	
5	Φ8	9 745 (17 866)	1	97.45 (178.66)	38.5 (70.6)	
6	Φ8	13 001 (5 877)	1	130.01 (58.77)	51.4 (23.2)	
7	⌀12	53	36 (36)	19.08 (19.08)	16.9 (16.9)	

说明：

1.本图的尺寸除钢筋直径以毫米(mm)计，其余均以厘米(cm)计。

2.图表中尺寸带括号者，括号内数字用于3、4号桥墩，括号外用2号桥墩。

3.7号定位钢筋每隔2 m沿圆周等间距设4根。

图 11-16　桥墩基桩钢筋构造图

5. 支座布置图

支座位于桥梁上部结构与下部结构的连接处，桥墩的墩帽和桥台的台帽上均设有支座，支座置于支座垫石上，板梁搁置在支座上。上部荷载由板梁传给支座，再由支座传给桥墩或桥台，可见支座虽小但很重要。

图 11-17 所示为桥墩支座布置图，用立面图、平面图及详图表示。在立面图上详细绘制了预制板的拼接情况，为了使桥面形成 1.5%的横坡，墩帽上缘做成台阶形，以安放支座。立面图上表达的不是很清楚，故用更大比例画出了局部放大详图，即 A 大样图，图中注出台阶宽为 1.88 cm。墩帽的支座处受压较大，为此在支座下增设钢筋垫，由①号和②号钢筋焊接而成，以加强混凝土的局部承压能力。平面图是将上部预制板移去后画出的，可以看出支座在墩帽上是对称分布的，并注有详细的定位尺寸。安装时，预制板端部的地支座中心线应与桥墩的支座中心线对准。支座是工业制成品，本桥采用的是圆板式橡胶支座，直径为 20 cm，厚度为 2.8 cm。

6. 人行道及桥面铺装构造图

图 11-18 所示为人行道及桥面铺装构造图，所绘出的人行道立面图是沿桥的横向剖切而得到的，实质上是人行道的横剖面图。桥面铺装层主要是纵向①号钢筋和横向②号钢筋形成的钢筋网，现浇 C25 混凝土厚度为 10 cm。车行道部分的面层为 5 cm 厚沥青混凝土。人行道部分是在路缘石、撑梁、栏杆垫梁上铺设人行道板后构成架空层，面层为地砖贴面。人行道板长为 74 cm，宽为 49 cm，厚为 8 cm，用 C25 混凝土预制而成，另附有人行道板的钢筋布置图。

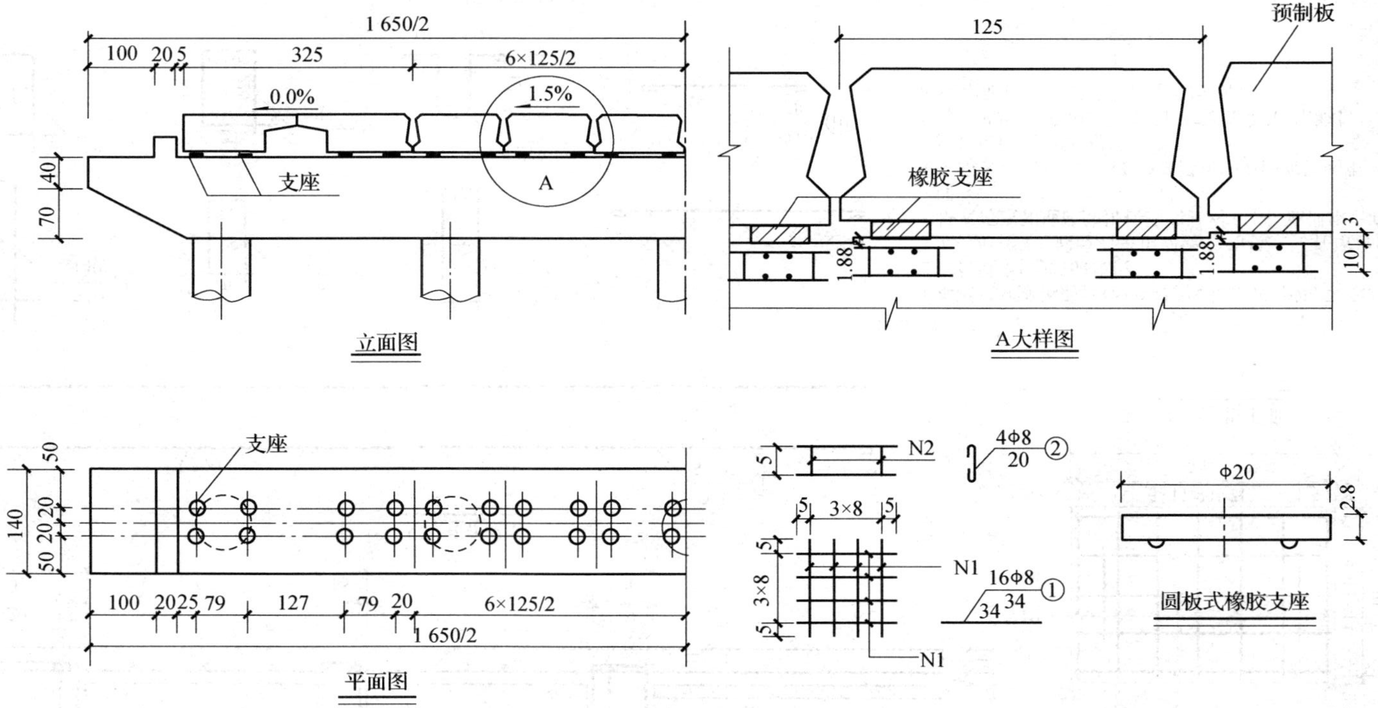

说明:

1. 本图中的尺寸除钢筋直径单位以毫米 (mm) 计其余均以厘米 (cm) 计。
2.抗震挡块与空心板之间 5 cm 缝隙填塞油浸纤维板。

全桥桥墩支座材料表

钢筋总质量/kg	圆板式橡胶支座/套
93.5	80

图 11-17　桥墩支座布置图

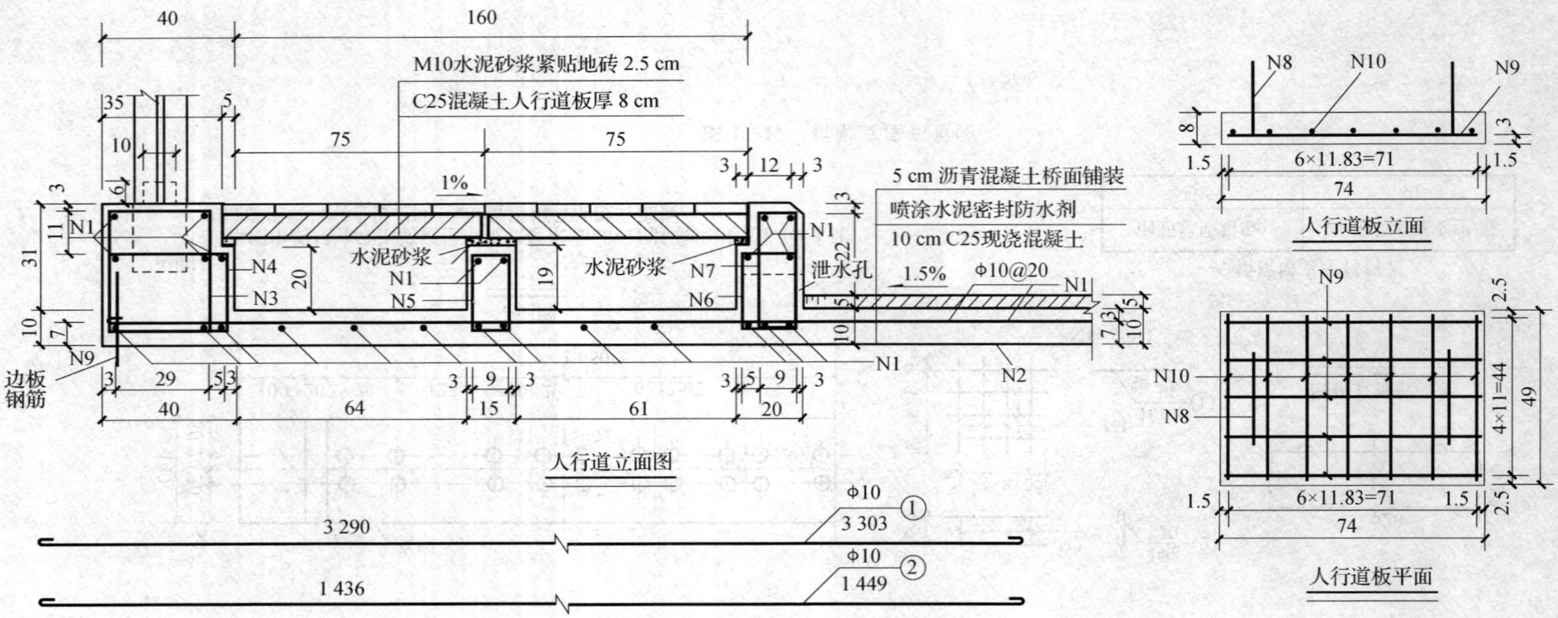

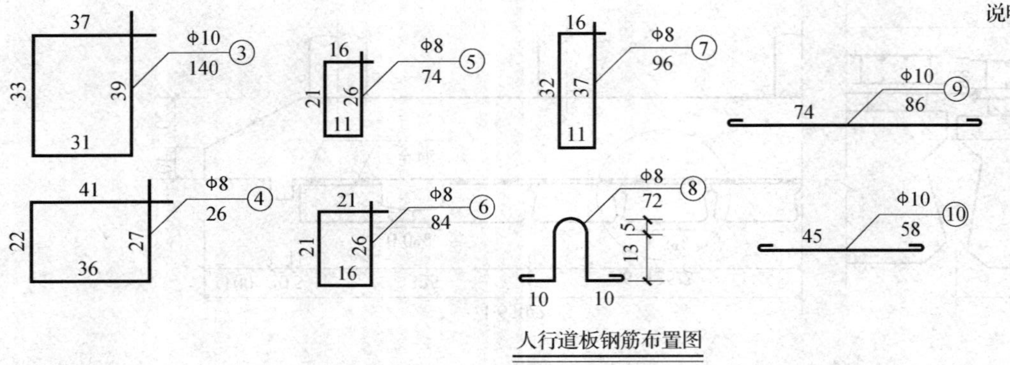

说明：

1. 本图尺寸除钢筋直径单位以毫米(mm)计外，其余均以厘米(cm)计。
2. 人行道全桥共264块板。
3. 人行道撑梁、路缘石采用现浇C25混凝土，在墩台处断开，并注意将人行道和地砖的拼接缝与其对齐，桥面泄水管在路缘石现浇时埋入。
4. 箍筋 N3、N4、N5、N6、N7 沿桥跨方向布置间距为 20 cm，在栏杆柱处可适当调整间距。
5. 边板伸出钢筋N9，应与栏杆垫梁钢筋牢固绑扎。
6. N8钢筋在人行道板安装完毕后切除。

图 11-18　人行道及桥面铺装构造图

趣味知识

盾构隧道掘进机

盾构隧道掘进机简称盾构机，是一种隧道掘进的专用工程机械，如图 11-19 所示。现代盾构隧道掘进机集光、机、电、液、传感、信息技术于一体，具有开挖切削土体、输送土渣、拼装隧道衬砌、测量导向纠偏等功能，涉及地质、土木、机械、力学、液压、电气、控制、测量等多门学科技术，而且要按照不同的地质进行"量体裁衣"式的设计制造，可靠性要求极高。盾构机已广泛应用于地铁、铁路、公路、市政、水电等隧道工程。

图 11-19　盾构隧道掘进机

用盾构机进行隧洞施工具有自动化程度高、节省人力、施工速度快、一次成洞、不受气候影响、开挖时可控制地面沉降、减少对地面建筑物的影响和在水下开挖时不影响水面交通等特点；在隧洞洞线较长、埋深较大的情况下，用盾构机施工更为经济合理。

盾构机的基本工作原理就是一个圆柱体的钢组件沿隧洞轴线，边向前推进边对土壤进行挖掘。该圆柱体组件的壳体即护盾，它对挖掘出的还未衬砌的隧洞段起着临时支撑的作用，承受周围土层的压力，有时还承受地下水压以及将地下水挡在外面。挖掘、排土、衬砌等作业在护盾的掩护下进行。

盾构机根据工作原理一般分为手掘式盾构机、挤压式盾构机、半机械式盾构机(包括局部气压、全局气压)和机械式盾构机(包括开胸式切削盾构机、气压式盾构机、泥水加压盾构机、土压平衡盾构机、混合型盾构机、异型盾构机)。泥水加压式盾构机是通过加压泥水或泥浆(通常为膨润土悬浮液)来稳定开挖面，其刀盘后面有一个密封隔板，与开挖面之间形成泥水室，里面充满了泥浆，开挖土料与泥浆混合由泥浆泵输送到洞外分离厂，经分离后泥浆可重复使用。土压平衡式盾构机是把土料(必要时添加泡沫等对土壤进行改良)作为稳定开挖面的介质，刀盘后隔板与开挖面之间形成泥土室，刀盘旋转开挖使泥土料增加，再由螺旋输料器旋转将土料运出，泥土室内土压可由刀盘旋转开挖速度和螺旋输出料器出土量(旋转速度)进行调节。

根据盾构机不同的分类，盾构开挖方法可分为敞开式、机械切削式、网格式和挤压式等。为了减少盾构施工对地层的扰动，可先借助千斤顶驱动盾构机，使其切口贯入土层，然后在切口内进行土体开挖与运输。

工程实训

本工程实训的目的是了解桥梁工程结构的基本知识，巩固基本概念，理解桥梁结构的特点和作用，熟悉桥梁工程常见的结构类型。通过认真地识读图纸，深入分析图形之间的对应关系，能够正确识读尺寸数据。

阅读图 11-20 所示的桥梁总体布置图，并回答相关问题。

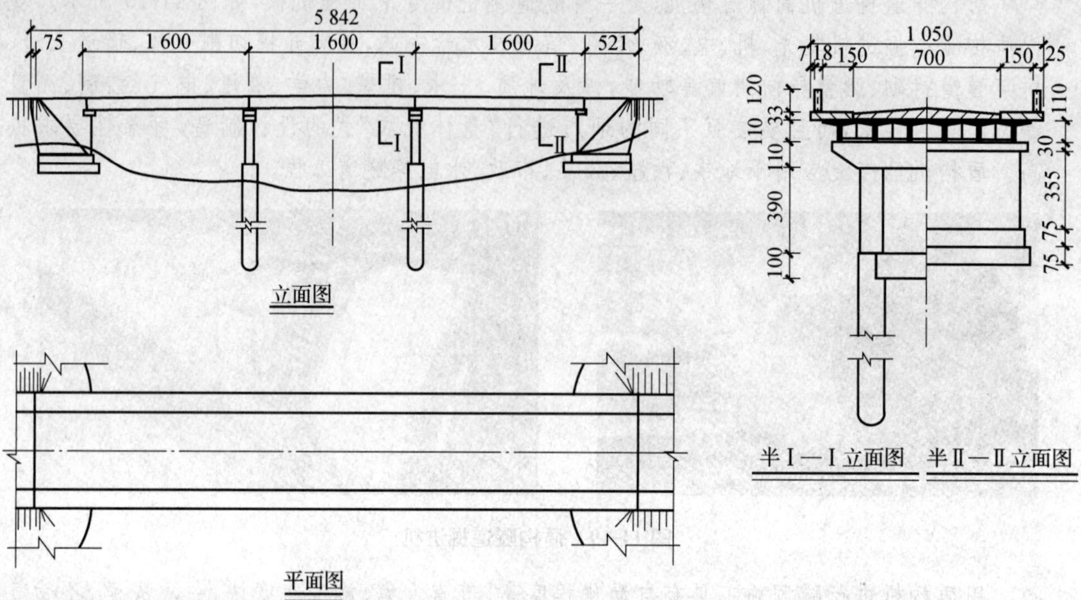

图 11-20 桥梁总体布置图

1. 立面图

立面图反映出该桥净跨径为____ m，总跨径为____ m；图为____孔的梁式桥，桥台为重力式桥台，桥墩为桩柱式轻型桥墩，由于桩基础较长，故采用折断画法。由于立面图的比例较小，因此桥面铺垫层、人行道和栏杆均未表示出。为了表达清晰，假设桥梁没有填土或填土为透明的，因此埋入土体中的基础和桥台部分为可见，用实线画出，不可见部分可省略不画。

2. 平面图

由于比例较小，桥栏杆未表示，只画出车行道和人行道的宽度，以及锥形护坡的一部分投影。平面图与立面图一样只画出可见部分的投影。

3. 侧面图

为了表达清楚，侧面图选用的比例比立面图和平面图要大，工程上常采用半Ⅰ—Ⅰ剖面和半Ⅱ—Ⅱ剖面拼接成一个图的表示方法。由图可以看出，桥梁的上部结构由____片 T 形梁组成，桥面宽为____ m，车行道宽为____ m，人行道宽为____ m，净宽为____ m。下部构造用一半桥台、一半桥墩拼接成一个图的表示方法，且只画出可见部分。

模块 12　涵洞工程图

学习目标

知识目标

(1)了解涵洞结构的基本知识、涵洞的分类与组成。

(2)掌握涵洞工程图的图示方法与表达内容。

能力目标

能够正确识读各种涵洞的一般构造图。

12.1 涵洞概述

涵洞是公路或铁路与沟渠、道路相交的地方,使水、人流、车流从路下通过的小型工程构筑物,如图 12-1 所示,其作用与桥相同,但一般孔径较小,形状有管形、箱形及拱形等。此外,涵洞还是一种洞穴式水利设施,用于调节水量。涵洞对保证道路运输畅通、节省投资起着重要的作用。涵洞与桥梁的区别在于跨径的大小不同。根据《公路工程技术标准》(JTG B01—2003)的规定,涵洞的单孔跨径小于 5 m 或多孔跨径总长小于 8 m,但圆管涵和箱涵不论管径或跨径大小如何、孔数多少,均称为涵洞。涵洞修筑在路基当中,它能保持路基的完整性和连续性,使路基不中断;而小桥则会使路基中断,自成一体,不能保持路基的完整性。涵洞一般从路基底部通过,其上有较厚的路基填土;而小桥上部除拱桥外,不再填土方,桥面即为行车路面。

图 12-1　涵洞

12.1.1　涵洞的分类

涵洞的种类很多,按建筑材料不同可分为钢筋混凝土涵、混凝土涵、木涵、砖涵、石涵、陶瓷管涵、瓦管涵、波纹管涵、石灰三合土拱涵等;按其顶上填土情况可分为有填土的暗涵和无填土的明涵;按孔数可分为单孔涵、双孔涵、多孔涵等;按构造形式可分为盖板涵、拱涵、箱涵、圆管涵等，公路工程常采用这种分类方法。

1. 盖板涵

盖板涵的洞身由钢筋混凝土盖板、石料或混凝土边墙、基础组成，盖板涵断面如图 12-2 所示。盖板涵填土高度为 1～8 m，甚至可达 12 m，通常都先用砌石或混凝土修筑基础和边墙，而后在边墙上铺设预制钢筋混凝土盖板，形成盖板涵，如图 12-3 所示。在孔径较大和路堤较高时，盖板涵比拱涵造价高，但施工技术较简单，排洪能力较强，盖板可以集中制造。图 12-4 所示为正在施工中的盖板涵。

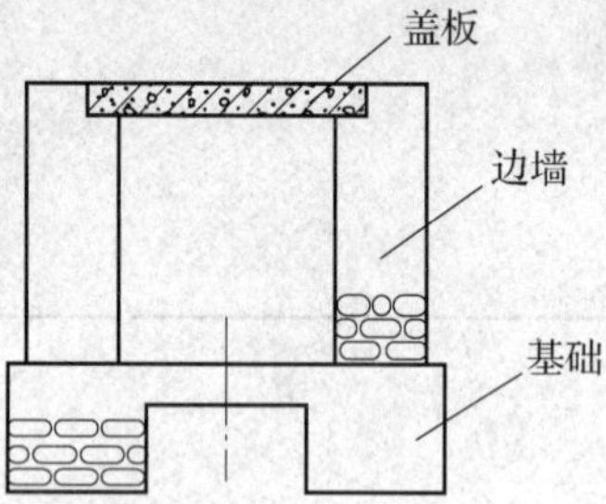

图 12-2　盖板涵断面图

图 12-3　盖板涵

图 12-4　正在施工中的盖板涵

2. 拱涵

拱涵的洞身由拱圈、边墙和基础组成，一般用砖、石和混凝土砌筑，填土高度为 1～20 m，拱涵断面如图 12-5 所示。通常先用砌石或混凝土修筑基础和边墙，而后砌筑拱圈，形成拱涵，如图 12-6 所示。拱涵需有较高的路基和坚实的地基。在石料丰富、地质良好和流量较大的地区，应优先选用拱涵。图 12-7 所示为正在施工中的拱涵。我国拱涵采用范围较广，如宝成铁路有 832 座铁路涵洞，其中 732 座是拱涵。

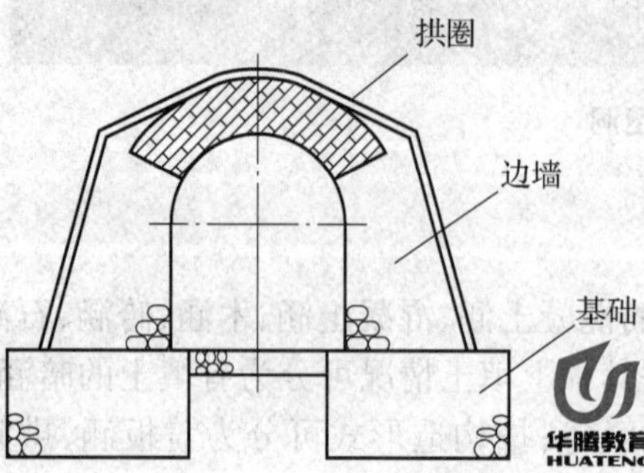

图 12-5　拱涵断面图

图 12-6　拱涵

图 12-7　正在施工中的拱涵

3. 箱涵

箱涵又称为矩形涵或方涵，与盖板涵相似，箱涵断面如图 12-8 所示。箱涵建造材料一般采用混凝土或钢筋混凝土等，箱涵外观如图 12-9 所示。箱涵的顶板、边墙、底板连成整体。图 12-10 所示为正在施工中的箱涵。对于特软地基，采用箱涵较为有利，但施工困难，造价较高。

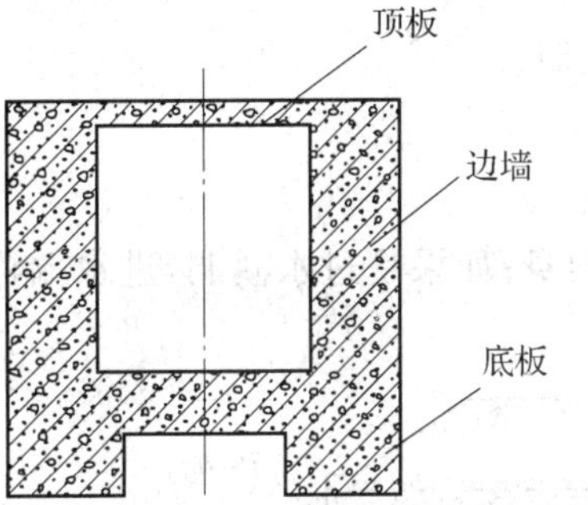

图 12-8　箱涵断面图

图 12-9　箱涵

图 12-10　正在施工中的箱涵

4. 圆管涵

圆管涵又称为圆形涵，简称圆涵，填土高度为 1～15 m，圆管涵断面如图 12-11 所示。常用材料有波形管、钢管、钢筋混凝土等。圆管涵受力性能好，工程量小，施工方便，但它的过水能力差。圆管涵外观如图 12-12 所示。因此，公路工程中孔径较小（一般为 2 m 以下）的涵洞通常采用圆管涵。图 12-13 所示为正在施工中的圆管涵。

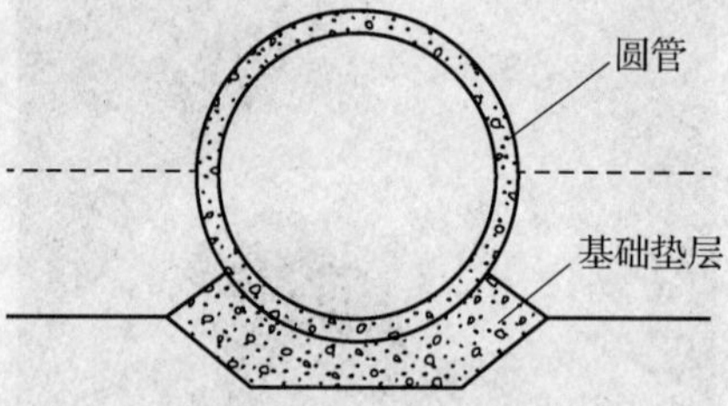

图 12-11　圆管涵断面图

图 12-12　圆管涵

图 12-13　正在施工中的圆管涵

12.1.2　涵洞的组成

涵洞的外露部分称为洞口，埋在路堤内的部分称为洞身；如果是过水涵洞，进水端称为进口，出水端称为出口，如图 12-14 所示。

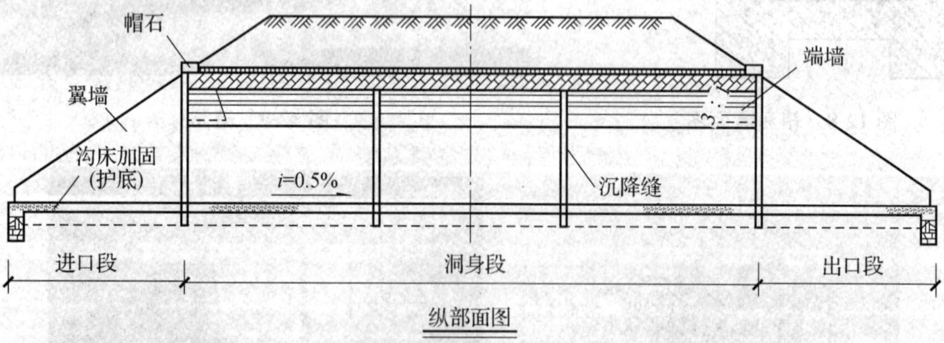

图 12-14　涵洞的组成

1. 洞身

洞身的主要作用：一方面是保证设计流量的水流通过；另一方面是直接承受荷载压力和填土压力，并将其传递给地基。

洞身是涵洞的主要组成部分，在长度方向分为若干段，每段称为洞身节。拱涵、盖板涵的洞身通常由承重结构（如拱圈、盖板等）、边墙、基础，以及防水层、沉降缝等部分组成。钢筋混凝土箱涵及圆管涵为封闭结构，由边墙、盖板、基础连成整体，其洞身断面由箱节或管节组成。洞身的常见断面形式有圆形、拱形、箱形等。为了便于排水，涵洞洞身还应有适当的纵坡，最小坡度为 0.5%。

2. 进出口

进出口的作用：一方面是使涵洞与河道顺接，使水流进出口通畅；另一方面是确保路基边坡稳定，使之免受水流冲刷。

进出口段包括端墙和翼墙、沟床加固等部分。端墙位于入口或出口的上方，翼墙位于入口或出口的两侧，它们起挡土和导流的作用，是保证涵洞处路基或路堤稳定的构筑物。端墙和翼墙的形式常用八字翼墙式和一字墙式，如图 12-15 所示。八字翼墙式对水流阻力小，工程量也小，采用较普遍。一字墙式，又称端墙式，构造简单，适用于小孔径涵洞，一般在洞口两侧砌筑锥体护坡，以保护路堤伸出端墙外的填土不受冲刷。出入口沟床铺砌既能对涵洞前后沟底进行加固，保护路堤和涵洞基础不受水流冲刷，又能降低出口水流速度，起到保护下游农田和建筑物的作用。

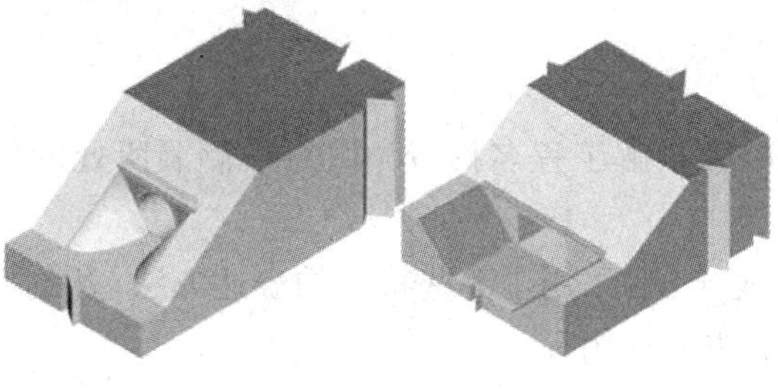

(a)端墙式

(b)八字翼墙式

图 12-15　端墙和翼墙的形式

12.2 涵洞工程图的识读与绘制

12.2.1 涵洞的图示方法

涵洞是狭而长的工程结构物，一般以水流方向为纵向，与路线前进方向垂直布置，并以纵剖面图代替立面图。涵洞的平面图与立面图对应布置，为了表达清楚平面图，画图时不考虑洞顶的覆土，但应画出路基边缘线位置及相应的示坡线，其余按投影规律画出。一般洞口正面布置在侧视图位置，作为侧面视图；当进出水洞口形状不一样时，则需分别画出其进出水洞口的布置图。有时平面图与立面图以半剖形式表达，水平剖面图一般沿基础顶面剖切，横剖面图则应垂直于纵向剖切。

1. 纵断面图

涵洞纵断面图是沿纵向轴线（垂直于道路中线的方向）对涵洞进行剖切，移走边墙后投影得到的。以纵断面图来代替立面图，能够清晰地表达涵洞的内部形状。

2. 平面图

涵洞平面图是直接将形体向水平面进行正投影得到的，或是以半平面图形式表达，水平剖面图一般沿基础的顶面进行剖切。

3. 洞口立面图

洞口立面图布置在左视图的位置，当进出洞口的形状不相同时，则以点画线为界分别绘制进出口半立面图，称为合成视图；当进出洞口的形状相同时，多以立面图的形式表达，剖切面垂直于洞身纵向。

4. 构造详图

由于翼墙结构复杂、洞身沿程变化或钢筋混凝土结构的涵洞表示起来相对复杂，为了清楚反映这些结构各部分的形状，增加了垂直于涵洞纵向的横断面图或配筋详图。

12.2.2 涵洞工程图的读图方法

涵洞多种多样，其结构形式也各不相同，读涵洞工程图时必须具备前面学过的读图基本知识，同时熟悉涵洞工程图的图示特点及道路工程制图相关标准的规定。

阅读涵洞工程图的基本方法：先概括了解，后深入细读并进行形体分析。先整体、后局部，再综合起来想象整体。

1. 概括了解

(1)从标题栏、角标及图样上的注释中了解工程名称、尺寸单位、涵洞所处的位置(里程桩号)及有关要求。

(2)了解涵洞采用了哪些基本的表达方法，采用了哪些特殊的表达方法，各剖面图、断面图的剖切位置和投影方向及各投影图的主要作用等。

2. 形体分析

根据涵洞各组成部分的构造特点，可先把它沿长度方向分成几段或沿宽度方向分为几部分，然后对每一部分进行分析。

3. 综合起来想象整体

在形体分析的基础上，对照涵洞的各投影图、剖面图、断面图、局部放大图等，明确各组成部分之间的关系，分析涵洞图的特点，想象出整体。

12.2.3 涵洞工程图的读图实例

1. 圆管涵的工程图

图 12-16 和图 2-17 所示分别为圆管涵洞立体分解图和钢筋混凝土圆管涵构造图，结合两图进行圆管涵洞工程图的读图。

1)视图分析

由图 12-17 中钢筋混凝土圆管涵洞的标题栏可知，工程图比例为 1∶50，该形体为端墙式圆管涵。涵洞洞身断面为圆形，翼墙采用一字形端墙，整个涵洞由进口段、洞身段和出口段三部分组成。该涵洞图样由半纵剖面图、半平面图、洞口正面图组成。纵剖面图、平面图采用省略画法，表示该形体构造前后、左右方位近似对称。

2)图样识读

首先将图样运用形体分析法划分进口段、洞身段、出口段三大部分并进行读图。

洞口为端墙式，端墙前洞口两侧有 20 cm 厚干砌片石铺面的锥形护坡，涵管内径为 75 cm，涵管长为 1 060 cm，再加上两边洞口铺砌长度，得出涵洞的总长为 1 388 cm。由于其构造对称，故采用半纵剖面图、半平面图和侧面图来表示。

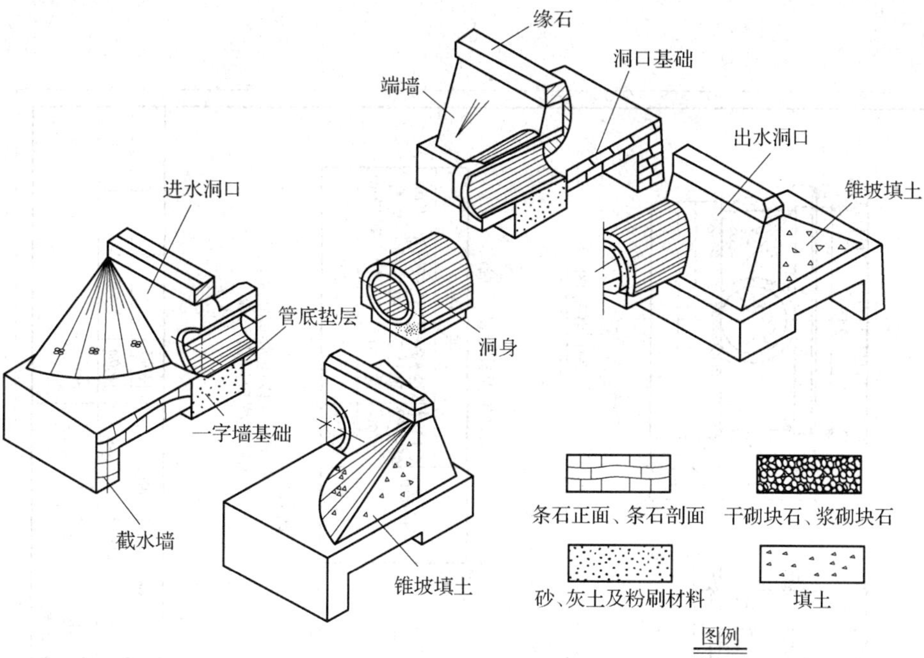

图 12-16　圆管涵洞立体分解图

(1)半纵剖面图。由于涵洞进、出洞口一样，左右基本对称，所以只画半纵剖面图，以对称中心线为分界线。在纵剖面图中表示出涵洞各部分的相对位置和构造形状。由图 12-17 可知，管壁厚为 10 cm，防水层厚为 15 cm，设计流水坡度为 1%，涵身长为 1 060 m，洞身铺砌厚为20 cm，同时基础、截水墙的断面形式等也可从图中看出。路基覆土厚度大于 50 cm，路基宽为 800 cm，锥形护坡顺水方向的坡度与路基边坡一致，均为 1∶1.5。各部分所用材料均于图中表达出来，但未标示出洞身的分段。防水层的设置目的是防止水分侵入混凝土内，使钢筋锈蚀，结构寿命缩短。北方严寒地区的无筋混凝土结构需要设置防水层，防止浸入混凝土内的水分冻胀造成结构破坏。

(2)半平面图。为了同半纵剖面图相配合，平面图也只画一半。图中表达了管径尺寸与管壁厚度，以及洞口基础、端墙、缘石和护坡的平面形状与尺寸，涵顶覆土做透明处理，但路基边缘线应画出，并以示坡线表示路基边坡。

(3)侧面图。侧面图主要表达管涵孔径和壁厚、洞口缘石和端墙的侧面形状及尺寸、锥形护坡的坡度等。为了使图形表达清晰，把土壤做透明处理，其中的某些虚线未画出，如路基边坡与缘石背面的交线和防水层的轮廓线等。图 12-17 中的侧面图，按习惯称为洞口正面图。

2.盖板涵的工程图

图 12-18 所示为单孔钢筋混凝土盖板涵立体图，图 12-19 所示为钢筋混凝土盖板涵结构图，结合两图进行盖板涵工程图的读图。

1)视图分析

由图 12-19 所示的钢筋混凝土盖板涵洞标题栏可知，比例为 1∶50。涵洞洞口两侧为八字翼墙，洞高为 120 cm，净跨为 100 m，总长为 1 482 m，由于其构造对称，故采用半纵剖面图、半剖平面图、半剖面图和侧面图等来表示。

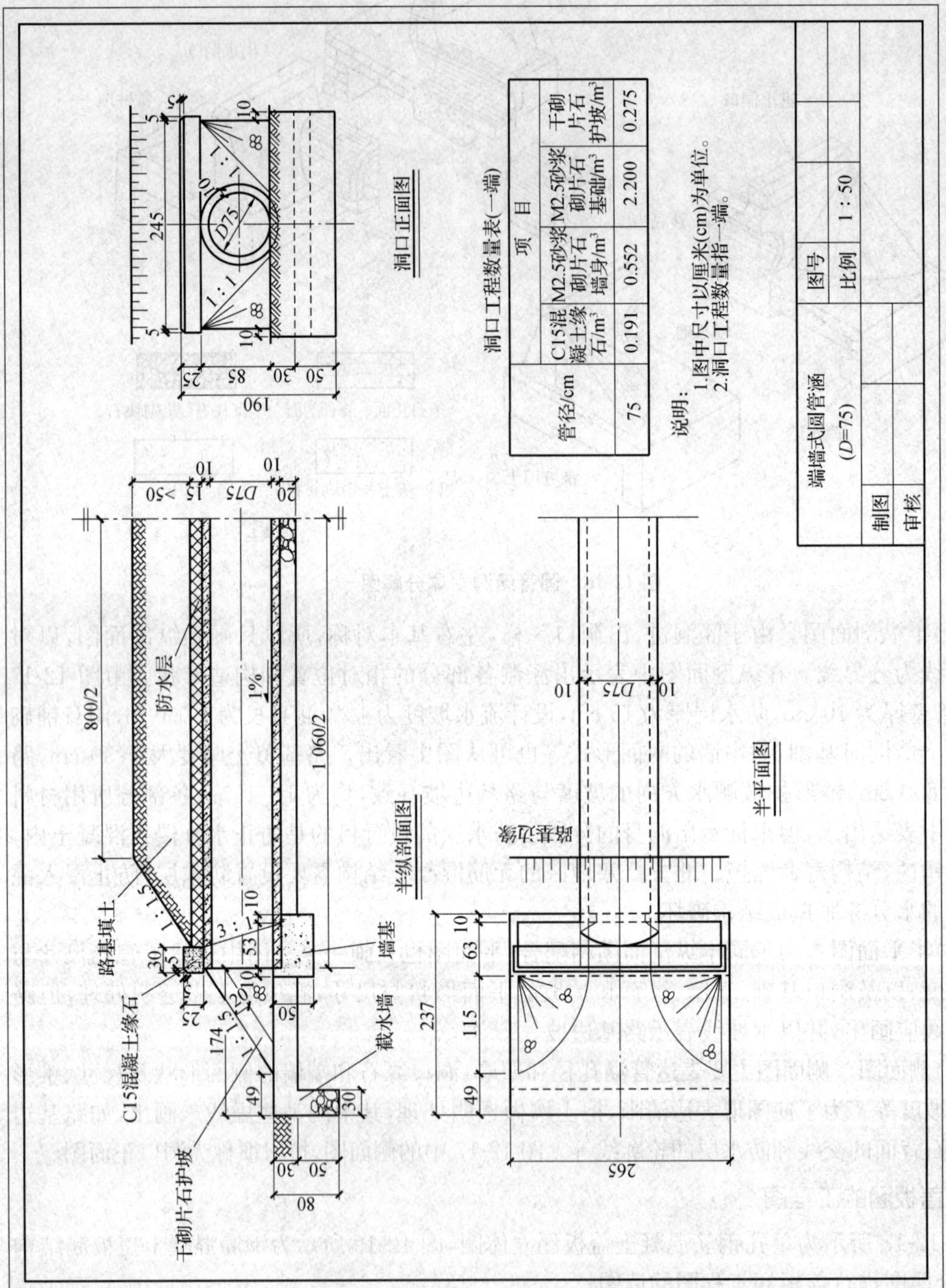

洞口工程数量表(一端)

管径/cm	C15混凝土缘石/m³	M2.5砂浆砌片石墙身/m³	M2.5砂浆砌片石基础/m³	干砌片石护坡/m³
75	0.191	0.552	2.200	0.275

说明：
1.图中尺寸以厘米(cm)为单位。
2.洞口工程数量指一端。

图 12-17 钢筋混凝土圆管涵构造图

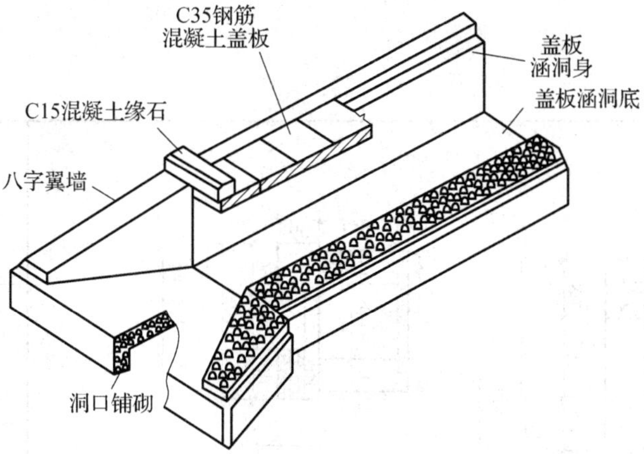

图 12-18　单孔钢筋混凝土盖板涵立体图

2)图样识读

将图样运用形体分析法划分进口段、洞身段和出口段三大部分进行读图。

(1)半纵剖面图。半纵剖面图把带有 1∶1.5 坡度的八字翼墙和洞身的连接关系,以及洞高(120 cm)、洞底铺砌(20 cm)、基础纵断面形状、设计流水坡度(1%)等表示出来。盖板及基础所用材料也可由图中看出,图中表示了沉降缝位置,沉降缝的设置是为了避免结构物因荷载或地基承载力不均匀而发生不均匀沉降,产生不规则的裂缝,使结构物破坏。

(2)半平面图及半剖面图。用半平面图和半剖面图能把涵洞的墙身宽度、八字翼墙的位置表示得更加清楚,涵身长度、洞口的平面形状和尺寸,以及墙身和翼墙的材料均可在图上看出。为了便于施工,在八字翼墙的Ⅰ—Ⅰ、Ⅱ—Ⅱ和Ⅲ—Ⅲ位置进行剖切,并另作Ⅰ—Ⅰ、Ⅱ—Ⅱ和Ⅲ—Ⅲ断面图来表示该位置翼墙墙身和基础的详细尺寸、墙背坡度及材料情况。

(3)侧面图。侧面图反映出缘石、盖板、八字翼墙、基础等的相对位置和它们的侧面形状。

3.拱涵的工程图

图 12-20 所示为拱涵立体图,图 12-21 所示为 2 m 孔径拱涵图,结合两图进行拱涵工程图的读图。

1)视图分析

涵洞的主体结构常采用一张总图来表达,少数细节和附属建筑物则另附详图。由图 12-21 所示的 2 m 孔径拱涵图可知,采用中心纵剖面图、半平面图及半基顶剖面图、入口正面图、出口正面图、1—1 剖面、2—2 剖面、拱圈详图等来解释拱涵的结构。

2)图样识读

将图样运用形体分析法划分为洞身节、出入端口节和出入口三大部分读图。

由于涵洞是埋在路基下的长条形建筑物,因此既要考虑把涵洞内外的构造、尺寸表达清楚,又要把它与路基及附属建筑物的关系表达清楚。

(1)洞身节。洞身节从下至上由基础、边墙和拱圈组成,每节长度为 3~5 m。拱圈的拱脚平面与边墙的内外交线称为内外起拱线。

(2)出入端口节。它与洞身节的构造基本相同,只是基础稍厚,且在其一端的拱上做有端墙及帽石。另外,入口端节有时把边墙做得比洞身节高,被称为抬高节。由于边墙增高,拱圈也随之升高,使得它与相邻的洞身节两拱之间出现露空,因此应在紧贴抬高节的洞身节拱顶设置一段拱形的挡墙。

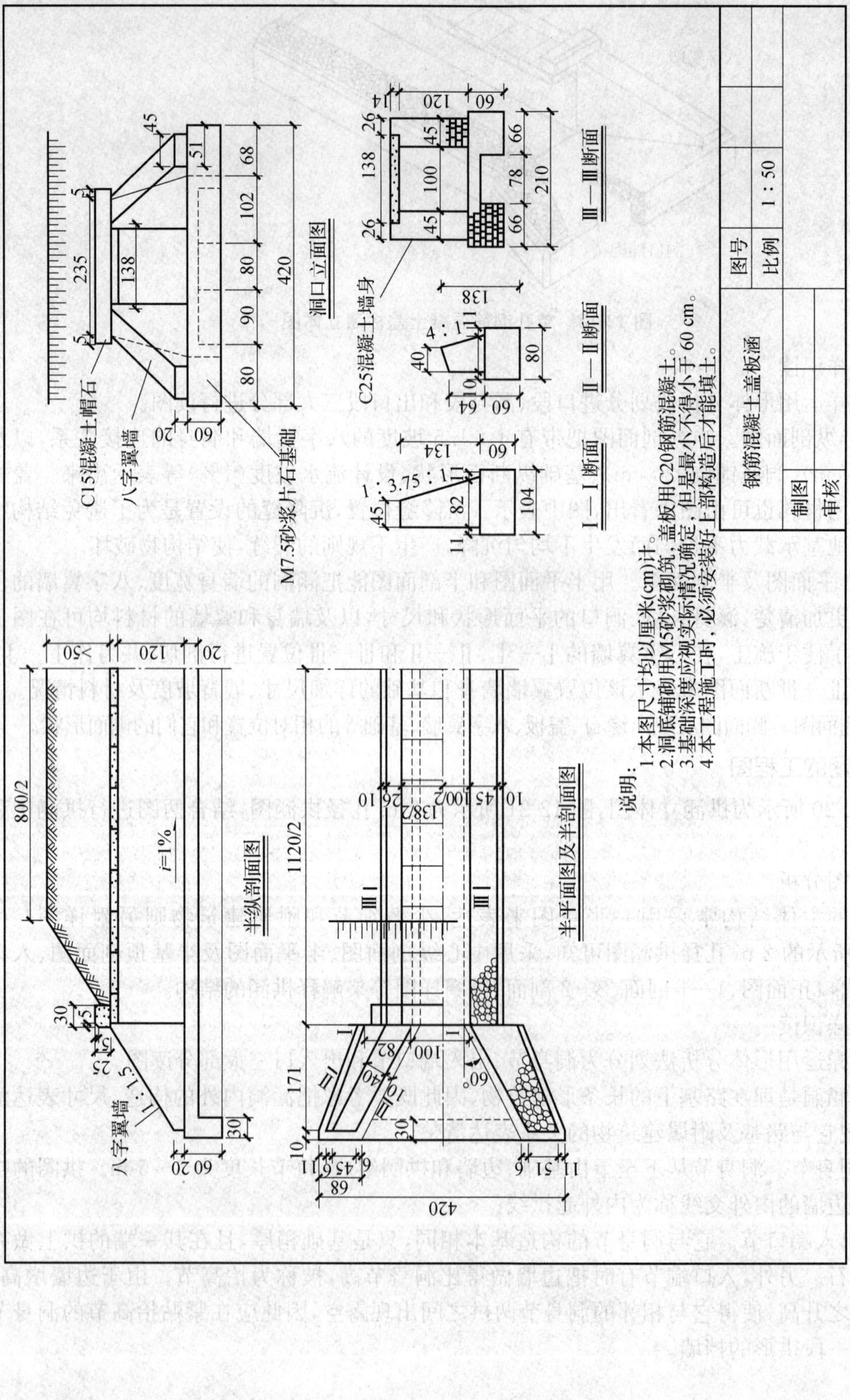

图 12-19 钢筋混凝土盖板涵结构图

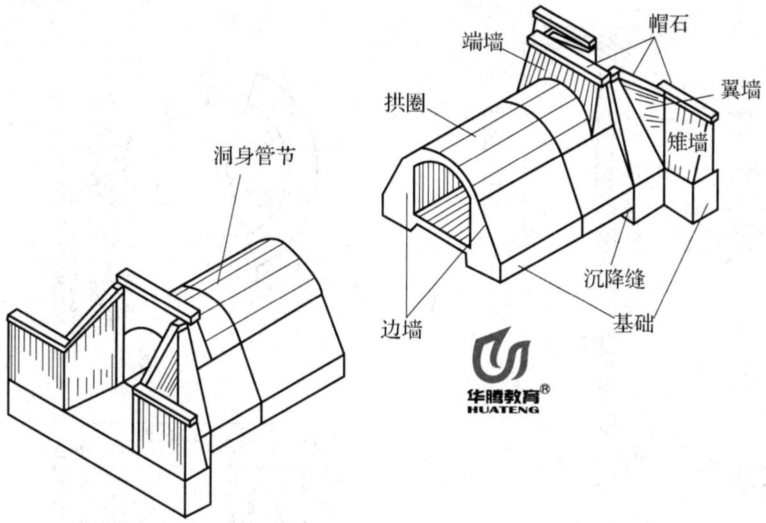

图 12-20　拱涵立体图

(3)出入口。出入口由下至上是由基础和八字墙组成的。八字墙是由顺洞身方向的翼墙及与洞身方向垂直的雉墙组成的。它们共同起着稳定路基坡脚的作用。

图 12-21 中,正面图、平面图、侧面图等的读图分析如下。

(1)正面图。涵洞的正面图常取中心纵剖面图,即沿涵洞轴线竖直剖切所得到的投影。它能较全面地反映涵洞的构造,涵洞与路基及附属建筑物的关系。由图看出路肩标高为 70.00 m,涵洞两端的锥体护坡坡度为 1∶1.5;涵洞的总长为 2 221 cm,共 4 个洞身节,每节长 300 cm。当涵洞较长时,为节省图幅,常以断开画法省略其中构造相同的洞身节和涵洞在高度方向各组成部分的情况,如基础、拱圈及拱顶黏土防护层的厚度,边墙内外起拱线的位置,流水净空的高度,出入口端墙及帽石的断面形状尺寸,八字墙的组成等。涵洞纵向流水坡度 $i=0.01$(左高右低),也在此图上注明。

(2)平面图。由于涵洞在宽度方向上对称,故画成半平面图和半基顶剖面图。若为圆涵,则取半个平面和半个过管心的水平剖面。它们共同表达涵洞的平面形状和尺寸。其中,半平面图中主要表达出入口八字墙、端墙、边墙和有关面面交线的水平投影。半基顶剖面则重点表达涵洞的孔径,边墙、八字墙底面的形状尺寸和八字墙的开度等。图 12-21 表示出了端墙宽度为 690 cm,涵洞的孔径为 200 cm。

(3)侧面图。涵洞的侧面图画成出入口的正面图,并布置在中心纵剖面图的出入口端,保持其就近对应位置。它们的作用主要是表达涵洞出入口,包括端墙的外形及其与路基、锥体护坡等的关系。本图出入口高度均为 360 cm,入口宽度为 690 cm,出口宽度为 630 cm,至于八字墙后面的构造及洞身各节的情况一律略去,以保证图形清晰。

(4)其他视图。为了表达涵洞各处的断面形状、净空等,还需取若干剖面图。在图 12-21 中,1—1 剖面表达了出口翼墙(含帽石)及基础的断面形状和尺寸;2—2 剖面主要表达了洞身的断面形状。由于在上述各图中拱圈的细节尚未表达清楚,故又作了拱圈详图。以上各图布置都应考虑“就近对应”和“阅读方便”的原则。

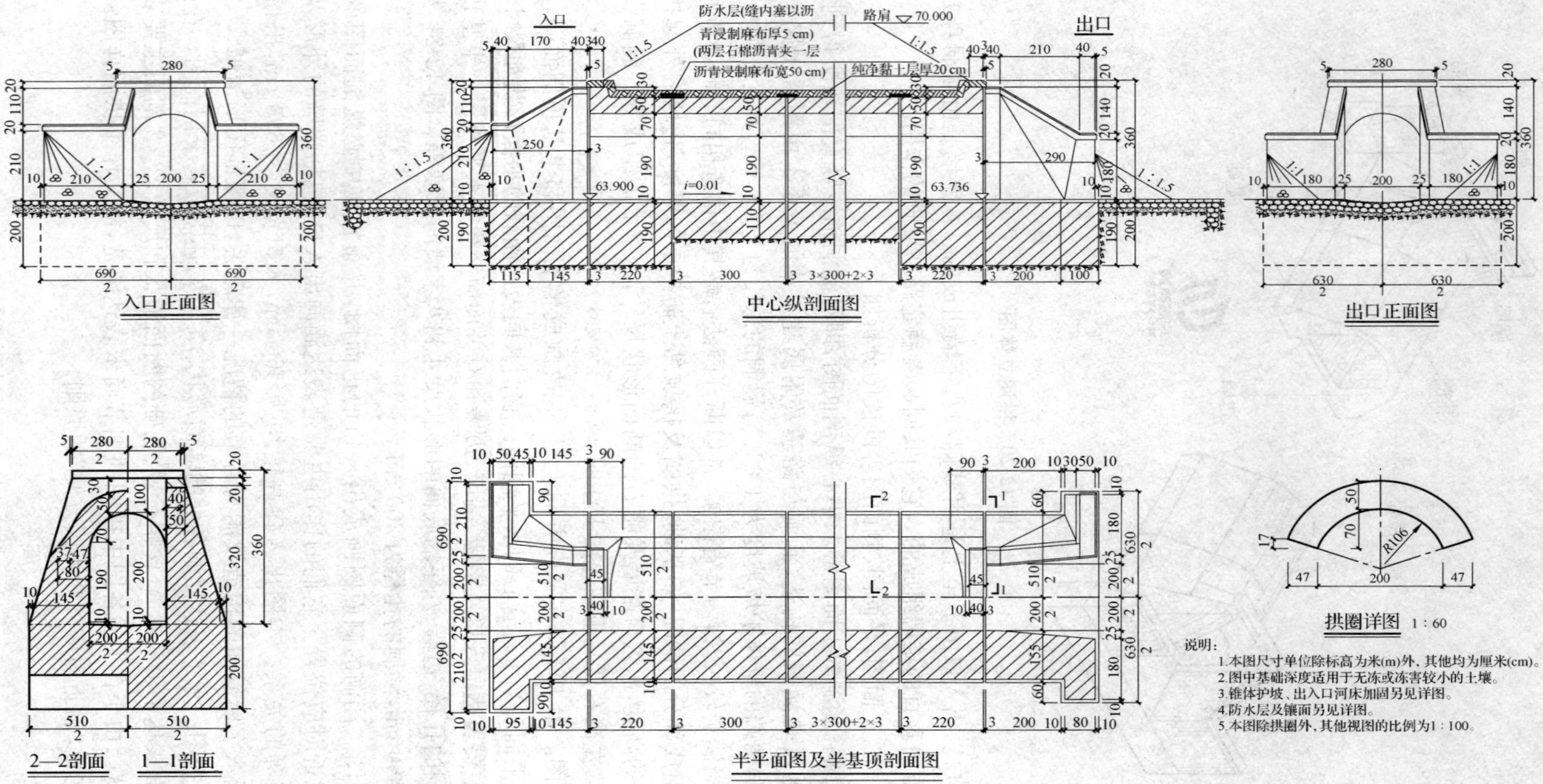

图 12-21 2 m孔径拱涵图

趣味知识

德国高速公路的发展

德国是世界上最早修建高速公路的国家。为充分利用欧洲中心位置，推动物流业发展，德国政府在第二次世界大战后一直在扩建其高速公路网络，德国已成为高速公路网最密集的国家之一。1932 年，德国试建从科隆到波恩的双向 4 车道全部立体交叉的汽车专用公路，是远程公路中技术标准最高的一类公路，路上车流连续高速行驶。公路取名为 Autobahn，英译为 freeway 或 motorway，是世界上第一条高速公路。1933 年后，德国大规模规划、设计和建设高速公路，截至 1939 年第二次世界大战开始，6 年期间共建成高速公路里程为 3 440 km，形成以柏林为中心向四周辐射的高速公路网。在第二次世界大战进行期间，德国政府继续抢修具有重要战略意义地区的高速公路，至第二次世界大战结束时全国建成的高速公路达 3 860 km，尚有 2 500 km 处于施工中断之中。刚开始的路面是以水泥构成的，在第二次世界大战后才逐渐以沥青加以覆盖。第二次世界大战结束后，联邦德国为振兴经济，以境内存留的 2 128 km 高速公路为基础，进行整修扩建。到 1970 年全国高速公路总里程达到 4 460 km。在 1970 年后工业现代化进程中，经过 1970—1985 年的建设，使里程超过 8 000 km，全国高速公路网基本建成。当初兴建时的最高设计速度大约为 160 km/h，还有最大 8%的倾斜度，在战后修复时期被更改为 4%。

后来联邦德国制定了完善的国家技术标准，将 4 车道路面的路基宽度统一标准取为 29 m，每一车道宽度为 3.75 m，两边设置宽为 3.0 m 的路肩紧急停车道，中间设置宽为 4.0 m 的分隔带。在高速公路路面中，水泥混凝土路面占 27%，沥青路面占 73%，表面平整，粗糙度好，行车安全、迅速。设计车速为 100～120 km/h，但行驶时无最高时速限制，一般可行驶到 120～150 km/h，最大时速有时可达 200 km；行车最小时速为 60～80 km。安全和服务设施则全部采用统一醒目的路标线和标志牌，中央分隔带上设置连续的安全护栏和防眩目栅，在路基两侧必要处也都设置安全护栏。为降低噪声，近城镇处设隔声墙。沿线还设有呼救电话、沿路广播、电视监视、交通量自动记录和调节设施等。高速公路沿线每隔一定距离处设置完善的服务设施，如加油站、休息停车场、餐厅、汽车旅馆等。

目前，德国的高速公路建设已经饱和，许多路段交通量很大，其经营理念不是修建新的道路，而是对现有道路改造和挖掘潜力，其主要措施就是交通智能化，以智能化来提高通行能力和使道路使用者出行时体验安全、舒适和高效。德国高速公路通信信息化发展趋势就是人、车、路融为一体。一是一切以人为中心，以人为本，个人信息化，驾车人无论何时何地均能获取任何信息，人在出行前能获取道路的任何信息，人在车上能获取道路及其他任何信息，并提供相关信息，其他人能获取行车人及车辆的有关信息；二是汽车智能化，车变成了流动办公室，成为提供信息和发布信息的重要工具；三是路变为综合信息平台，适应人的需求，交通管理水平完全智能化，人、车、路成为交通信息化的重要组成部分，推动经济的良性发展。

工程实训

本工程实训的目的是了解涵洞工程结构的基本知识，巩固基本概念，理解涵洞工程图的特点。通过认真地识读图纸，深入分析图形之间的对应关系，能够正确识读尺寸数据。

阅读图 12-22 和图 12-23 所示的端墙式涵洞出入口构造图和立体图，并回答下列问题。

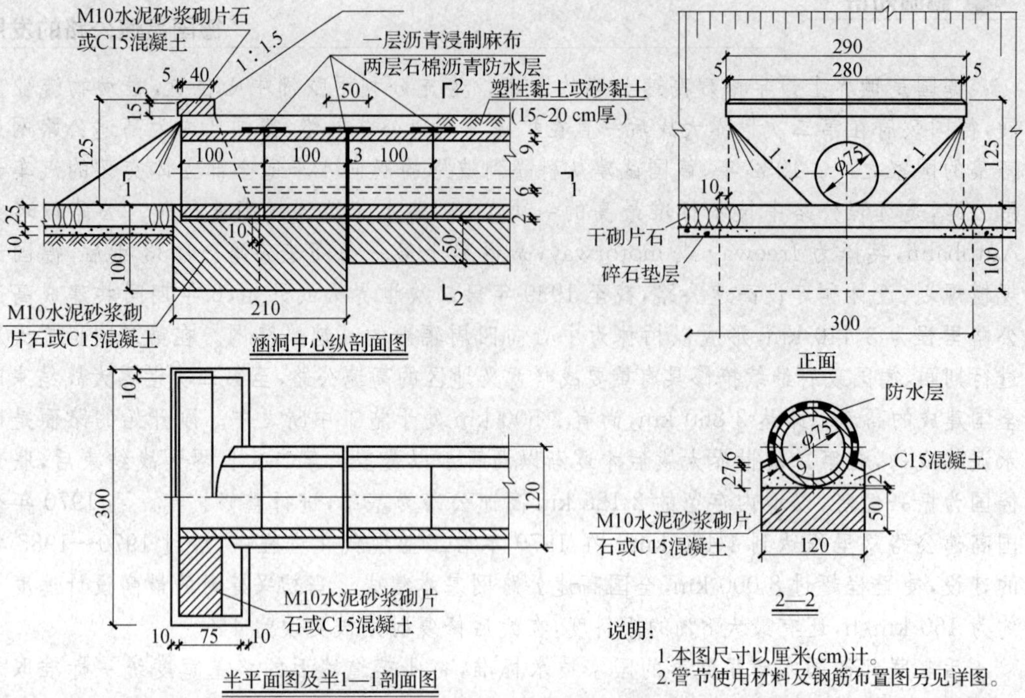

图 12-22　端墙式涵洞出入口构造图

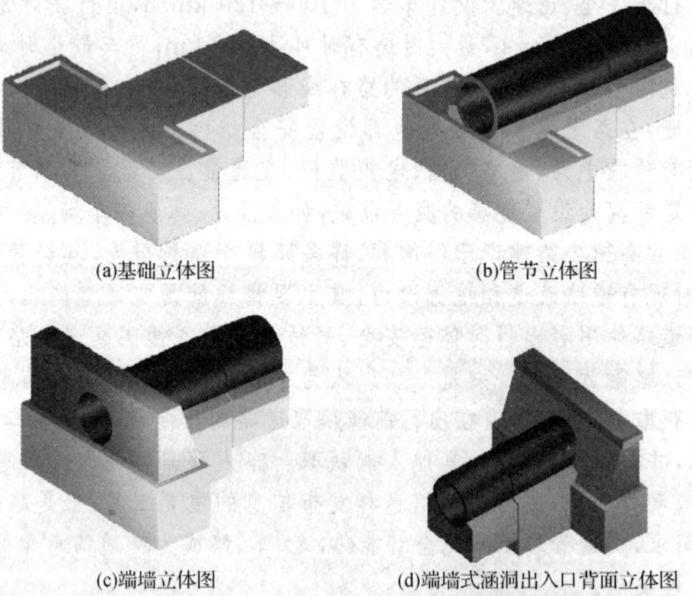

图 12-23　端墙式涵洞出入口立体图

(1)混凝土圆管直径为__________ cm，圆管壁厚为__________ cm，洞口铺砌的厚度为__________cm，进洞口铺砌的水平形状为__________形，出口铺砌的水平形状为__________形。

(2)缘石、洞口铺砌、端墙、截水墙各为什么材料?

(3)沉降缝的缝宽为________ cm,管节连接部和沉降缝处铺设________ cm 宽的防水层。

(4)该钢筋混凝土圆管涵路基边坡的坡度为__________。

模块 13　隧道工程图

学习目标

知识目标

(1)了解隧道工程的基本知识。

(2)理解隧道洞门结构的内容。

(3)掌握隧道平面图、纵断面图的内容和特点。

能力目标

能正确识读各种隧道洞门图和衬砌断面图。

13.1 隧道概述

我国是一个地域辽阔、多山的国家,交通运输发展很快,在新修建铁路、公路时,为缩短建设里程及保护环境,改善了线路走向,那种逢山绕着走、坡陡、曲线半径小的现象将被隧道工程所代替。隧道工程既能保证行车安全,又可防止滑坡、泥石流,并能提高行车速度和安全的可靠性,还能与周围环境相协调,保证自然景观的完好。

为了减少土石方数量,建造在山岭、江河、海峡和城市地面以下,保证车辆平稳行驶和缩短建设里程的工程构筑物,称为隧道。图 13-1 所示为大红山隧道。

图 13-1　大红山隧道

隧道包括的范围很大。从不同角度分析,可得出不同的隧道分类方法。如按地层分,可分为岩石隧道(软岩、硬岩)、土质隧道;按所处位置分,可分为山岭隧道、城市隧道、水底隧道;按施工方法分,可分为矿山法、明挖法、盾构法、沉埋法、掘进机法施工的隧道等;按埋置深度分,可分为浅埋和深埋隧道;按断面形式分,可分为圆形、马蹄形、矩形隧道等;按车道数分,可分为单车道、双车道、多车道隧道。一般认为按用途分类比较明确,按用途可分为交通隧道、市政隧道、水工隧道、矿山隧道。

1. 交通隧道

交通隧道是应用最广泛的一种隧道，其作用是提供交通运输和人行的通道，以满足交通线路畅通的要求，一般包括以下几种。

(1)公路隧道。公路隧道是专供汽车运输行驶的通道。

(2)铁道隧道。铁道隧道是专供火车运输行驶的通道。

(3)地下隧道。地下隧道是修建于城市地层中，为解决城市交通问题，供火车运输行驶的通道。

(4)水底隧道。水底隧道是修建于江、河、湖、海、洋下的，供汽车和火车运输行驶的通道。

(5)航运隧道。航运隧道是专供轮船运输行驶的通道。

(6)人行隧道。人行隧道是专供行人通过的通道。

2. 市政隧道

在城市的建设和规划中，充分利用地下空间，将各种不同市政设施安置在地下而修建的地下孔道，称为市政隧道。市政隧道与城市中人们的生活、工作和生产关系十分密切，对保障城市的正常运转起着重要作用。市政隧道主要有如下几种类型。

(1)给水隧道。给水隧道是为城市自来水管网铺设系统修建的隧道。

(2)管路隧道。管路隧道是为城市能源供给(燃气、暖气、热水等)系统修建的隧道。

(3)污水隧道。污水隧道是为城市污水排送系统修建的隧道。

(4)线路隧道。线路隧道是为电力电缆和通信电缆系统修建的隧道。

(5)人防隧道。人防隧道是考虑到战时的防空目的而修建的防空避难隧道。

将前 4 种具有共性的市政隧道，按城市的布局和规划建成一个公用隧道，称为共同管沟。共同管沟是现代城市基础设施科学管理和规划的标志，也是合理利用城市地下空间的科学手段，是城市市政隧道规划与修建的发展方向。

3. 水工隧道

水工隧道是水利工程和水力发电枢纽的一个重要组成部分。水工隧道包括以下几种。

(1)引水隧道。引水隧道是用于将水引入水电站的发电机组或水资源的调动而修建的孔道。

(2)尾水隧道。尾水隧道是用于将水电站发电机组排出的废水送出去而修建的隧道。

(3)导流隧道或泄洪隧道。导流隧道或泄洪隧道是为水利工程中疏导水流并补充溢洪道流量超限后的泄洪而修建的隧道。

(4)排沙隧道。排沙隧道是用来冲刷水库中淤泥和泥沙而修建的隧道。

4. 矿山隧道

在矿山开采中，从山体以外通向矿床和将开采到的矿石运输出来，是通过修建隧道来实现的，其主要是为采矿服务的，主要分为运输巷道、给水隧道、通风隧道。

本模块将主要介绍的是山岭隧道，山岭隧道是为铁路、公路穿越山岭而修建的建筑物。它主要由洞身及洞门组成，此外还有一些附属结构。洞身是隧道结构的主体部分，是列车通行的通道。洞门位于隧道出入口处，用来保持洞口山体和边坡的稳定，防止洞口塌方落石，排除仰坡流下的水。附属建筑物包括为工作人员、行人及运料小车避让列车而修建的避人洞和避车洞，为防止和排除隧道漏水或结冰而设置的排水沟和盲沟，为机车排出有害气体而设置的通风设备，电气化铁道的接触网、电缆槽等（通风照明、防排水、安全设备等的作用是确保行车安全、舒适）。

13.2 隧道工程图的识读与绘制

13.2.1 隧道工程图纸的组成

隧道工程除了洞门结构形式有较多变化外，其洞身结构不太复杂。隧道横断面基本不变，因此隧道工程没有桥梁结构复杂，主体结构的图纸也不是很多。隧道工程图纸主要包括以下内容。

(1)隧道平面图。隧道平面图显示地质平面、隧道平面位置及路线里程和进出口位置等，如图 13-2 所示。

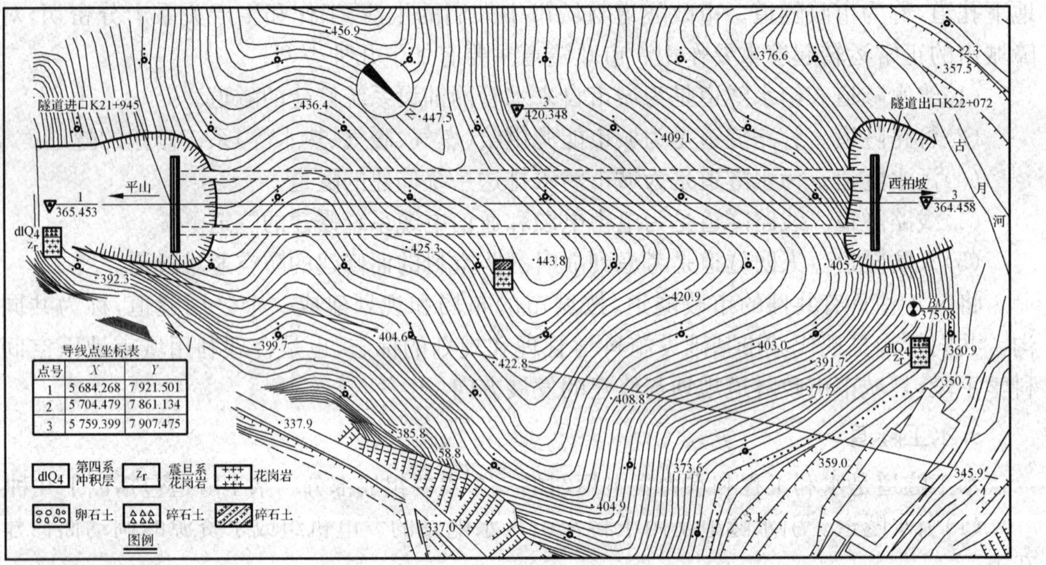

图 13-2　隧道平面图

(2)隧道纵断面图。隧道纵断面图显示隧道地质概况、衬砌类型（有加宽或设 U 型回车场时，应显示加宽值及加宽段长度）、埋深、路面中心设计标高、路肩标高（有高路肩时显示）、设计坡度、地面标高、里程桩等，如图 13-3 所示。

(3)隧道进口（出口）纵横断面图。隧道进口（出口）纵横断面图显示设置洞门处的地形、地质情况、边坡开挖坡度及高度等。

(4)隧道进口（出口）平面图。隧道进口（出口）平面图显示洞门附近的地形、洞顶排水系统（有平导时，显示与平导的相互关系等）、洞门广场的减光设计等。

(5)隧道进口（出口）洞门图。隧道进口（出口）洞门图显示洞门的构造、类型及具体尺寸，采用的建筑材料，施工注意事项，工程数量等。

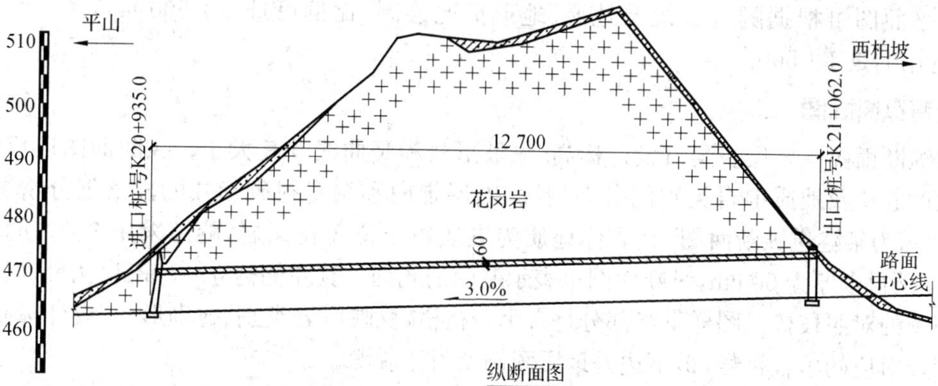

纵断面图

1	围岩类别						S=iV					S=V					S=iV							
2	衬砌形式					明洞	直墙式变截面圆拱					直墙式等截面圆拱					直墙式变截面圆拱					明洞		
3	坡度/% 坡长/m	3.0% 350																						
4	设计高程	470.50	470.71	470.84	470.93	471.05	471.71	471.29	471.42	471.55	471.17	472.23	472.35	472.48	475.29	573.63	474.69	474.73	474.81	474.87	475.96	475.05	475.29	475.65
5	地面高程	474.44	476.81	476.81	481.92	484.74	488.17	490.63	493.52	496.27	499.95	514.16	519.48	520.63	519.43	526.13	486.89	486.37	483.70	480.88	479.25	477.49	472.69	470.31
6	里程桩号	K20+923	+923.60	+938.60	+935.05	+938.60	+942.40	+946.29	+950.58	+954.00	+959.00	+976.00	+980.00	+984.58	K21+000.00	K21+022.90	+058.31	+059.50	+062.00	+064.00	+067.00	+070.00	+078.00	+090.00

图例 黏质粉土 花岗岩

说明:
1.本图尺寸以厘米(cm)计,高程及桩号以 米(m) 为单位。
2.衬砌形式为直墙式单心圆周拱。
3.设计高程为路面中心。

图 13-3 隧道纵断面图

(6)隧道衬砌设计图。隧道衬砌设计图显示衬砌类型、构造和具体尺寸、采用的建筑材料、施工注意事项、工程数量等。设回车场、错车道、爬坡车道时应单独设计。

(7)运营通风系统的结构设计图。

(8)辅助坑道结构设计图。

(9)监控与管理系统的结构设计图。

(10)运营照明系统的结构设计图。

(11)附属建筑物的结构设计图。

在整个施工图设计文件中应有隧道设计说明书,对隧道概况(路线、工程地质、水文地质、气象、环境等)、设计意向及原则、施工方法及注意事项等做概括说明。

13.2.2 隧道平面图、纵断面图和横断面图的识读

1. 隧道平面图

隧道平面图包含的内容有隧道轴线、洞口及各组成部分的平面位置、隧道位置的地形、地物状况及地质状况。从图 13-2 中可以看出,地形平面图用等高线绘出,结合图例,可知隧道地区工程地质平面分布情况及地质年代和节理产状。隧道平面在山体里面,故投影为不可见,用虚线表示。隧道进口里程桩号为 K21+945,出口桩号为 K22+072。该隧道位于直线段,其导线点坐标值见图面左下角的坐标表。高程控制点 *BM* 位于隧道出口原小路附近。从地形图可见隧道出口端山体地形略低于进口端。

隧道平面图可根据隧道长短及地质、地形情况绘制，比例可选 1∶500 或 1∶1 000，图 13-2 选用的是 1∶500。

2. 隧道纵断面图

隧道纵断面图主要反映洞口设计标高、纵坡形式和竖曲线及其大小。纵断面图还反映山体地面的起伏及地质围岩类别的分布情况、断层走向和洞身衬砌形式的段落划分情况。图 13-3 所示为某隧道纵断面图，其岩体地质为黏质粉土覆盖花岗岩，隧道采用 3.0%的单坡，洞身拱顶衬砌厚为 60 cm，纵断面图也表示洞门的侧面。其左侧树立一标高比例尺，以便于纵断面图的对照校核。图样下半部分是一个表格栏，反映围岩类别、衬砌形式、设计标高、底面高程及对应的里程桩号，最下边是地质图例及附注说明。

一般纵断面图比例采用纵向 1∶100、横向 1∶1 000。如果高差甚大，隧道较长时，比例尺可用纵向 1∶200、横向 1∶2 000。图 13-3 因隧道短、地形高差较大，纵横向比例均采用 1∶500。

隧道的引线设计图主要反映隧道两端与路线的连接情况，包括洞口附近平曲线、引线纵坡及路肩的宽度过渡和为适应光线及视觉过渡所设置的其他构筑物，它的图示特点和读图规律与前述构筑物图样类似，此处不再赘述。

3. 隧道横断面图

隧道横断面图主要反映限界标准、横断面形式、人行道布置和路面结构等内容。其中，隧道建筑界限是为了保证隧道内各种交通的正常运行和安全，规定在一定宽度和高度的空间限界内不得有任何部件或障碍物(包括隧道本身的通风、照明、安全、监控及内部装修等附属设施)。

图 13-4 所示为某隧道横断面净空标准图。

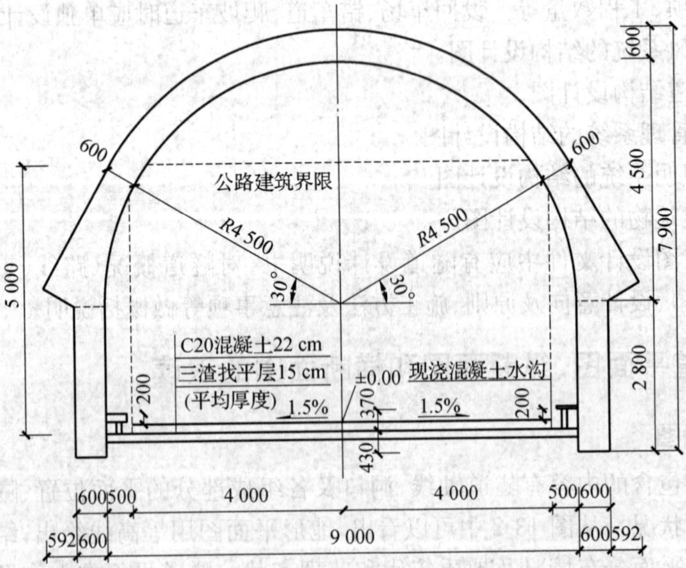

图 13-4　某隧道横断面净空标准图

13.3 隧道洞门的构造

隧道洞门位于隧道的两端，是隧道的外露部分，俗称出入口。它一方面起着稳定洞口仰坡坡脚的作用，另一方面也有装饰美化洞口的效果。它由洞门墙（端墙、翼墙）衬砌、帽石端墙背部的排水系统所组成。

13.3.1 洞门类型

洞身的两端均建有隧道洞门，洞门的结构形式应适应洞门的地形、地质及水文地质条件和衬砌结构构造要求。洞门的基本形式有以下几种。

（1）洞口环框。当洞口石质坚硬稳定，可仅设洞口环框，起加固洞口和减少洞口雨后滴水等作用。洞口环框如图 13-5 所示。

（2）端墙式洞门。端墙式洞门适用于地形开阔、石质基本稳定的地区。端墙的作用在于支护洞门仰坡，保持其稳定，并将仰坡水流汇集排出。端墙式洞门如图 13-6 所示。

图 13-5　洞口环框

图 13-6　端墙式洞门

（3）翼墙式洞门。当洞口地质条件较差时，在端墙式洞门的一侧或两侧加设挡墙，构成翼墙式洞门。翼墙式洞门如图 13-7 所示。

（4）柱式洞门。当地形较陡，地质条件较差，仰坡下滑可能性较大，而修筑翼墙又受地形、地质条件限制时，可采用柱式洞门。柱式洞门比较美观，适用于城市要道、风景区或长大隧道的洞口。柱式洞门如图 13-8 所示。

图 13-7　翼墙式洞门

图 13-8　柱式洞门

(5)台阶式洞门。在山坡隧道中，因地表面倾斜，故开挖路堑后一侧边坡过高，极易丧失稳定，此时可采用台阶式洞门，以适应地形特点，减少仰坡土石方开挖量。台阶式洞门如图 13-9 所示。

(6)削竹式洞门(又称凸出式新型洞门)。目前，不论是公路还是铁路隧道，采用凸出式新型洞门的越来越多。这类洞门是将洞内衬砌延伸至洞外，一般凸出山体数米，它适用于各种地质条件。构筑时可不破坏原有边坡的稳定性，可减少土石方的开挖量，降低造价，而且能更好地与周边环境相协调。削竹式洞门如图 13-10 所示。

图 13-9　台阶式洞门

图 13-10　削竹式洞门

13.3.2　隧道洞门图

现以图 13-11 所示的翼墙式洞门为例，说明其各部分的构造和表达方法。

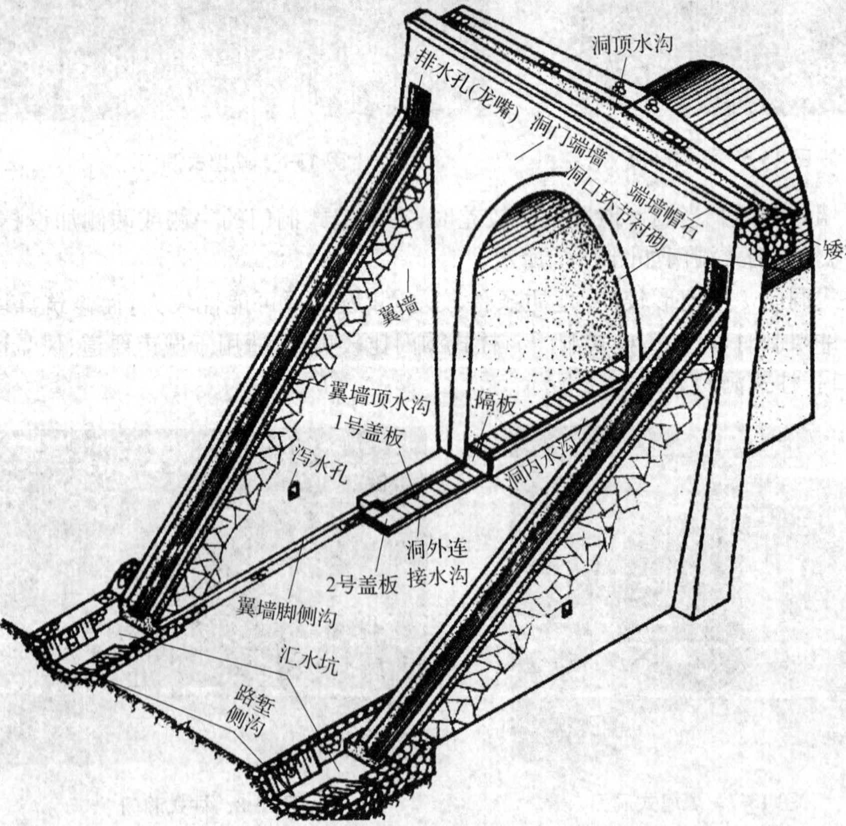

图 13-11　翼墙式洞门的构造

1. 洞门的组成及构造

（1）端墙。洞门端墙由墙体、洞口环节衬砌及帽石等组成。它一般以一定坡度倾向山体，以保持仰坡稳定。端墙还可以阻挡仰坡雨水及土、石落入洞门前的轨道上，以保证洞口的行车安全。

（2）翼墙。翼墙位于洞口两边，呈三角形，顶面坡度与仰坡一致，后端紧贴端墙，并以一定坡度倾向路堑边坡，同时起着稳定端墙和路堑边坡的作用。翼墙顶部还设有排水沟和贯通墙体的泄水孔，用于排除墙后的积水。

（3）洞门排水系统。洞门排水系统主要包括洞顶水沟（洞顶水沟前边坡面的投影关系如图 13-12 所示）、翼墙顶水沟、洞内外连接水沟、翼墙脚水沟、汇水坑及路堑侧沟等。其中，洞顶水沟位于洞门端墙顶与仰坡之间，沟底由中间向两侧倾斜，并保持底宽一致。沟底两侧最低处设有排水孔（俗称龙嘴），它穿过端墙，把洞顶水沟的水引向翼墙顶水沟。

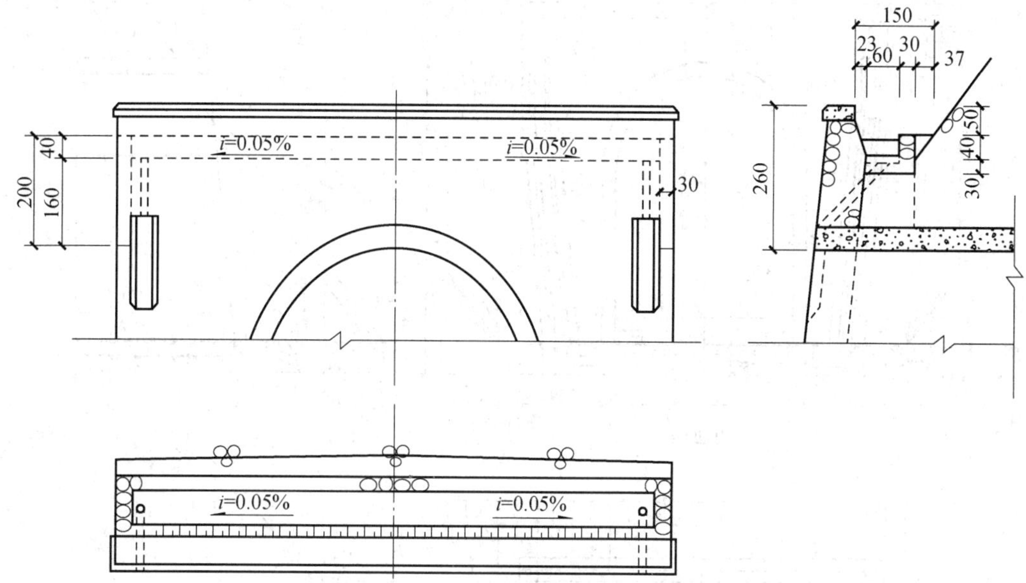

图 13-12　洞顶水沟前边坡面的投影关系

2. 洞门的图示表达

翼墙式隧道洞门如图 13-13 所示。图中示出了隧道洞门正面图、平面图和断面图及构造详图。

（1）正面图。正面图是从翼墙端部竖直剖切以后，再沿线路方向面朝洞内对洞门所作的立面投影，实际上也是一个剖面图。正面图主要是表达洞门端墙的形式、尺寸、洞口衬砌的类型、主要尺寸、翼墙的位置、横向倾斜度，以及洞顶水沟的位置、排水坡度等，同时也表达洞门仰坡与路堑边坡的过渡关系。

（2）平面图。平面图主要是表达洞门排水系统的组成及洞内外水的汇集和排除路径，另外，也反映了仰坡与边坡的过渡关系。为了保证图面清晰，常略去端墙、翼墙等的不可见轮廓线。

（3）1—1 剖面。1—1 剖面图是沿隧道中心剖切的，以此取代侧面图。它表达端墙的厚度、倾斜度，洞顶水沟的断面形状、尺寸，翼墙顶水沟及仰坡的坡度，连接洞顶及翼墙顶水沟的排水孔设置等。因为另有排水系统详图，所以此图一般对洞内外排水沟不做详示。

(4)2—2 和 3—3 断面图。2—2 和 3—3 断面图主要是用来表达翼墙顶水沟的断面形状和尺寸、横向倾斜度及其与路堑边坡的关系，同时也表达翼墙脚构造上有无水沟段的区别。

(5)洞门排水系统详图。图 13-14 中的 A 详图是图 13—13 平面图中 A 节点的放大图。它主要表达洞外连接水沟上的盖板布置。6—6 剖面图、7—7 剖面图和 8—8 断面图主要是表达洞内水沟与洞外连接水沟的构造及其连接情况。4—4 剖面图表达左右两个汇水坑的构造、做法及与翼墙端面的关系。5—5 剖面图是一个复合断面图，左、右两边分别表示离汇水坑远、近处路堑侧沟的铺砌情况。

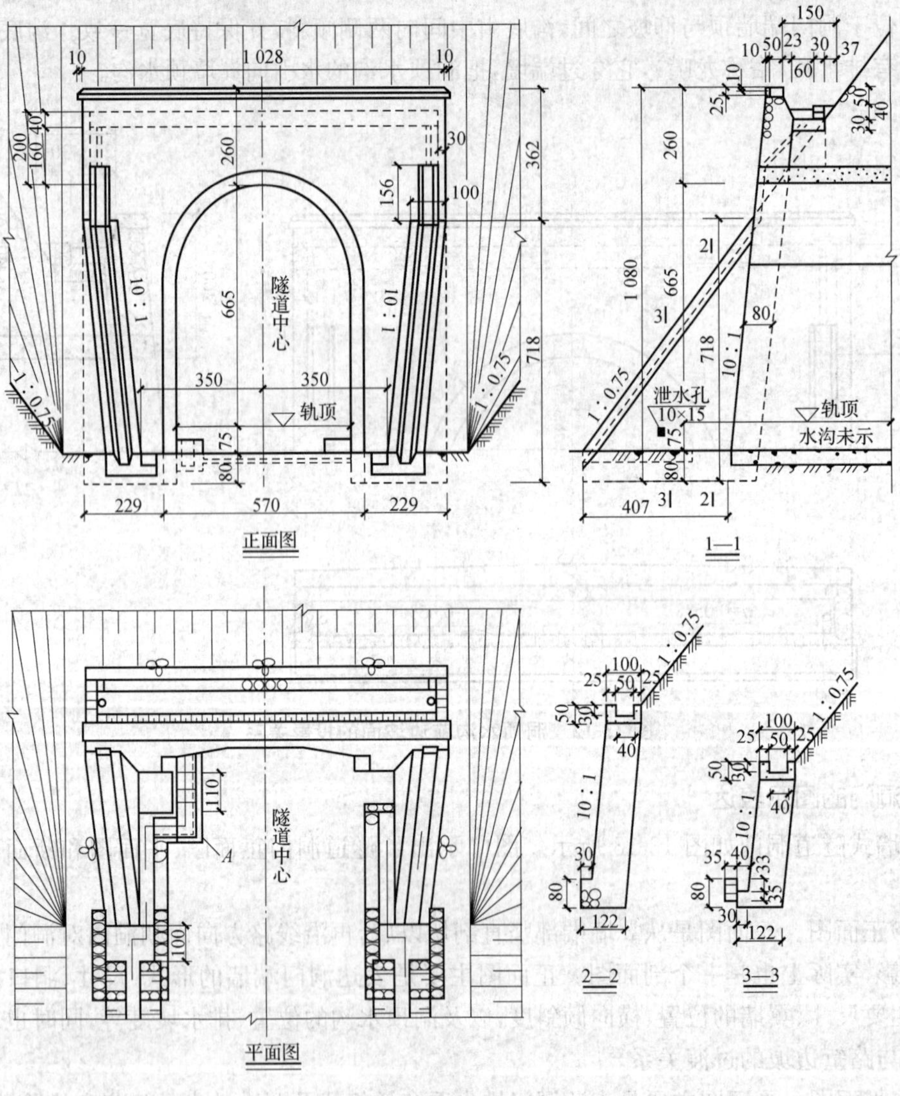

图 13-13　翼墙式隧道洞门图

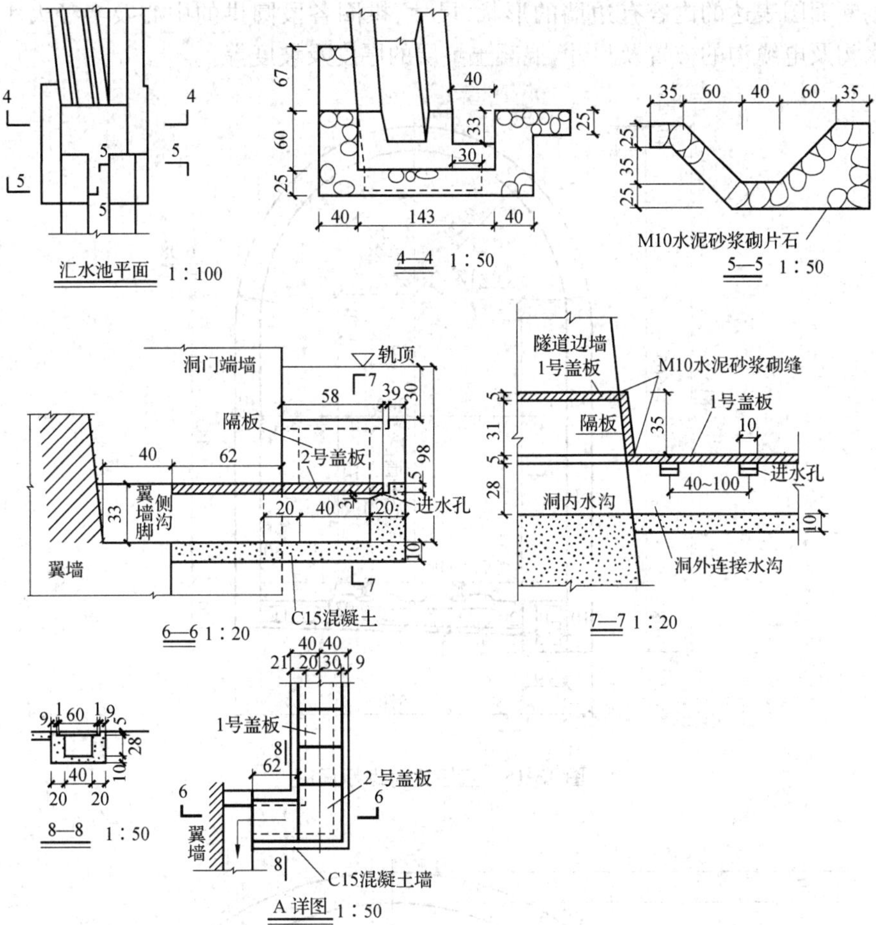

图 13-14 洞门排水系统的详图

13.4 隧道洞身结构图

隧道洞身主要包括衬砌、避车洞等。洞身衬砌的类型主要有直墙式衬砌、曲墙式衬砌等;避车洞分大避车洞和小避车洞两种。

13.4.1 隧道衬砌断面图

当隧道被开挖成洞体以后,一般都要用混凝土进行衬砌。衬砌是用于支撑隧道四周围岩,防止其塌落的设施。隧道衬砌材料应该具有足够的强度、耐久性,特殊地段还要求具有抗冻、抗渗、抗侵蚀性。

表达衬砌结构的图叫作隧道衬砌断面图,它包括两边的边墙和顶上的拱圈。边墙是直线型的衬砌叫直墙式衬砌,如图 13-15 所示。边墙是曲线型的衬砌叫曲墙式衬砌,如图 13-16 所示。无论直墙式衬砌还是曲墙式衬砌,其拱圈一般都是由三段圆弧构成衬砌,故称三心拱。拱与边墙的分界线称为起拱线,底下部分叫作铺度,它有一定的横向坡度,以利排水。衬砌下部两侧分别设有洞内水沟和电缆槽。

衬砌断面图表达的内容有边墙的形状、尺寸、拱圈各段圆拱的中心及半径大小、厚度，洞内排水沟及电缆沟的位置及尺寸，混凝土垫层的厚度及坡度等。

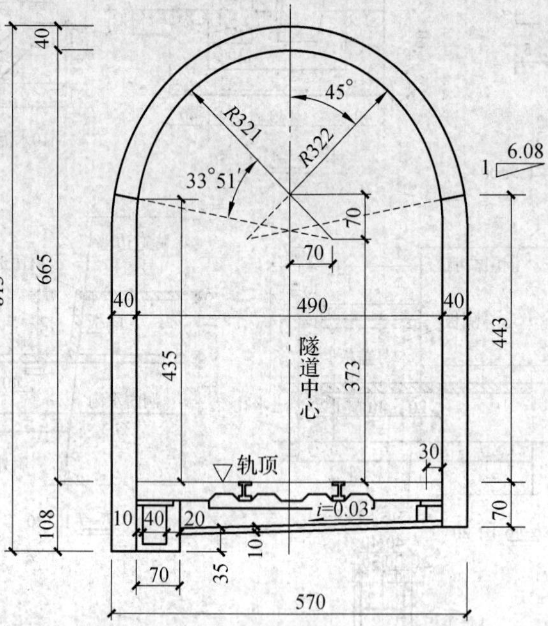

图 13-15 直墙式衬砌断面图

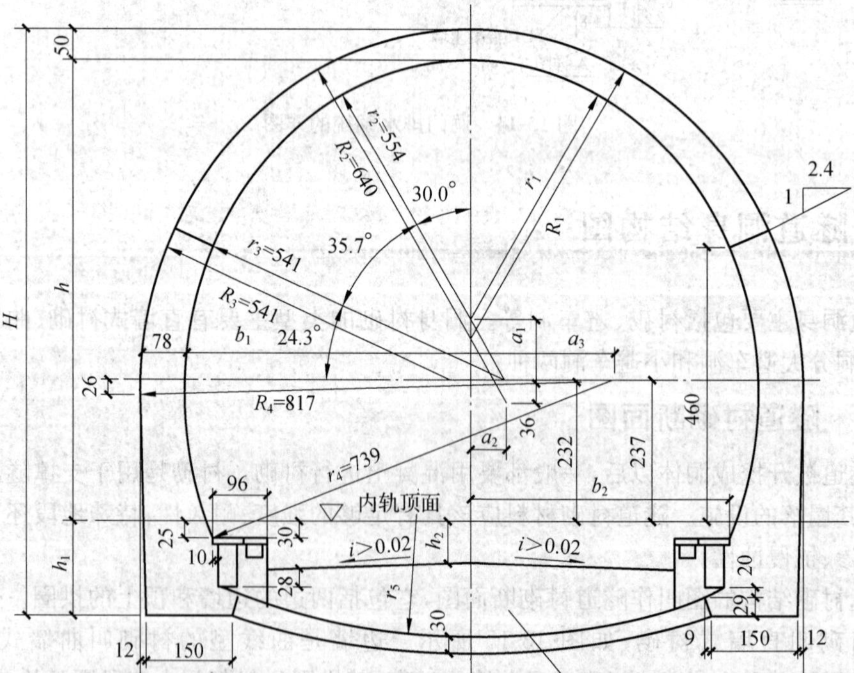

图 13-16 曲墙式衬砌断面图

13.4.2　避车洞图

避车洞是为了供行人和隧道维修人员及维修小车避让来往车辆而设置的，它们沿路线方向交错设置在隧道两侧的边墙上，如图 13-17 所示。避车洞有大、小两种，通常小避车洞常每隔 30 m 设置一个，大避车洞则每隔 150 m 设置一个，通常采用位置布置图来表示，大、小避车洞的相互位置，如图 13-18 所示。由于这种布置图图形比较简单，为了节省图幅，纵横方向可采用不同比例。纵方向常采用 1∶2 000，横方向常采用 1∶200 等比例。

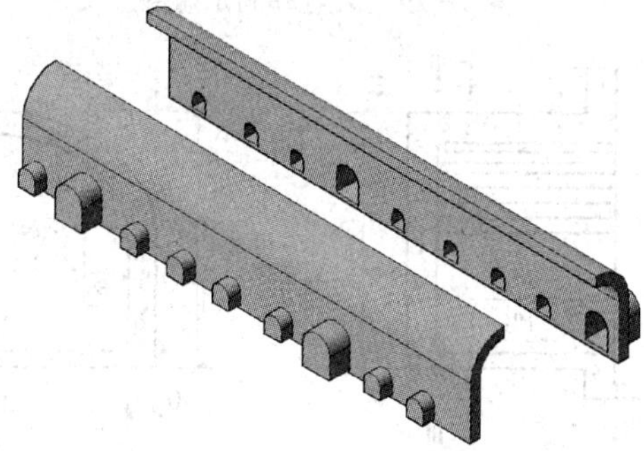

图 13-17　避车洞立体示意图

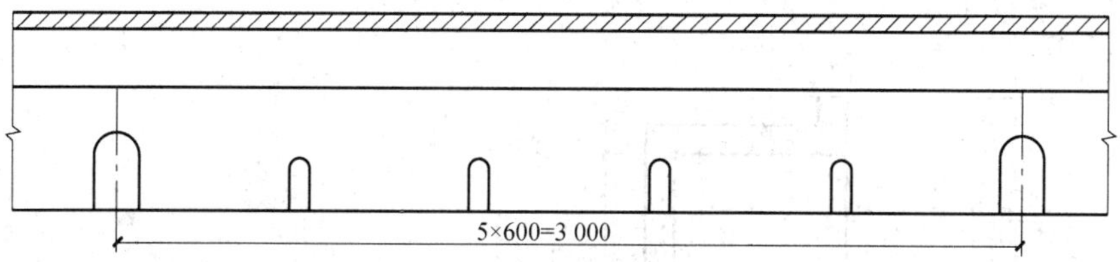

(a)纵剖面图

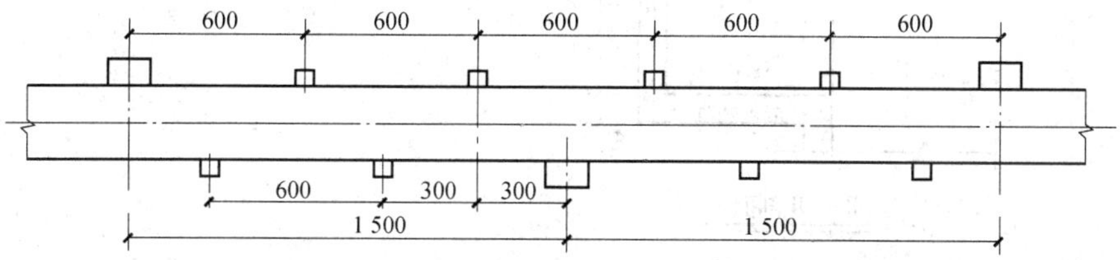

(b)平面图

图 13-18　避车洞布置图

图 13-19 所示和图 13-20 所示分别为大避车洞示意图和大避车洞详图，大避车洞宽为 4 m，深为 2.5 m，中心高为 3.1 m，洞内底面两边做成的斜坡为 1%，以供排水用。

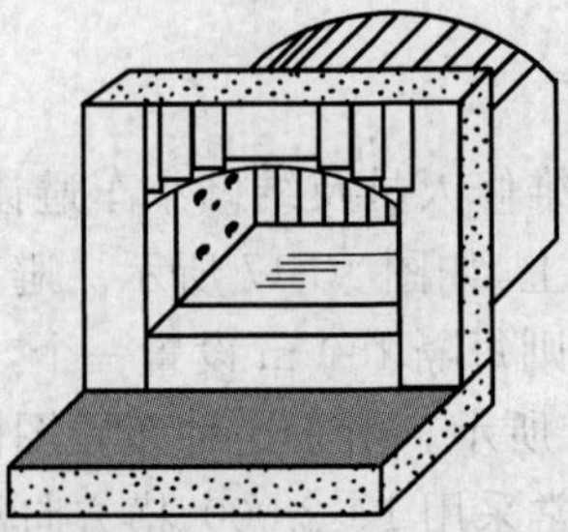

图 13-19　大避车洞示意图

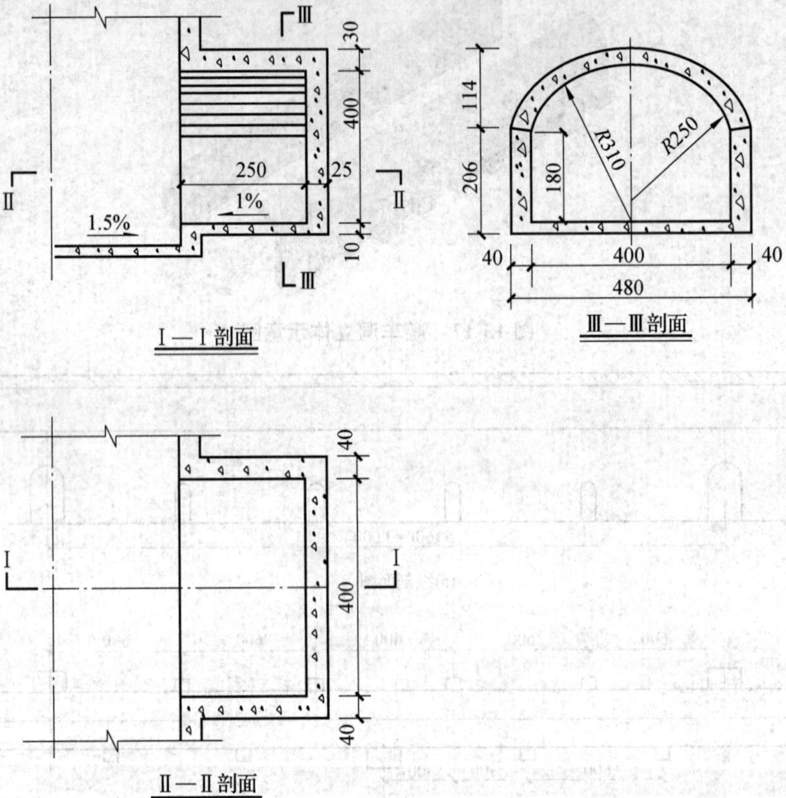

图 13-20　大避车洞详图

趣味知识

英吉利海峡隧道和渤海海峡跨海隧道

1. 英吉利海峡隧道

英吉利海峡隧道又称英法海底隧道或欧洲隧道，是一条连接英伦三岛和法国的铁路隧道，如图 13-21 所示。其建造历时 8 年多，耗资约 100 亿英镑。隧道由私人出资建设，但因为隧道建设费用极高，所以承建公司债务沉重。隧道横跨英吉利海峡，使由欧洲往返英国的时间大大缩短。隧道启用后，从伦敦坐火车 3 h 即可以抵达巴黎，而从伦敦飞到巴黎，航程一般需要 3 h 左右，坐飞机事先还要订票，所以隧道修建好后乘坐火车比飞机还要方便。

图 13-21　英吉利海峡隧道

英吉利海峡隧道长度为 50 km，仅次于日本青函隧道，海底长度为 39 km，单程需 35 min。通过隧道的火车有长途火车、专载公路货车的区间火车、载运其他公路车辆（如大客车、一般汽车、摩托车、自行车）的区间火车。1994 年 5 月 6 日是英国与法国乃至欧洲大陆关系史上一个十分重要的日子。1.1 万名工程技术人员用近 7 年之久的辛勤劳动，终于把自拿破仑·波拿巴以来将近 200 年的梦想变成了现实：滔滔沧海变通途，一条海底隧道把孤悬在大西洋中的英伦三岛与欧洲大陆紧密地连接起来，为欧洲交通史写下了重要的一笔。

2. 图纸上的梦想——渤海海峡跨海隧道

设计全长为 165 km 的渤海海峡跨海隧道两端分别是辽宁大连和山东烟台。这一跨度也将使得渤海海峡跨海隧道远超日本青函海底隧道（约 54 km）、英吉利海峡海底隧道（约 50 km），成为世界上最长的海底隧道。165 km，说起来很近，不到 2 h 的车程；165 km，算起来又很远，因为需要绕道 1 980 km。这 165 km，是大连到烟台的直线距离，渤海海峡阻断了两座原本相距不远的城市，很大程度上也阻碍了山东半岛和辽东半岛两大发达的城市经济圈的交流。

建设渤海湾海底隧道的计划始于 1992 年。最早提出该设想并一直努力将其变成现实的是烟台市。1993 年，一个由科技部、原交通部、原铁道部、山东省、辽宁省等相关各方组成的课题组成立，在此后的 21 年间，关于建设跨海通道的努力，一直没有停止过。此前曾有专家提出“先隧后桥”的方案。2012 年在实地考察和研究讨论后，跨海通道正式定为深埋的全隧道方案。跨海通道两端入口分别设在大连旅顺和烟台蓬莱，设计为三条平行隧道，两侧为上下行铁路隧道，中间为服务隧道。2014 年，这一规划有了突破性的进展。渤海海峡跨海通道最终方案即将定稿，并上报国务院。

工程实训

本工程实训的目的是了解隧道工程结构的基本知识，巩固基本概念，理解隧道工程图的特点。通过认真地识读图纸，深入分析图形之间的对应关系，能够正确识读尺寸数据。

阅读图 13-22 所示的端墙式隧道洞门图，并回答下列问题。

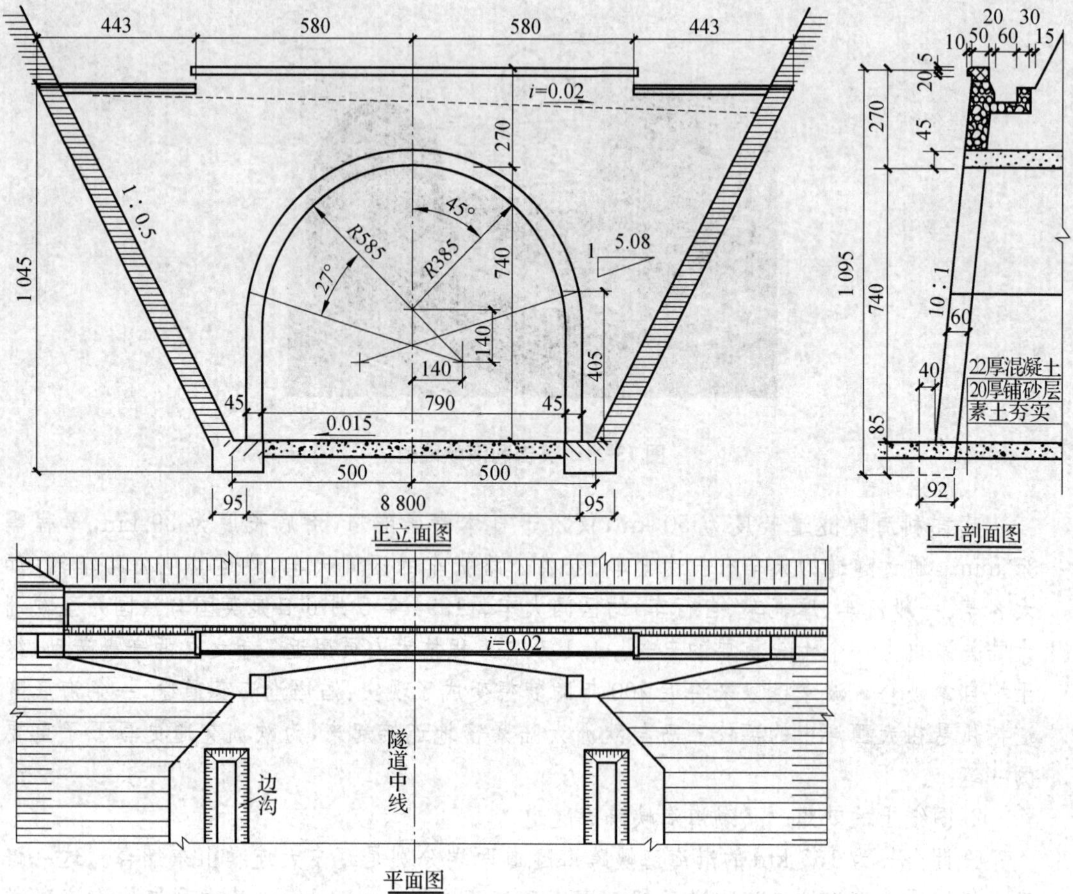

图 13-22　端墙式隧道洞门图

(1)正面图是沿线路方向对隧道门进行投射而得到的图形。在正面图上可以看出洞门衬砌的形状是________。端墙的高度是________ cm,长度是________ cm,端墙顶水沟的坡度为________。

(2)平面图仅画出洞门外露部分的投影。从平面图中还可以看出洞门墙顶帽的宽度、洞顶排水沟的构造及洞门口外两边沟的位置。由于端墙向________倾斜,因此平面图与正面图是类似形。

(3) I—I 剖面图是沿着隧道中心线剖切而得到的。从图中可以看出洞门墙倾斜坡度是________,洞门墙厚度是________ cm,拱圈厚度是________ cm。

参考文献

[1] 樊林娟.道路工程识图与绘图及习题集[M].北京:人民交通出版社,2011.

[2] 汪谷香.道路工程制图与识图[M].武汉:武汉理工大学出版社,2013.

[3] 李力,阮志刚.公路工程制图与识图[M].北京:人民交通出版社,2012.

[4] 虎良燕.道路工程制图与识图[M].北京:高等教育出版社,2012.

[5] 谭伟建.道路工程制图[M].北京:机械工业出版社,2012.

[6] 赵云华.道路工程制图[M].北京:机械工业出版社,2011.

[7] 贺振通,邵丽芳.道路工程制图[M].大连:大连理工大学出版社,2011.